中華文化促進會主持編纂

國家“十一五”重點圖書出版規劃項目

中國社會科學院哲學社會科學創新工程學術出版資助項目

出品人 王石 段先念

今注本二十四史

金史

三

紀〔三〕

元 脱脱等 撰

張博泉 程妮娜 主持校注

中国社会科学出版社

金史　卷一三

本紀第十三

衛紹王

衛紹王諱永濟，小字興勝，更諱允濟，章宗時避顯宗諱，[1]詔改"允"爲"永"。世宗第七子，母曰元妃李氏。[2]衛王長身，美髯鬚，天資儉約，不好華飾。大定十一年，[3]封薛王。[4]是歲，進封滕王。[5]十七年，授世襲猛安。[6]二十五年，加開府儀同三司。[7]二十六年，爲祕書監。[8]明年，轉刑部尚書。[9]又明年，改殿前都點檢。[10]二十九年，世宗崩，章宗即位，進封潞王。[11]起復，[12]判安武軍節度使。[13]五月，至冀州，以到任表謝，賜詔優答。明昌二年，[14]進封韓王。[15]四年，改判興平軍。[16]五年，改沁南軍。[17]承安二年，[18]改封衛王。[19]三年，改昭義軍。[20]

[1]章宗：廟號。金朝第六代皇帝，即完顏麻答葛，漢名璟。1189 年至 1208 年在位。本書卷九至卷一二有紀。　顯宗：廟號。

即完顏胡土瓦，漢名允恭，世宗嫡長子，章宗之父，封爲皇太子，死於世宗前，章宗時追尊廟號爲顯宗。本書卷一九有紀。

［2］世宗：廟號。金朝第五代皇帝，本名烏禄，漢名雍。1161年至1189年在位。本書卷六至卷八有紀。　元妃李氏：世宗母舅李石之女。本書卷六四有傳。元妃，嬪妃封號。地位在皇后之下、諸妃之上。

［3］大定：金世宗年號（1161—1189），章宗即位後仍沿用一年。

［4］薛王：封爵名。大定格，《大金集禮》作第十四位，《金史·百官志》作第十三位。

［5］滕王：封爵名。大定格，《大金集禮》作第十三位，《金史·百官志》作第十二位。

［6］世襲猛安：女真地方行政設置的長官名稱。金把猛安官封賞給女真貴族，准其世襲，稱世襲猛安。受封者有領地、封户。猛安，女真語意爲“千”。

［7］開府儀同三司：文、武官散階。從一品上。

［8］祕書監：秘書監長官。主管經籍圖書。從三品。

［9］刑部尚書：尚書省刑部長官。總掌律令格式、審定刑名、關津譏察、赦詔勘鞫、追征給没等事。正三品。

［10］殿前都點檢：殿前都點檢司長官，兼侍衛親軍都指揮使。掌行從宿衛、關防門禁、督攝隊仗，總判殿前都點檢司事。正三品。

［11］潞王：封爵名。大定格，《大金集禮》作第六位，《金史·百官志》作第五位。

［12］起復：遭父母之喪或因其他原因免官，之後又被重新起用，謂之起復。

［13］判安武軍節度使：判，以高階出任低職。安武軍節度使，冀州軍政長官，主管鎮撫諸軍防，總判本鎮兵馬之事，兼冀州管内觀察使事，正三品。冀州，治所在今河北省冀州市。

[14]明昌：金章宗年號（1190—1196）。

[15]韓王：封爵名。大定格。《大金集禮》作第五位，《金史·百官志》作第四位。

[16]興平軍：軍州名。治所在今河北省盧龍縣。

[17]沁南軍：軍州名。治所在今河南省沁陽市。

[18]承安：金章宗年號（1196—1200）。

[19]衛王：封爵名。大定格，爲次國封號第三位。

[20]昭義軍：軍州名。治所在今山西省長治市。

泰和元年，[1]改判彰德府事。[2]五年，改判平陽府。[3]初，章宗誅鄭王永蹈、趙王永中，[4]久，頗悔之。七年，下詔追復舊封，仍賜謚。[5]而永蹈無後，乃以衛王子按陳爲鄭王後，[6]賜衛王詔曰："朕念鄭王自棄天常，[7]以干國憲，[8]藁瘞曠野，[9]忽諸不祀。歷歲既久，深用愴然。親親之情，有懷難置。已詔追復舊爵，改葬如儀。稽考古禮，以卿之子按陳爲鄭王後，謹其祭祀，卿其悉之。"已而改武定軍節度使。[10]

[1]泰和：金章宗年號（1201—1208）。

[2]彰德府：宋稱相州，置彰德軍節度使。金太宗天會七年（1129）仍置彰德軍節度使，章宗明昌三年（1192）升爲府，以軍爲名，稱彰德府。治所在今河南省安陽市。

[3]平陽府：治所在今山西省臨汾市，時爲河東南路首府。

[4]鄭王永蹈、趙王永中：鄭王，封爵名，大定格，爲次國封號第二位。永蹈，女真人，世宗第六子，與衛紹王爲同母兄弟。章宗明昌四年（1193），永蹈以謀反罪伏誅。本書卷八五有傳。趙王，封爵名，大定格，爲大國封號第八位。永中，女真人，世宗庶長

子，明昌六年（1195）以謀反罪被章宗冤殺。本書卷八五有傳。

[5]謚：古代帝王、大臣及其他有地位的人死後被封賜的帶有褒貶意義的名號。

[6]按陳：女真人。亦作“按辰”，漢名瑑，衛紹王之子。本書卷九三有傳。

[7]天常：天道倫常。指中國封建社會儒家所講的天理和人倫道德。

[8]國憲：指國法或國家的禮儀典制。

[9]藁（gǎo）瘞（yī）：草草埋葬。

[10]武定軍：軍州名。治所在今河北省涿鹿縣。

八年十一月，自武定軍入朝。是時，章宗已感嗽疾，衛王且辭行，而章宗意留之。章宗初年，雅愛諸王，置王傅府尉官以傅導德義。[1]及永中、永蹈之誅，由是疏忌宗室，遂以王傅府尉檢制王家，[2]苛問嚴密，門户出入皆有籍。[3]而衛王乃永蹈母弟，柔弱鮮智能，[4]故章宗愛之。既無繼嗣，[5]而諸叔兄弟多在，章宗皆不肯立，惟欲立衛王，故於辭行留之。無何，章宗大漸，[6]元妃李氏、黄門李新喜、平章政事完顔匡定策。[7]章宗崩，匡等傳遺詔，立衛王。衛王固讓，乃承詔舉哀，即皇帝位于柩前。明日，群臣朝見于大安殿。[8]詔路府州縣爲大行皇帝服七日。[9]

[1]王傅府尉：王傅，親王府長官，主管王府的師範輔導、參議可否。若親王府設在陪都或地方州郡，則其王傅兼本京節鎮同知，正四品。府尉，親王府屬官，主管警嚴侍從，兼總統本王府之事，從四品。

[2]檢制：約束限制。

[3]籍：門籍。即登記册。

[4]柔弱鮮智能：性格懦弱而缺乏智慧與才能。

[5]繼嗣：指皇位繼承人。

[6]大漸：皇帝病危。

[7]黄門李新喜、平章政事完顏匡：黄門，宫中太監。李新喜，與元妃李師兒狼狽爲奸，弄權干政，後被衛紹王處决。平章政事，尚書省屬官，與尚書令及左、右丞相並爲宰相，位於右丞相之下。掌丞天子，平章萬機。正員二人，從一品。完顏匡，女真人。本書卷九八有傳。

[8]大安殿：宫殿名。在中都皇城之内。

[9]大行皇帝：已經駕崩而没有安葬的皇帝。此處指章宗。

大安元年正月辛丑，飛星如火，起天市垣，[1]有尾，跡若赤龍。壬戌，改元，大赦。立元妃徒單氏爲皇后。[2]

[1]天市垣：星官名。在房宿和心宿的東北，由二十二顆小星組成。

[2]元妃徒單氏：女真人。本書卷六四有傳。

二月乙丑朔，太白晝見，[1]經天。壬辰，章宗内人范氏損其遺腹，[2]以詔内外。初，章宗遺詔："内人有娠者兩人，生男則立爲儲貳。"[3]至是平章政事僕散端等奏：[4]"承御賈氏當以十一月免乳，[5]今則已出三月。范氏産期合在正月，醫稱胎氣有損，用藥調治，脉息雖和，胎形已失。范氏願削髮爲尼。"封皇子六人爲王。[6]

［1］太白晝見：即太白星白天發光出現在天空之中，是一種比較少見的自然現象。古人迷信，常常把自然界的星宿變化現象與人間的治亂興衰聯繫在一起，認爲太白晝見是女人干政的徵兆。太白，即金星，又稱“啓明星”“長庚星”。太陽系八大行星之一。“見”與“現”通。

［2］范氏損其遺腹：范氏，章宗妃妾，章宗駕崩時已懷有身孕。至此，據太醫診斷，胎兒已失，故稱“損其遺腹”。范氏後削髮出家爲尼。

［3］儲貳：指皇位繼承人。

［4］僕散端：中都路火魯虎必剌猛安女真人。出身護衛，後官至尚書省左丞相。本書卷一〇一有傳。

［5］承御賈氏：承御，皇帝的低級妃妾，亦稱“御女”。本書卷六三《後妃傳上》，“御女二十七人，視正七品”。賈氏是章宗御女之一。

［6］封皇子六人爲王：衛紹王六子，可考者有四，長子從恪，封胙王，爲皇太子。一子名猛安，漢名琚。一子名按出，漢名瑄。一子名按陳（亦作“按辰”），漢名璪，出繼爲鄭王永蹈之後。餘二子佚其名。

三月甲辰，道陵禮成，[1]大赦。詔曰：“自今於朕名不連續，及昶、詠等字，不須別改。”[2]以平章政事僕散端爲右丞相。[3]

［1］道陵：金章宗陵墓號。

［2］昶、詠等字，不須別改：中國封建社會中後期，避諱之風甚盛，不但要避帝王名諱的本字，還要避嫌名（同音字）。因衛紹王名永濟，所以按常規連“昶”“詠”這樣有“永”字偏旁的字也要避諱，衛紹王詔告天下，臣民中名字有此類字者可以不必改避，

以示謙恭。

[3]右丞相：尚書省丞相之一，與左丞相並爲從一品，位於左丞相之下、平章政事之上。

四月庚辰，殺章宗元妃李氏及承御賈氏。[1]以平章政事完顔匡爲尚書令。[2]

[1]殺章宗元妃李氏及承御賈氏：章宗病危，李師兒與其母王盻兒及黄門李新喜設奸計，讓承御賈氏詐稱有娠，準備及其臨産之日，於李氏家中取嬰兒冒充皇子。後因章宗駕崩，奸謀未能得逞，逐漸暴露。至此，衛紹王下詔賜李師兒與賈氏自盡，王盻兒、李新喜伏誅。詳見本書卷六四《后妃傳·李師兒傳》。

[2]尚書令：尚書省最高長官。總領紀綱，儀刑端揆。正一品。

五月，高麗賀即位。試宏詞科。[1]

[1]宏詞科：科舉科目名。爲正常科舉之外所設的特科，以專門選拔高級人才。多在進士科録取之後舉行，新科進士及在官六品以下者皆可應試，分兩等録取，取中者破格提拔。金代宏詞科始設於章宗明昌元年（1190）。

七月，幸海王莊，[1]臨奠魯國公主。[2]

[1]海王莊：地名。在金中都郊外。

[2]魯國公主：世宗長女，下嫁烏古論元忠。

八月，萬秋節，[1]宋遣使來賀。

[1]萬秋節：節日名。即中秋節，每年的農曆八月十五日。

九月，如大房山，[1]謁奠睿陵、裕陵、道陵。[2]百官表請建儲，[3]不允。

[1]大房山：地名。在今北京市西南。金海陵王遷都燕京後，帝王陵墓皆遷大房山，爲金朝歷代帝王葬地。

[2]睿陵、裕陵：陵號。睿陵是金太祖完顔阿骨打的陵號，原名和陵，葬上京。熙宗皇統四年（1144）改爲睿陵，海陵王貞元三年（1155）十一月改葬大房山。裕陵是章宗父允恭陵號。

[3]建儲：確定皇位繼承人，即立皇太子。

十月，歲星犯左執法。[1]己卯，詔戒勵風俗。

[1]歲星犯左執法：即木星進入左執法的位置，是一種自然天文現象。歲星，即木星，太陽系八大行星之一。左執法，星官名，屬太微垣。

十一月，平陽地震，有聲如雷，自西北來。

十二月，詔平陽地震，人户三人死者免租税一年，[1]二人及傷者免一年，貧民死者給葬錢五千，傷者三千。尚書令申王完顔匡薨。[2]右丞相僕散端爲左丞相，[3]進封兄越王永功爲譙王，[4]御史大夫張行簡爲太保。[5]

[1]人户三人死者免租税一年：中華點校本校勘記云，下文有“二人及傷者免一年”，則此“一年”疑當作“二年”。

[2]申王：封爵名。小國封號。大定格第六位。

[3]左丞相：尚書省宰相之一，與右丞相並爲從一品，位在尚書令之下、右丞相之上。

[4]進封兄越王永功爲譙王：中華點校本據本書卷八五《永功傳》的相關記載，改“越王”爲“鄆王”。鄆王、譙王，封爵名，皆爲明昌格大國封號。譙王，爲第十位，鄆王爲第十一位。永功，世宗子。

[5]御史大夫張行簡爲太保：御史大夫，御史臺長官，主管糾察朝儀、彈劾百官、審斷重大獄案，原爲正三品，世宗大定十二年（1172）升爲從二品。張行簡，莒州日照縣（今山東省日照市）人，大定十九年（1179）詞賦進士一甲第一名，後官至禮部尚書、翰林學士承旨。本書卷一〇六有傳。太保，“三師”之一，正一品，是用以封賞勳臣的榮譽官銜。本卷下文有“太子太保張行簡”，《張行簡傳》亦記行簡“累遷太子太保”，知此處所記“太保”應爲太子太保。太子太保，東宮屬官，掌保護東宮，導以德義，正二品。

二年正月庚戌朔，[1]日中有流星出，大如盆，其色碧，向西行，漸如車輪，尾長數丈，没于濁中，至地復起，光散如火。

[1]二年正月庚戌朔：中華點校本據本書卷二〇《天文志》，考《長術》是年正月庚寅朔，庚戌是二十一日。疑“戌”爲“寅”之誤，或“朔”字衍。

二月，客星入紫微垣，[1]光散爲赤龍。地大震，有聲如雷。以禮部侍郎耿端義爲參知政事。[2]

［1］客星入紫微垣：客星，指天空中隱現無常的星。紫微垣，星官名，在北斗之北，由十五顆小星組成。

［2］以禮部侍郎耿端義爲參知政事：禮部侍郎，禮部尚書副佐，正四品。耿端義，博州博平縣人，世宗大定二十八年（1188）進士。本書卷一〇一本傳記，耿端義於宣宗即位後官參知政事。與此處所記時間有異，當以此爲準。參知政事，與尚書左、右丞並爲尚書省執政官，佐治尚書省事，正員二人，從二品。

四月，校《大金儀禮》。[1]北方有黑氣，如大道，東西亘天。[2]徐、邳州河清五百餘里，[3]以告宗廟社稷。

［1］《大金儀禮》：書名。又名《大金集禮》。金章宗時官修，主要記載金朝的禮儀制度。明昌六年（1195）禮部尚書張暐等進。

［2］北方有黑氣，如大道，東西亘天：中華點校本校勘記云，本書卷二〇《天文志》記此事在衛紹王大安元年（1209）四月壬申日，此繫二年，疑誤。

［3］徐、邳州：徐州，治所在今江蘇省徐州市。邳州，治所在今江蘇省邳州市西南古下邳城舊址。

五月，詔儒臣編《續資治通鑑》。[1]

［1］《續資治通鑑》：按，《續資治通鑑》乃清人畢沅所編。疑此處斷句有誤，似應斷爲“詔儒臣編續《資治通鑑》”。

六月，大旱。下詔罪己，振貧民闕食者。[1]曲赦西京、太原兩路雜犯，[2]死罪減一等，徒以下免。丙寅，地震。

[1]振：救濟，與“賑”通。　闕：與“缺”通。

[2]曲赦：特赦。　西京：即西京路，治所在今山西省大同市。太原：即太原路，又稱河東北路，治所在今山西省太原市。

七月，地震。

八月，地震。乙丑，立子胙王從恪爲皇太子。[1]萬秋節，宋遣使來賀。獵于近郊。夏人侵葭州。[2]

[1]乙丑：是月無乙丑，當是“己丑”之誤。　胙王：封爵名，明昌格，爲小國封號第二十三位。

[2]葭（jiā）州：治所在今陜西省佳縣。

九月，地大震。乙未，詔求直言，招勇敢，撫流亡。庚子，遣使慰撫宣德行省軍士。[1]丙午，京師戒嚴。上日出巡撫，百官請視朝，不允。辛亥，宣德行省罷。癸丑，詔撫諭中都、西京、清、滄被兵民户。[2]

[1]宣德行省：宣德行省治所在今河北省宣化縣。行省，金章宗以來因用兵、河防等事涉及諸路，臨時設行尚書省，簡稱行省。

[2]中都：路名，治所在今北京市，時爲金朝首都所在地。清、滄：清，即清州，治所在今河北省清縣。滄，即滄州，治所在今河北省滄州市西南。

十一月，獵于近郊。中都大悲閣東渠内火自出，[1]逾旬乃滅。閣南刹竿下石罅中火自出，[2]人近之即滅，俄復出，如是者復旬日。中都火焮民居。[3]

[1]中都大悲閣：殿閣名，在金中都城内。
[2]石罅（xià）：石頭的裂縫。
[3]焮（xīn，亦讀 xìn）：亦作“炊”，意爲燒。

十二月乙卯朔，[1]日有食之。

[1]十二月辛酉朔：中華點校本據《長術》和《高麗史·天文志》的相關記載，改“辛酉”爲“乙卯”。

是歲大饑。禁百姓不得傳説邊事。

三年正月乙酉朔，宋、高麗、夏遣使來賀。熒惑入氐中。[1]

[1]熒惑入氐中：熒惑，即火星。火星呈紅色，熒熒如火，亮度常有變化，在天空運行有時由東向西，有時由西向東，令人迷惑，故古代稱其爲“熒惑”。氐，星名，二十八宿之一。亦稱“氐宿”“天根”。

二月，熒惑犯房宿。[1]有大風從北來，發屋折木，通玄門重關折，[2]東華門重關折。[3]

[1]房宿：星名。二十八宿之一。
[2]通玄門：城門名。金中都外城北門之一。
[3]東華門：城門名。金中都内城城門之一。

閏月，熒惑犯鍵閉星。[1]

[1]鍵閉星：星名。《晋書·天文志上》："鍵閉一星，在房東北，近鈎鈐，主關籥。"

三月，大悲閣災，延及民居。有黑氣起北方，廣長若大堤，内有三白氣貫之，如龍虎狀。括民間馬，[1]令職官出馬有差。

[1]括民間馬：搜求民間馬匹。

四月，我大元太祖法天啓運聖武皇帝來征。[1]遣西北路招討使粘合合打乞和。[2]平章政事獨吉千家奴，[3]參知政事胡沙行省事備邊。[4]西京留守紇石烈胡沙虎行樞密院事。[5]參知政事奥屯忠孝爲尚書右丞。[6]户部尚書梁瑲爲參知政事。[7]

[1]大元太祖法天啓運聖武皇帝：指元太祖成吉思汗。大元，國號，當時蒙古國還没有改國號爲元，後元人修《金史》，故稱蒙古國爲"大元"。太祖，成吉思汗廟號。法天啓運聖武皇帝，是元代追尊成吉思汗的稱號。

[2]西北路招討使：西北路招討司長官。主管招懷降附、征討叛逆，正三品。西北路治所在今内蒙古自治區正藍旗西北。　粘合合打：女真人。粘合亦作"粘割""粘哥""粘葛"。

[3]獨吉千家奴：女真人。即獨吉思忠，本名千家奴。本書卷九三有傳。

[4]胡沙：女真人。即完顔承裕，本名胡沙，會河堡之戰的敗軍之將。本書卷九三有傳。

[5]西京留守：西京留守司長官，兼本府府尹及本路兵馬都總

管之職，正三品。西京路治所在今山西省大同市。　紇石烈胡沙虎：女真人。漢名執中。本書卷一三二有傳。　行樞密院事：行樞密院長官。行樞密院是中央樞密院在地方上的派出機構，簡稱行院。

[6]奥屯忠孝：金懿州胡土虎猛安女真人。本書卷一〇四有傳。金世宗大定二十二年（1182）女真進士科一甲第一名（俗稱狀元），官至參知政事（參見都興智《金代遼寧籍兩狀元事迹略論》，《遼寧師範大學學報》2006年第2期）。

[7]户部尚書梁瑝：户部尚書，尚書省户部長官，正三品。梁瑝，本書卷一二《章宗紀四》作"梁鏜"。泰和六年（1206），梁瑝以户部侍郎身份行六部尚書事於山東。

六月壬寅，更定軍前賞罰格。[1]

[1]格：法律規定與條例。

八月，詔獎諭行省官，慰撫軍士。千家奴、胡沙自撫州退軍，[1]駐于宣平。[2]河南大名路軍逃歸，[3]下詔招撫之。

[1]撫州：治所在今河北省張北縣。

[2]宣平：縣名。原名大新鎮，章宗承安二年（1197）升爲宣平縣，治所在今河北省張家口市西南。

[3]大名路：治所在今河北省大名縣東北。

九月，千家奴、胡沙敗績于會河堡，[1]居庸關失守。[2]禁男子不得輒出中都城門。大元前軍至中都，中都戒嚴。參知政事梁瑝鎮撫京城。

[1]會河堡：地名。《聖武親征録》作“澮河堡”。在今河北省懷安縣東洋河與柳川河匯合處。會河堡之戰是金朝與蒙古之間的一次重要戰役，金兵慘敗後，蒙古軍隊遂威逼中都。

[2]居庸關：長城關隘名。在今北京市昌平區西北，是金中都北部的一道重要屏障。

十月，每夜初更正，東、西北天明如月初出，經月乃滅。熒惑犯壘壁陣。[1]上京留守徒單鎰遣同知烏古孫兀屯將兵二萬衛中都。[2]泰州刺史术虎高琪屯通玄門外。[3]上巡撫諸軍。罷宣德行省。

[1]壘壁陣：星官名。屬室宿，共由十二顆星組成。《晋書·天文志上》：“壘壁陣十二星，在羽林北。”

[2]上京留守：上京留守司長官，兼上京會寧府尹及本路兵馬都總管。正三品。治所在今黑龍江省阿城市東南金上京舊城址。徒單鎰：上京路速速保子猛安女真人。金世宗大定十三年（1173）女真進士首科狀元，宣宗時官至尚書省左丞相。本書卷九九有傳。同知：即上京同知留守事，上京留守副佐，兼本府同知及本路同知兵馬都總管。正四品。　烏古孫兀屯：女真人。生平事迹不詳。

[3]泰州刺史术虎高琪：泰州刺史，主治泰州事，正五品。金泰州治所前後有變化。前期治所目前有兩説，一説在今吉林省洮南市四家子古城，另一説認爲在今黑龍江省泰來縣塔子城。其後期治所在今吉林省前郭爾羅斯蒙古族自治縣他虎城。术虎高琪，女真人。本書卷一〇六有傳。

十一月，殺河南陳言人郝贇。[1]以上京留守徒單鎰爲右丞相。簽中都在城軍。紇石烈胡沙虎棄西京，走還京師，即以爲右副元帥，[2]權尚書左丞。[3]是時，德興府、弘州、昌平、懷來、縉山、豐潤、密雲、撫寧、集寧，[4]東過平、灤，[5]南至清、滄，由臨潢過潦河，[6]西南至忻、代，[7]皆歸大元。初，徒單鎰請徙桓、昌、撫百姓入内地。上信梁瑋議，以責鎰曰："是自蹙境土也。"及大元已定三州，上悔之。至是，鎰復請置行省事于東京，[8]備不虞。上不悦曰："無故遣大臣，動摇人心。"未幾，東京不守，上乃大悔。[9]右副元帥胡沙虎請兵二萬屯宣德，詔與三千人屯嬀川。平章政事千家奴、參知政事胡沙坐覆全軍，千家奴除名，胡沙責授咸平路兵馬總管。[10]萬户佩頭屯古北口。[11]

[1]陳言人：指給朝廷上書的人。

[2]右副元帥：都元帥府屬官。掌征討之事，與左副元帥並爲正二品，位在左副元帥之下。

[3]權：代理。

[4]德興府、弘州、昌平、懷來、縉山、豐潤、密雲、撫寧、集寧：府州縣名。德興府，原名奉聖州，衛紹王大安元年（1209）升爲府，治所在今河北省涿鹿縣。弘州，治所在今河北省陽原縣。昌平，縣名。治所在今北京市昌平區西。懷來，縣名。本書卷二四《地理志上》西京路德興府嬀川縣注云，"舊曰懷戎，更名懷來，明昌六年更今名"。是此時懷來當作"嬀川"。其治所在今河北省懷來縣東南。縉山，縣名。治所在今北京市延慶縣。豐潤，縣名。治所在今河北省唐山市豐潤區。密雲，縣名。治所在今北京市密雲縣。撫寧，縣名。治所在今河北省撫寧縣。集寧，縣名。原名春市場，章宗明昌三年（1192）升爲集寧縣，治所在今内蒙古自治區集寧市東南。

[5]平、灤：州名。平州，治所在今河北省盧龍縣；灤州，治所在今河北省灤縣。

[6]臨潢：府名。治所在今内蒙古自治區巴林左旗東南遼上京舊城址。　潦河：即今西遼河。

[7]忻、代：州名。忻州，治所在今山西省忻州市。代州，治所在今山西省代縣。

[8]東京：陪都名。稱東京遼陽府，治所在今遼寧省遼陽市。

[9]未幾，東京不守，上乃大悔：屠寄《蒙兀兒史記·成吉思可汗紀》謂者别以十二月二十九日襲東京，本書繫東京失守事於十一月條下，當是誤記。

[10]咸平路兵馬總管：即咸平路兵馬都總管，爲該路總管府長官，主管諸城隍兵馬甲杖，總判府事，正三品。治所在今遼寧省開原市老城。

[11]萬户：軍官名。金初猛安之上置軍帥，軍帥之上置萬户，萬户是高級軍官。金末招募義軍，以三十人爲一謀克，五謀克爲一千户，四千户爲一萬户，萬户官僅爲正九品。　佤頭：人名。生平不詳。　古北口：長城關隘名，在今北京市密雲區東北。

十二月，簽陝西兩路漢軍五千人赴中都。太保張行簡、左丞相僕散端宿禁中議軍事。左丞相僕散端罷。

崇慶元年正月朔，[1]改元，赦。宋、夏遣使來賀。右副元帥胡沙虎請退軍屯南口，[2]詔數其罪，免之。

[1]崇慶元年正月朔：中華點校本據《長術》於“正月”下補“己酉”二字。

[2]南口：鎮名。治所在今北京市昌平區西。

三月，大旱。遣使册李遵頊爲夏國王。[1]以御史大夫福興爲参知政事。[2]参知政事孟鑄爲御史大夫。[3]夏人犯葭州，延安路兵馬總管完顔奴婢禦之。[4]

[1]李遵頊：党項人。西夏政權第八任皇帝，廟號神宗，1211年至1222年在位。

[2]福興：女真人。即完顔承暉。宣宗南遷，命承暉與抹撚盡忠同守中都。貞祐二年（1214）五月，盡忠棄中都南逃，承暉飲藥自殺殉國。本書卷一〇一有傳。

[3]孟鑄：出身尚書省令史，章宗、宣宗之時，官御史中丞，敢於彈劾跋扈之臣知大興府事紇石烈執中，有剛正之名。本書卷一〇〇有傳。

[4]延安路：即鄜延路。治所在今陝西省延安市。　完顔奴婢：女真人。宣宗時官至中衛尉。

五月，簽陝西勇敢軍二萬人，射粮軍一萬人，[1]赴中都。括陝西馬。安武軍節度使致仕賈鉉起復参知政事。[2]参知政事福興爲尚書左丞。詔賣空名勑牒。[3]河東、陝西大饑，斗米錢數千，流莩滿野。[4]以南京留守僕散端爲河南、陝西安撫使，[5]提控軍馬。

[1]射粮軍：軍名。本書卷四四《兵志》，“諸路所募射糧軍，五年一籍三十以下、十七以上强壯者，皆刺其□（疑所缺字爲‘面’或‘頰’），所以兼充雜役者也”。

[2]安武軍：原作“武安軍”。　致仕：亦作“致政”。辭去官職，還政於君之意，即離職退休。　賈鉉：本書卷九九有傳。

[3]空名勑牒：空白的官職委任狀。時國事日艱，朝廷無奈衹好賣空名勑牒以籌軍餉。

[4]莩（piǎo）：亦作“殍”，指餓死的人。

[5]南京留守：南京留守司長官，兼開封府尹及南京路兵馬都總管，正三品。治所在今河南省開封市。　安撫使：安撫司長官。安撫司原名宣撫司，章宗承安年間改稱安撫司，主管鎮撫人民、譏察邊防軍旅、審録重刑事。安撫使一般由按察使兼任，正三品。

七月，有風自東來，吹帛一段，高數十丈，飛動如龍形，墜於拱辰門。[1]

[1]拱辰門：城門名。中都内城城門之一。

八月，萬秋節，以兵事不設宴。

十月，曲赦西京、遼東、北京。[1]

[1]北京：陪都名。稱北京大定府，治所在今内蒙古自治區寧城縣大明鄉古城址。

十一月，賑河東南路、南京路、陝西東路、山東西路、衛州旱灾。[1]

[1]河東南路：又稱平陽府路，治所在今山西省臨汾市。　南京路：又稱開封府路，治所在今河南省開封市。　陝西東路：又稱京兆府路，治所在今陝西省西安市。　山東西路：又稱東平府路，治所在今山東省東平縣。　衛州：治所在今河南省衛輝市。

十二月，夏國王李遵頊謝封册。

至寧元年正月，賑河東陝西饑。

二月，詔撫諭遼東。知大名府事烏古論誼謀不軌，[1]伏誅。

[1]知大名府事烏古論誼：知大名府事，大名府行政長官，正三品。治所在今河北省大名縣東北。烏古論誼，上京路獨拔古女真人。烏古論氏與完顏宗室世代有姻親關係。誼之父元忠，爲金太祖外孫，尚世宗長女。誼先後尚海陵女和顯宗允恭女廣平郡主，官至御史大夫。至此以謀反罪遭誅。本書卷一二〇有傳。

三月，太陰、大白與日並見，[1]相去尺餘。

[1]太陰、大白：太陰，月球的舊稱。大白，即太白星。

五月，改元。詔諭咸平路契丹部人之嘯聚者。起胡沙虎復爲右副元帥，領武衛軍三千人屯通玄門外。[1]陝西大旱。

[1]武衛軍：軍名。即守衛京師的軍隊。本書卷四四《兵志》，“京師防城軍，世宗大定十七年三月改爲武衛軍，則掌京師巡捕者也”。

六月，夏人犯保安州，[1]殺刺史，犯慶陽府，[2]殺同知府事。以户部尚書胥鼎、刑部尚書王維爲參知政事。[3]

[1]保安州：治所在今陝西省志丹縣。

[2]慶陽府：治所在今甘肅省慶城縣。宋時爲慶陽軍節度、慶陽府。金初改爲安國軍，旋改定安節度，皇統二年（1142）置慶原

路總管府。

[3]胥鼎：代州繁畤（今山西省繁峙縣）人，尚書右丞胥持國之子。世宗大定二十八年（1189）進士，官至平章政事，爲金末名相。本書卷一〇八有傳。　刑部尚書：尚書省刑部長官。正三品。王維：中華點校本據其本傳補"翰"字。王維翰，利州龍山（今遼寧省喀左縣）人，大定二十八年進士，官至參知政事。宣宗貞祐初，出爲定海軍節度使，城破被執，不屈而死。本書卷一二一有傳。

八月，尚書左丞完顏元奴將兵備邊。[1]詔軍官、軍士賜賚有差。大霧，晝晦。治中福海別將兵屯城北。[2]辛卯，胡沙虎矯詔以誅反者，[3]招福海執而殺之，奪其兵。壬辰，自通玄門入，殺知大興府徒單南平、刑部侍郎徒單没撚於廣陽門西。[4]福海男符寶鄯陽、都統石古迺率衆拒戰，[5]死之。胡沙虎叩東華門，遣人呼守直親軍百户冬兒、五十户蒲察六斤，[6]不應。許以世襲猛安三品官職，亦不應。都點檢徒單渭河縋而出，[7]護衛斜烈搯鎖啓門，[8]胡沙虎以兵入宫，盡逐衛士，代以其黨，自稱監國都元帥。[9]癸巳，逼上出宫，以素車載至故邸，[10]以武衛軍二百人錮守之。尚宫左夫人鄭氏爲内職，[11]掌寶璽，[12]聞難，端居璽所待變。胡沙虎遣黄門入收璽，鄭曰："璽，天子所用，胡沙虎人臣，取將何爲？"黄門曰："今天時大變，主上猶且不保，况璽乎。御侍當思自脱計。"鄭厲聲罵曰："若輩宫中近侍，恩遇尤隆，君難不以死報之，反爲逆竪奪璽耶。我死可必，璽必不與。"遂瞑目不語。黄門出，胡沙虎卒取"宣命之寶”，[13]僞除其黨醜奴爲德州防禦使、烏古論奪剌順天軍節度使、提控宿直將軍徒單金壽永定軍節度使，[14]及其餘黨凡數十人，皆遷官。遂使宦者李思中害上於邸。[15]誘奉御和尚使作書急召其父左丞元奴議事，[16]元奴以軍來，并其子皆殺之。

[1]完顔元奴：女真人。即完顔綱，本名元奴。本書卷九八有傳。

[2]治中福海：治中，官名。本書《百官志》無“治中”官名，而各傳中則屢出。經核對相關史料，知“治中”即府級屬官中的少尹，正五品。福海，女真人。即完顔福海。

[3]矯詔：假傳聖旨。

[4]知大興府徒單南平、刑部侍郎徒單没撚：知大興府，大興府長官，主管宣風導俗、肅清所部，總判府事，兼本路兵馬都總管，正三品。徒單南平，女真人。與完顔福海有姻親關係。刑部侍郎，刑部尚書副佐，正四品。徒單没撚，女真人。生平不詳。　廣陽門：城門名。金中都内城城門之一。

[5]符寶鄯陽、都統石古迺：符寶，官名。亦稱“符寶郎”，殿前都點檢司屬吏，原名牌印祗候，世宗大定二年（1162）改稱符寶祗候，又稱符寶郎，主管御寶及金銀牌等，正員四人。鄯陽，女真人。即完顔鄯陽，本書卷一二一有傳。都統石古迺，據本書卷一二一《完顔石古迺傳》和卷一三二《紇石烈執中傳》，石古迺時爲護衛十人長，“都統”二字當是誤記。石古迺，女真人。即完顔石古迺。

[6]守直：當班者，直通“值”。　親軍百户：官名。即皇宫親衛軍百夫長。　冬兒：女真人。即完顔冬兒。　五十户：官名。即五十人長。　蒲察六斤：女真人。生平不詳。

[7]徒單渭河：女真人。又名徒單鎬。

［8］斜烈：女真人。本書卷一三二《紇石烈執中傳》作“斜烈乞兒”。　掊（pǒu）鎖：破鎖開門。

［9］監國都元帥：監國，代皇帝行使權力。都元帥，都元帥府長官，主管兵馬征討之事，兵罷則省，從一品。

［10］故邸：指衛紹王爲諸侯王時的舊官邸。

［11］尚宫左夫人：宫内女官名。主管引導皇后、宫中記録、物品出納等事。

［12］寶璽：皇帝的印璽。

［13］宣命之寶：皇帝的印璽之一。

［14］僞除：非法任命。　醜奴：女真人。即完顔醜奴。　德州防禦使：德州軍政長官。掌防捍不虞、禦制盗賊，主治州事，從四品。治所在今山東省德州市。　烏古論奪刺：女真人。　順天軍節度使：保州長官。主管鎮撫諸軍防刺、總判本鎮兵馬，兼保州管内觀察使事。從三品。治所在今河北省保定市。　宿直將軍：殿前都點檢司屬官。有左、右宿直將軍，總領親軍，掌宫城諸門衛禁，並行從宿衛之事。正員八人，從五品。　徒單金壽：女真人。　永定軍節度使：雄州長官。主管諸軍防刺，總判本鎮兵馬，兼雄州管内觀察使。從三品。治所在今河北省雄縣。

［15］宦者李思中：本書卷一三二《紇石烈執中傳》作“李思忠”。《大金國志》作“李監成”。成，是“丞”之誤。李思中或爲監丞，本書不載。

［16］奉御和尚：奉御，近侍局屬官。原名入寢殿小底，正員十六人。出土的金代銅牌中有“奉御從人牌子”，正面刻“奉御”二字，左側刻“得入第壹重門”，右側刻“日字第三十二號”楷書小字。背面刻“左右宿直將軍司”，下有同銘篆書陽文印記（參見劉寧《對幾面金代牌子的認識》，《遼海文物學刊》1995 年第 1 期）。　和尚：女真人。即完顔和尚，完顔綱之子。

九月甲辰，宣宗即位。丁未，詣邸臨奠，伏哭盡哀。勅以禮改葬。胡沙虎請廢爲庶人，詔百官議于朝堂，議者二百餘人。太子少傅奥屯忠孝、侍讀學士蒲察思忠請從廢黜，[1]户部尚書武都、拾遺田庭芳等三十人請降爲王侯，[2]太子太保張行簡請用漢昌邑王、晋海西公故事，[3]侍御史完顔訛出等十人請降復王封。胡沙虎固執前議，宣宗不得已，乃降封東海郡侯。[4]昭雪道陵元妃李氏、承御賈氏。

[1]太子少傅：東宫屬官，與太子少師、太子少保並稱爲“三少”。負責保護皇太子，輔導德義。正三品。　侍讀學士：翰林院屬官。從三品。出土的金末官印有“翰林侍讀學士之印”，印背刻小字爲“貞祐二年十一月，行宫禮部造”（參見景愛編《金代官印集》，文物出版社 1991 年版，第 7 頁）。蒲察思忠，女真人。本書卷一〇四有傳。

[2]武都：生平不詳。　拾遺田庭芳：拾遺，諫院屬官，有左拾遺、右拾遺，皆爲正七品。田庭芳，生平不詳。

[3]太子太保：東宫屬官，與太子太師、太子太傅並稱東宫“三師”。負責保護皇太子，輔導德義。正二品。　漢昌邑王、晋海西公故事：漢昌邑王名劉賀，漢武帝劉徹之孫。漢昭帝崩，無子嗣，大將軍霍光等擁立劉賀爲帝。在位僅二十七日，淫亂宫闈，不理朝政，霍光等群臣告太廟而廢之，劉賀退位回到封邑地，仍爲昌邑王。事見《漢書》卷六三《昌邑王傳》。晋海西公名司馬奕，晋哀帝母弟，封琅邪王。晋興寧三年（365），哀帝崩，無子，立司馬奕爲帝。太和六年（371）十一月，被權臣桓温依漢昌邑王故事廢掉，降封爲海西公。事見《晋書》卷八《海西公紀》。

[4]東海郡侯：封爵名。郡侯封號，正、從三品。

十月辛亥，元帥右監軍术虎高琪殺胡沙虎于其第。[1]胡沙虎者，紇石烈執中也。宣宗乃下詔削其官爵。贈石古迺順州刺史，[2]鄯陽順天軍節度使，[3]凡從二人拒戰者，千户賞錢五百貫，[4]謀克三百貫，[5]蒲輦散軍二百貫，[6]各遷官兩階，[7]戰没者贈賞付其家。冬兒加龍虎衛上將軍，[8]再遷宿直將軍。蒲察六斤加定遠大將軍、武衛軍鈐轄。[9]石古迺子尚幼，給俸八貫石，勅有司，俟其年十五以聞。貞祐四年，[10]詔追復衛王謚曰紹。

[1]元帥右監軍：都元帥府屬官。與元帥左監軍並爲正三品，位於左監軍之下。出土的金代銅官印中有“元帥左監軍印”（鄭紹宗《河北古代官印集釋》，《文物》1984年第9期）。

[2]順州：治所在今北京市順義區。

[3]順天軍節度使：中華點校本據本書卷一二一《鄯陽傳》的記載，改爲“順天軍節度副使”。順天軍節度副使，保州屬官，從五品，治所在今河北省保定市。

[4]千户：即猛安，亦稱千夫長。金末招募義軍，以三十人爲一謀克，五謀克爲一千户，千户官已成爲不入流的低級軍官。

[5]謀克：女真語，意爲“氏族”“鄉里”。謀克官又稱百夫長、百户，主管撫輯軍户、訓練武藝，金初以三百户爲一謀克，每謀克有披甲正兵百人，謀克相當於縣。謀克官爲從五品，金末降爲不入流的低級軍官。

[6]蒲輦：又作“蒲里衍”。《三朝北盟會編》卷二四三引《煬王江上録》作“葫蘆眼”。本書卷四四《兵志》，“謀克之副曰蒲里衍”。《三朝北盟會編》卷二四四引《金虜圖經》，“一謀克轄兩蒲輦”。蒲輦即五十户。知蒲輦是統領五十名正兵的下級軍官，即五十人長。

[7]遷官兩階：升官二級。階，又稱階官、散階。階官之制始於隋，與職官相對應，但品級與職官不同，高階者可出任低職，低階者也可出任高職。宋代官員依階官發俸禄，所以又稱階官爲“寄禄官”。至明、清兩代，階官始與職官級别相符。

[8]龍虎衛上將軍：階官名。武官散階，正三品上。

[9]定遠大將軍：階官名。武官散階，從四品中。　武衛軍鈐轄：武衛軍鈐轄司長官。正員十人，正六品。

[10]貞祐：金宣宗年號（1213—1217）。

贊曰：衛紹王政亂於内，兵敗於外，其滅亡已有徵矣。身弑國蹙，記注亡失，南遷後不復紀載。皇朝中統三年，[1]翰林學士承旨王鶚有志論著，[2]求大安、崇慶事不可得，采摭當時詔令，故金部令史竇祥年八十九，[3]耳目聰明，能記憶舊事，從之得二十餘條。司天提點張正之寫灾異十六條，[4]張承旨家手本載舊事五條，[5]金禮部尚書楊雲翼日録四十條，[6]陳老日録三十條，[7]藏在史館。條件雖多，重復者三之二。惟所載李妃、完顔匡定策，獨吉千家奴兵敗，紇石烈執中作難，及日食、星變、地震、氛祲，[8]不相背盭。[9]今校其重出，删其繁雜。《章宗實録》詳其前事，[10]《宣宗實録》詳其後事。[11]又於金掌奏目女官大明居士王氏所紀，[12]得資明夫人援璽一事，[13]附著于篇，亦可以存其梗概云爾。

[1]皇朝中統三年：皇，意爲大。皇朝即大朝，指元朝。中統，元世祖忽必烈年號（1260—1264）。

[2]翰林學士承旨：翰林院長官。元朝中統初，以王鶚任此官，未立官署，至元元年（1264）設翰林兼國史院，翰林學士承旨爲長

官，主管制撰詞命，正三品（見《元史》卷八七《百官志三》）。王鶚：金曹州東明縣人，金哀宗正大元年（1224）詞賦科殿試進士一甲第一名，官至尚書省左、右司郎中。入元朝，受到元世祖器重，官至翰林學士承旨，死後謚“文康”。《元史》卷一六〇有傳。

[3]故金部令史竇祥：部令史，尚書省各部屬吏，各部人數多少不一。竇祥，人名。生平不詳。

[4]司天提點張正之：司天提點，元朝司天監長官，主管天文曆法之事，正四品。張正之，人名，生平不詳。

[5]張承旨：指元朝翰林學士承旨張起嚴。起嚴爲章丘人，元仁宗延祐二年（1315）中進士，元文宗時官至翰林學士承旨，任遼、金、宋三史總裁。《元史》卷一八二有傳。

[6]禮部尚書楊雲翼：禮部尚書，禮部長官，正三品。楊雲翼，本書卷一一〇有傳。

[7]陳老：姓名生平均不詳。

[8]氛祲（jīn，又讀 jìn）：陰陽相侵之氣。

[9]不相背盭（lì）：互不矛盾。盭，古“戾”字。

[10]《章宗實録》：書名。金代官修史書。高汝礪、張行簡主修，記載章宗一朝史事，今已佚。

[11]《宣宗實録》：書名。金代官修史書。記載宣宗一朝史事，今已佚。

[12]大明居士王氏：大明居士，女官王氏名號。

[13]資明夫人：嬪妃封號。正五品。此資明夫人指本卷前文所記的尚宫左夫人鄭氏。

金史　卷一四

本紀第十四

宣宗上

宣宗繼天興統述道勤仁英武聖孝皇帝諱珣,[1]本名吾睹補，顯宗長子,[2]母曰昭華劉氏。[3]大定三年癸未歲生，世宗養于宮中。[4]十八年，封温國公,[5]加特進。[6]二十六年，賜今名。二十九年，進封豐王,[7]加開府儀同三司,[8]累判兵、吏部,[9]又判永定、彰德等軍。[10]承安元年,[11]進封翼王。[12]泰和五年,[13]改賜名從嘉。八年，進封邢王,[14]又封昇王。[15]所至著祥異。

[1]繼天興統述道勤仁英武聖孝皇帝：哀宗繼位，追尊宣宗皇帝的謚號。

[2]顯宗：世宗嫡長子完顏允恭的廟號。允恭爲章宗之父，被世宗立爲太子，死於其父前。章宗即位，追封尊號爲體道弘仁英文睿德光孝皇帝，本書卷一九有紀。

[3]昭華：嬪妃封號。本書卷五七《百官志三》、卷六三《后妃傳上》，嬪妃封號有昭儀、昭容、昭媛，無“昭華”。

[4]大定：金世宗年號（1161—1189），章宗即位後又沿用一年。　世宗：廟號。金朝第五代皇帝，本名烏禄，漢名雍，本書卷六至卷八有紀。

[5]温國公：封爵名。國公封號，從一品。

[6]特進：文官散階，從一品中次。

[7]豐王：封爵名。明昌格，爲次國封號第十八位。

[8]開府儀同三司：文官散階，從一品上。

[9]判兵、吏部：判，以高階出任低職。判兵、吏部，即先後出任兵部尚書和吏部尚書。完顏珣階官封爲一品，而出任三品尚書之職，故曰"判"。兵部尚書掌兵籍、軍器、鎮戍、儀仗、障塞、遠方歸化等事。吏部尚書掌文武選授、勳封、考課、出給制誥等事。

[10]又判永定、彰德等軍：又先後出任永定軍節度使和彰德軍節度使。節度使掌鎮撫諸軍防刺，總判本鎮兵馬之事，兼本州管内觀察使事，從三品。永定軍，治所在今河北省雄縣。彰德軍，治所在今河南省安陽市。

[11]承安：金章宗年號（1196—1200）。

[12]翼王：封爵名。明昌格，爲次國封號第十七位。

[13]泰和：金章宗年號（1201—1208）。

[14]邢王：封爵名。明昌格，爲次國封號第十六位。

[15]昇王：封爵名。明昌格，爲次國封號第十五位。

至寧元年八月，[1]衛紹王被弑，[2]徒單鎰等迎于彰德府。[3]既至京，親王、百官上表勸進。

[1]至寧：金衛紹王年號（1213）。

[2]衛紹王：封爵號。指金朝第七代皇帝，本名興勝，漢名永濟，1209年至1213年在位。本書卷一三有紀。　弑（shì）：臣下

殺害君主叫作“弑”。

［3］徒單銘：女真人。時爲真定府尹、大名路宣撫使。本書卷一二〇有傳。

甲辰，即皇帝位於大安殿。[1]以紇石烈胡沙虎爲太師、尚書令兼都元帥，[2]封澤王。[3]九月乙巳朔，諭尚書省，[4]事有規畫者皆即規畫，悉依世宗所行行之。丙午，以駙馬雄名第賜胡沙虎。[5]丁未，諭宰臣曰：“朕即大位，群臣凡有所見，各直言勿隱。”臨奠于衛紹王第。有司奏，舊禮當設坐哭。上命撤坐，伏哭盡哀。勅有司，以禮改葬。戊申，御仁政殿視朝。[6]賜胡沙虎坐，胡沙虎不辭。辛亥，封皇子守禮爲遂王，[7]守純爲濮王，[8]皇女温國公主。[9]夔王永升薨，[10]上親臨奠。大元遣乙里只來。[11]壬子，改元貞祐，大赦。恩賚中外臣民有差。[12]丙辰，左諫議大夫張行信上章言崇節儉、廣聽納、明賞罰三事。[13]尚書右丞相徒單鎰進左丞相，[14]封廣平郡王。[15]庚申，澤王胡沙虎等議廢故衛王爲庶人，上曰：“朕徐思之，以諭卿等。”壬戌，授胡沙虎中都路和魯忽土世襲猛安。[16]丙寅，詔諭六品以下官，事有可言者言之無隱。

［1］甲辰，即皇帝位於大安殿：中華點校本據本書卷一三《衛紹王紀》的記載，將本卷下文中的“乙巳”上的“九月”二字移到“甲辰”之前。大安殿，宫殿名。在金中都應天門内，與太子的東宫鄰近。

［2］以紇石烈胡沙虎爲太師、尚書令兼都元帥：紇石烈胡沙虎，女真人。即紇石烈執中，本書卷一三二有傳。太師，“三師”之一，

師範一人，儀行四海，正一品。多授予有功於國的勛臣，爲一種不領實職的榮譽官銜。尚書令，爲尚書省宰相之一，總領綱紀，儀刑端揆，正一品。都元帥，都元帥府長官，掌兵馬征討之事，兵罷則省，從一品。

[3]澤王：封爵名。明昌格，爲次國封號第十四位。

[4]九月乙巳朔，諭尚書省：中華點校本將此處“九月”二字移到“甲辰”之前，又據下文“閏九月戊辰朔”的記載，删此處“朔”字。尚書省，行政官署名。金熙宗時，在中央確立中書、門下、尚書三省制。至海陵王即位，罷中書、門下二省，中央只置尚書省，是金明最高政務機構。

[5]駙馬雄名：女真人。即烏古論誼，本名雄名。因其先後尚海陵女及顯宗女鄴國長公主，封爲駙馬都尉，故稱爲駙馬。詳見本書卷一二〇《烏古論元忠傳》附傳。

[6]仁政殿：宫殿名。在金中都城内。

[7]守禮：金哀宗完顔守緒的曾用名。　遂王：封爵名，舊爲濟王。明昌格，爲小國封號第二。

[8]守純：女真人。宣宗第二子，本書卷九三有傳。　濮王：封爵名。明昌格，爲小國封號第一。

[9]温國公主：公主封號。此温國公主是宣宗之女。

[10]夔（kuí）王永升：夔王，封爵名，舊名蜀王。明昌格，爲大國封號第十八位。永升，女真人。金世宗之子，原名允升，爲避顯宗名諱，改爲永升。本書卷八五有傳。

[11]大元：元朝國號。時蒙古國尚未改國號爲大元。因《金史》爲元朝人所修，故稱蒙古國爲“大元”。　乙里只：蒙古語“使者”之意。

[12]恩賚（lài）：皇帝賞賜。

[13]左諫議大夫：諫院長官。掌諫正百官非違、糾正官邪。正四品。　張行信：莒州日照縣（今山東省日照市）人，世宗大定二十八年（1188）進士，官至參知政事。本書卷一〇七有傳。

[14]尚書右丞相：與尚書左丞相、平章政事並爲宰相，掌丞天子，平章萬機。右丞相與左丞相皆爲從一品。右丞相位於左丞相之下。 徒單鎰：上京路速速保子猛安女真人。世宗大定十三年（1173）首科女真進士狀元，爲金朝一代名相。本書卷九九有傳。

[15]廣平郡王：封爵名。郡王封號第二位，正從一品。

[16]中都路：治所在今北京市。 和魯忽土世襲猛安：猛安，女真地方行政設置及長官的名稱，猛安相當於州，亦稱千户。受封人有領地和封户，准其世襲。和魯忽土，山上次男認爲，和魯忽土猛安即金人王寂《遼東行部志》所記的和魯奪徒千户，原在今遼寧省西豐縣境，後遷到中都路（山上次男《金代女真研究》，金啓孮譯，黑龍江人民出版社 1984 年版，第 501 頁）。

閏月戊辰朔，拜日于仁政殿，自是每月吉爲常。[1]授尚書左丞相徒單鎰中都路迭魯猛安。[2]庚午，上復舊名珣，詔所司，告天地廟社。前所更名二字，自今不須迴避。辛未，詔追尊皇妣爲皇太后。[3]是日，皇妃皇子至自彰德府。遣使使宋。己卯，左諫議大夫張行信上疏請立皇太子。甲申，立子守忠爲皇太子。[4]丙戌，詔降故衛王爲東海郡侯。[5]甲午，減定監察御史爲十二員。[6]

[1]吉：吉日。農曆每月初一爲吉日。

[2]迭魯猛安：日本學者山上次男據本書卷六三《昭祖威順皇后傳》所記“活剌渾水敵魯鄉徒單部人”，認爲“迭魯”即“敵魯”，此猛安原來應在今松花江支流呼蘭河流域，後遷到中都路（山上次男《金代女真研究》，金啓孮譯，黑龍江人民出版社 1984 年版，第 501 頁）。本書卷九九《徒單鎰傳》記，宣宗即位，授徒單鎰“中都路迭魯都世襲猛安蒲魯吉必剌謀克”。“迭魯”作“迭魯都”，所授係謀克而非猛安，與此處所記稍異。

[3]皇妣：皇帝死去的生母。

[4]守忠：女真人。宣宗長子。本書卷九三有傳。

[5]東海郡侯：封爵名。正從三品。

[6]監察御史：御史臺屬官。掌糾察内外百官，檢查諸官署賬目案卷，並監祭禮及出使之事。正七品。世宗大定二年（1162）定員八人，章宗承安四年（1199）增至十人，承安五年增至十二人，遂爲定制。

冬十月丁酉朔，京師戒嚴。辛丑，大元乙里只來。乙巳，詔應遷加官賞，諸色人與本朝人一體。[1]庚戌，勑有司，皇太子册禮，俟邊事息然後舉行。辛亥，元帥右監軍术虎高琪戰于城北，[2]凡兩敗績而歸，就以兵殺胡沙虎于其第，持其首詣闕待罪。赦之，仍授左副元帥。[3]壬子，殿前都點檢紇石烈特末也等補外。[4]張行信上封事，[5]言正刑賞、擇將帥，及鄯陽、石古迺之冤。[6]大元兵下涿州。[7]設京城鎮撫彈壓官。[8]置招賢所。[9]癸亥，放宫女百三十人。

[1]諸色人：指女真族以外的北方各民族出身的人。

[2]元帥右監軍：都元帥府屬官。掌征討之事。正三品。　术虎高琪：西北路猛安女真人。護衛出身，宣宗時官至尚書右丞相。本書卷一〇六有傳。

[3]左副元帥：都元帥府屬官。掌征討之事，都元帥副佐。正二品。

[4]殿前都點檢：殿前都點檢司長官，兼侍衛親軍都指揮使。主管行從宿衛、關防門禁，督攝隊杖，總判點檢司事。正三品。　紇石烈特末也：女真人。逆臣紇石烈執中之弟。執中伏誅，特末也

被降爲泰寧軍節度使（見本書卷一三二《紇石烈執中傳》）。

[5]張行信上封事：中華點校本據本書卷一三二《紇石烈執中傳》的記載，於此句前補“甲寅”二字。

[6]鄯陽、石古迺：女真人。均姓完顔氏。至寧元年（1213）八月，紇石烈執中作亂，時鄯陽爲符寶祗侯，石古迺是護衛十人長，二人倉促之間召集五百漢軍與執中戰，以衆寡不敵，皆死於難。二人本書卷一二一有傳。

[7]涿州：治所在今河北省涿州市。

[8]京城鎮撫彈壓官：鎮撫彈壓，本書《百官志》失載。出土的金末官印中有“都彈壓所之印”“忠孝軍彈壓印”等，知鎮撫彈壓是金末所設的官名，具體執掌不詳。另金世宗大定年間有“彈壓謀克”。

[9]招賢所：官署名。是招募人才的特殊機構。

十一月戊辰，夏人攻會州，[1]徒單醜兒出兵擊走之。[2]庚午，將乞和于大元，詔百官議于尚書省。以横海軍節度使承暉爲尚書右丞，[3]耿端義爲參知政事。[4]癸未，詔贈死事裴滿福興及鄯陽、石古迺官。[5]大元兵徇觀州，[6]刺史高守約死之。[7]又徇河間府、滄州。[8]乙未，定亡失告身文憑格。[9]

[1]夏人：指西夏國人。　會州：治所在今甘肅省靖遠縣南。

[2]徒單醜兒：女真人。陝西名將，時爲會州都統。

[3]横海軍節度使：掌鎮撫諸軍防刺、判本鎮兵馬之事，兼滄州管内觀察使事。從三品。治所在今河北省滄州市東南。　承暉：女真人。宣宗南遷，承暉與抹撚盡忠同守中都。盡忠棄中都南逃，承暉飲藥自殺殉國。本書卷一〇一有傳。

[4]耿端義：時爲翰林侍講學士兼户部侍郎，拜參知政事。本

書卷一〇一有傳。　參知政事：尚書省執政官。佐治尚書省事，定員二人。從二品。

[5]裴滿福興：女真人。生平不詳。

[6]觀州：原名景州，衛紹王大安年間爲避章宗嫌名，改爲觀州。治所在今河北省東光縣。

[7]刺史：刺史州長官。總判州事，正五品。　高守約：遼陽渤海人。世宗大定二十八年（1188）進士，金末官觀州刺史。蒙古軍隊來攻，城破被執，不屈而死。本書卷一二一有傳。

[8]河間府：治所在今河北省河間市，是金朝河北東路治所。

[9]亡失告身文憑格：有關丢失身份證明憑證的法律條文。

十二月丁酉朔，上御應天門，[1]詔諭軍士，仍出銀以賜之。平章政事徒單公弼進尚書右丞相，[2]尚書右丞承暉進都元帥兼平章政事，左副元帥术虎高琪進平章政事兼前職。

[1]應天門：中都宫城門名。原名通天門，世宗大定五年（1165）改爲應天門。本書卷二四《地理志上》云："應天門十一楹，左右有樓，門内有左、右翔龍門，及日華、月華門。前殿曰大安，左、右掖門，内殿東廊曰敷德門。"

[2]平章政事：金尚書省左、右丞相之下置平章政事二員，從一品。與尚書令、左右丞相並爲宰相，掌丞天子、平章萬機。　徒單公弼：河北東路算主海猛安女真人。尚世宗女息國公主，宣宗時官至右丞相。本書卷一二〇有傳。

二年春正月丁卯朔，以邊事未息，詔免朝賀。辛未，大元兵徇彰德府，知府事黄摑九住死之。[1]宋人攻秦州，[2]統軍使石抹仲温擊卻之。[3]癸未，有司奏，請權止今年禘享朝獻原廟及皇太后册禮，[4]從之。乙酉，徵處士王澮，[5]不至。大元兵徇益都府。[6]命有司復議本朝德運。[7]乙未，大元兵徇懷州，[8]沁南軍節度使宋扆死之。[9]

[1]知府事：掌諸城隍兵馬甲仗，總判府事。正三品。　黄摑九住：臨潢府女真人。官至河東北路按察使、轉運使，金末戰殁。本書卷一二二有傳。

[2]秦州：治所在今甘肅省天水市。

[3]統軍使：統軍司長官。督領軍馬，鎮攝封陲，分營衛，視察奸。正三品。金分别在河南、山西、陝西、山東署有統軍使。　石抹仲温：契丹人。時爲陝西統軍使。本書卷一〇三有傳。

[4]禘（dì）享朝獻原廟：禘，古代祭名。天子四時祭祀宗廟，夏祭叫作禘。原廟，天子宗廟。禘享朝獻原廟指天子夏祭宗廟活動。

[5]王澮：字玄佐，金末遼東咸平府（治所在今遼寧省開原市老城鎮）渤海人，是遼東地區有名望的隱士，工詩能文，又擅長卦象推演星曆術數之學。金章宗明昌初年，以其德行才能超群被召至京師，曾參與金朝統治集團内部關於德運之争的討論。元好問《中州樂府》附有王玄佐小傳，對其生平有所記載。王澮後辭官返回遼東隱居，宣宗時屢召不起。蒲鮮萬奴建東夏國，拜王澮爲宰相。

[6]益都府：治所在今山東省青州市。該府爲山東東路治所。

[7]德運：中國古代封建統治者根據傳統的金、木、水、火、土五行説的理論，來解釋封建王朝繼統問題的一套迷信學説。有關金王朝的繼統問題，在當時一直存在着争議，此即“德運之争”。

[8]懷州：治所在今河南省沁陽市。

[9]沁南軍：軍州名。治所在今河南省沁陽市。　宋扆（yǐ）：中都路宛平縣人。正隆五年（1160）進士，官至山東西路轉運使、

定海軍節度使。宣宗貞祐二年（1214），任沁南軍節度使，城破殉國。本書卷一二一有傳。

二月丙申朔。壬子，大元乙里只扎八來。[1]丙辰，罷按察司。[2]壬戌，大元乙里只復來。

[1]乙里只扎八：乙里只，蒙古語，亦作“乙里職”，意爲使者。扎八，蒙古使者名。

[2]按察司：官署名。原名提刑司，金章宗承安四年（1199）改稱按察司。掌審察刑獄，照刷案牘，糾察貪官污吏及奸豪之徒、私鹽酒禁等事，兼勸課農桑。本書卷五七《百官志三》記按察司之罷在貞祐三年（1215），與此處所記罷廢時間不同。

三月辛未，遣承暉詣大元請和。丁丑，赦國内。癸未，京師大括粟。甲申，大元乙里只扎八來。詔百官議于尚書省。戊子，以濮王守純爲殿前都點檢兼侍衛親軍都指揮使，[1]權都元帥府事。[2]庚寅，奉衛紹王公主歸于大元太祖皇帝，[3]是爲公主皇后。辛卯，詔許諸人納粟買官。[4]京師戒嚴。壬辰，大元兵下嵐州，[5]鎮西軍節度使烏古論仲温死之。[6]

[1]侍衛親軍都指揮使：掌皇帝侍衛軍。正三品。金制規定，侍衛親軍都指揮使之職由殿前都點檢兼任。本書卷五六《百官志二》“殿前都點檢司”下“侍衛親軍都指揮使”作“侍衛將軍都指揮使”，“將”字誤，應爲“親”。

[2]權都元帥府事：即代理都元帥之職。權，代理。都元帥府，軍政官署名，掌兵馬征討之事，兵罷則省，始置於金太宗天會二年

(1124)。1954年，在河北保定征集到一方金代"都元帥府之印"，銅質，印文爲九疊篆書（詳見鄭紹宗《河北古代官印集釋》，《文物》1984年第9期）。

[3]衛紹王公主：衛紹王之女，號岐國公主。時金蒙議和，宣宗獻岐國公主於成吉思汗，蒙古人稱爲"公主皇后"。

[4]納粟買官：向國家交納糧食，以買取官爵。時金朝經濟殘破、財政拮据，爲救燃眉之急，公開賣官鬻爵，允許官民納粟買官。

[5]嵐州：治所在今山西省嵐縣北。

[6]鎮西軍：嵐軍州名。　烏古論仲温：蓋州猛安女真人。世宗大定二十五年（1185）進士，宣宗時鎮守平陽府，城破，不屈而死。本書卷一二一有傳。

夏四月乙未朔，以知大興府事胥鼎爲尚書右丞。[1]戊戌，奉遷昭聖皇后柩于新寺。[2]時山東、河北諸郡失守，惟真定、清、沃、大名、東平、徐、邳、海數城僅存而已，[3]河東州縣亦多殘燬。[4]兵退，命僕散安貞等爲諸路宣撫使，[5]安集遺黎。[6]至是以大元允和議，大赦國内。癸卯，權厝昭聖皇后于新寺。[7]甲辰，詔有司具陣亡人子孫以備録用。丁未，以都元帥承暉爲右丞相。[8]庚戌，左丞相、監修國史廣平郡王徒單鎰薨。[9]乙卯，尚書省奏巡幸南京，[10]詔從之。己未，葬衛紹王。

[1]知大興府事：大興府行政長官。正三品。治所在今北京市。　胥鼎：代州繁畤（今山西省繁峙縣）人，世宗大定二十八年(1188）進士，尚書右丞胥持國之子。哀宗時官至平章政事，封英國公，爲金朝後期一代名相。本書卷一〇八有傳。

［2］昭聖皇后：金宣宗生母，遼陽人，姓劉氏。日本學者外山軍治認爲劉氏是遼陽渤海人。世宗大定元年（1161），劉氏被選入東宫。三年，生宣宗。宣宗即位，追尊爲皇太后，追謚昭聖皇后。本書卷六四有傳。

［3］真定、清、沃、大名、東平、徐、邳、海：府州名。真定府，治所在今河北省正定縣。大名府，治所在今河北省大名縣東北。東平府，治所在今山東省東平縣。清州，治所在今河北省青縣。沃州，治所在今河北省趙縣。徐州，治所在今江蘇省徐州市。邳州，治所在今江蘇省邳州市西南黄河北岸的古下邳城。海州，治所在今江蘇省連雲港市西南。

［4］殘燬：燬，燬廢（毁壞）。此處“殘燬”指州縣被蒙古軍隊殘破，其意應與“毁”字同。

［5］僕散安貞：女真人。本書卷一〇二有傳。　宣撫使：宣撫司長官，掌節制兵馬公事，從一品。

［6］遺黎：遭敵殘破的州縣遺民百姓。

［7］厝（cuò）：停柩待葬。

［8］以都元帥承暉爲平章政事：中華點校本據本卷上文和本書卷一〇一《承暉傳》的相關記載，改“平章政事”爲“右丞相”。

［9］監修國史：國史院正職。主管監修國史事。

［10］南京：金代五京之一。治所在今河南省開封市。金宣宗貞祐二年（1214）遷都於此。

五月癸酉，承暉加金紫光禄大夫，[1]封定國公。[2]尚書左丞抹撚盡忠加崇進，[3]封申國公。[4]甲戌，霍王從彝薨。[5]乙亥，輟朝。上决意南遷，詔告國内。太學生趙昉等上章極論利害，[6]以大計已定，不能中止，皆慰諭而遣之。詣原廟奉辭。戊寅，將發，雨，不果行。以南京留守僕散端等嘗請臨幸，[7]及行，先詔諭之。辛巳，詔遷衛紹、鎬厲王家屬于鄭州。[8]壬午，車駕發中都。是日雨，至甲申止。丙戌，次定興。[9]禁有司扈從踐蹂民田。丁亥，次安肅州，[10]元帥右監軍完顏弼以兵迎見。[11]癸巳，次中山府，[12]勅扈從軍所踐禾稼，計直酬之。[13]

[1]金紫光禄大夫：文官散階，正二品上。

[2]定國公：封爵名。國公封號。從一品。

[3]尚書左丞抹撚盡忠：《元史·太祖紀》作“參政抹撚盡忠”。《聖武親征録》作“左相秦忠”（秦是“盡”的諧音）。抹撚盡忠，女真人。本書卷一〇一有傳。　崇進：階官名。文官散階，從一品下。

[4]申國公：封爵名。明昌格，爲小國封號第四。

[5]霍王：封爵名。明昌格，爲小國封號第二十一。　從彝：女真人。本書卷九三有傳。

[6]太學生：太學是封建社會國家最高學府。金朝太學之設始於世宗大定六年（1166），養太學生四百人，其中受恩蔭的五品以上官其兄弟子孫一百五十人，府試、會試終場舉子二百五十人。　趙昉：人名。生平不詳。

[7]南京留守：南京最高行政長官，兼開封府尹及南京路兵馬都總管。正三品。治所在今河南省開封市。　僕散端：女真人。本書卷一〇一有傳。

[8]鎬厲王：指完顏永中。永中是世宗庶長子，章宗明昌三年（1192）進封鎬王（封爵名，明昌格，爲大國封號第四）。明昌五年，永中以謀反罪被章宗冤殺。泰和七年（1207），復王爵，並賜謚號“厲”，故稱“鎬厲王”。見本書卷八五《世宗諸子傳》。　鄭州：治所在今河南省鄭州市。

[9]定興：縣名。治所在今河北省定興縣。

[10]安肅州：治所在今河北省徐水縣。

[11]完顔弼：蓋州猛安女真人。護衛出身，宣宗時官至山東西路兵馬都總管、宣撫使。本書卷一〇二有傳。

[12]中山府：治所在今河北省定州市。

[13]直：通“值”。

六月甲午朔，以按察轉運使高汝礪爲參知政事。[1]癸丑，次内丘縣。[2]大元乙里只來。戊午，次彰德府，曲赦其境内。庚申，次鉅橋鎮。[3]是日，南京行宫寶鎮閣灾。壬戌，次宜村。[4]黄龍見西北。

[1]按察轉運使：按察轉運司長官。主管税賦錢穀、糾察非違等事。正三品。　高汝礪：本書卷一〇七有傳。高汝礪本傳記，章宗泰和二年（1202）爲北京臨潢府路按察使，六年六月拜户部尚書。中華點校本校勘記，“貞祐二年六月宣宗南遷，次邯鄲，拜汝礪爲參知政事”。此處稱汝礪官職按察轉運使似當作“户部尚書”。

[2]内丘縣：治所在今河北省内丘縣。

[3]鉅橋鎮：地名。在今河北省曲周縣東北。又，在今河南省淇縣東北十五里亦有鉅橋地名。

[4]宜村：地名。在今河南省汲縣。

秋七月，車駕至南京。詔立元妃温敦氏爲皇后。[1]

[1]元妃温敦氏：元妃，嬪妃封號，位於諸妃之首。正一品。温敦氏，女真姓氏。宣宗元妃本中都漢人王氏，賜姓温敦氏，然後立爲皇后。本書卷六四有傳。

八月甲午，以立后，百官上表稱賀。庚子，皇太子至自中都。丁未，夏人入邊，命移文責之。甲寅，罷經略司。[1]應奉翰林文字完顏素蘭上書言事。[2]

[1]經略司：地方軍政官署名。金末所設，本書《百官志》不載。本書《地理志》記，宣宗貞祐二年（1214）四月，分別在中都路的平州和河東北路的代州置東面經略司和西面經略司，同年八月罷。

[2]應奉翰林文字：翰林院屬官。從七品。　完顏素蘭：女真人。衛紹王崇慶二年（1213）女真進士科一甲第一名進士（女真狀元），哀宗時官至參知政事。本書卷一〇九有傳。

九月壬戌朔，日有食之。皇孫生。癸亥，山東路報萊州之捷。[1]辛未，立監察御史升黜格。[2]庚辰，詔訓練軍士。丁亥，諭宣徽院，[3]正旦生辰不須進物。[4]太白晝見于軫。[5]戊子，禁軍官圍獵。

[1]萊州：治所在今山東省萊州市。

[2]升黜格：官職升遷和罷免的具體條文規定。

[3]宣徽院：官署名。主管朝會、朝宴、殿廷禮儀及監知御膳。

[4]正旦：農曆正月初一日。

[5]太白晝見於軫：太白，星宿名，即金星。軫，星宿名，二十八宿之一，故又稱“軫宿”。根據古人的解釋，二十八宿各主一個天區。太白晝見於軫，就是金星白天出現在軫宿所屬的天區内，當時被認爲是一種與人間治亂直接有關的怪異天文現象。

冬十月甲午，詔遣官市木波、西羌馬。[1]陝西軍户戰死者給粮贍其家。丁酉，大元兵徇順州，[2]勸農使王晦死之。[3]壬寅，左副元帥兼尚書左丞抹撚盡忠進平章政事。以御史中丞孛术魯德裕爲參知政事兼簽樞密院事。[4]曲赦中都路。乙卯，遣參知政事孛术魯德裕行尚書省于大名府。[5]丙辰，大元兵收成州。[6]諭大名行省，貶損用度。德州防禦使完顏醜奴伏誅。[7]

［1］木波：鎮名。舊址在今甘肅省環縣東南。　西羌：指當時居住在今甘肅、青海一帶的羌人。

［2］徇順州：徇，攻略。　順州：治所在今北京市順義區。

［3］勸農使：勸農使司長官。掌勸課天下力田之事。正三品。　王晦：澤州高平縣（今山西省高平市）人，章宗明昌二年（1191）進士。宣宗時，統兵守通州，城破被執，不屈而死。本書卷一二一有傳。

［4］御史中丞：御史臺屬官。御史大夫的副佐。從三品。　孛术魯德裕：隆安路猛安女真人。宣宗時官至參知政事。本書卷一〇一有傳。　簽樞密院事：樞密院屬官。正三品。

［5］行尚書省：行政官署名。即在地方設置尚書省的代行機構，簡稱行省。

［6］成州：本西京路蔚州靈丘縣，宣宗貞祐二年（1214）四月升爲成州。治所在今山西省靈丘縣。

［7］德州防禦使：德州行政長官。掌防捍不虞、禦降盜賊和本州行政事務，從四品。治所在今山東省陵縣。　完顏醜奴：女真人。逆臣紇石烈執中黨羽，助執中作亂，得授德州防禦使，至此伏誅（見本書卷一三二《紇石烈執中傳》）。

十一月丁卯，以御史大夫僕散端爲尚書左丞相。[1]曲赦山東路。辛未，詔賜衛紹王家屬既稟。[2]詔有司答夏國牒。[3]丙子，許諸色人試武舉。[4]蘭州譯人程陳僧叛，[5]西結夏人爲援。辛巳，熒惑犯房宿鉤鈐星。[6]癸未，曲赦遼東路。勑罷宣撫司輒擬官。[7]

［1］御史大夫：御史臺長官。掌糾察朝儀、彈劾官邪、勘鞫官府公事，復審重大獄案。原爲正三品，世宗大定二年（1162）升爲從二品。

［2］既（xì）稟：又作"既廩""餼廩"。官府所發糧米飲食等給養之物。

［3］牒（dié）：國家和官府間來往的公文。

［4］武舉：科舉科目名。金科舉亦分文、武兩途，武舉之設始於熙宗皇統年間，應舉者要試武藝和兵書戰策，取中者稱武進士（見本書卷五一《選舉志一》）。

［5］蘭州：治所在今甘肅省蘭州市。　譯人：翻譯，亦稱通事。程陳僧：生平不詳。

［6］熒惑犯房宿鉤鈐（qián）星：熒惑，星宿名，即火星。房宿，星宿名，二十八宿之一。鉤鈐星，星宿名，屬房宿，爲房宿的輔官，即天蝎星座，由兩顆小星組成。犯，侵入。古人迷信，認爲火星侵入天蝎星座是一種怪異的天文現象。

［7］宣撫司：官署名。金章宗泰和六年（1206）置陝西路宣撫使，節制陝西兵馬公事。金末在山東東西路、大名路、河北東西路、河東南北路等地共設十處宣撫司。　輒擬官：擅自設置官職。

十二月戊戌，遣真定行元帥府事永錫等援中都。[1]頒勸農詔。丁未，以和議既定，聽民南渡。乙卯，登州刺史耿格伏誅，[2]流其妻孥。大元兵徇懿州，[3]節度使高閭山死之。[4]

［1］真定行元帥府事：真定行元帥府長官。行元帥府是在地方所設都元帥府的代行機構，簡稱行府。本書卷五五《百官志一》，“行臺官品皆下中臺一等”。都元帥爲從一品，故行府元帥應爲正二品。真定行府治所在今河北省正定縣，時亦爲河北西路治所。　永錫：女真人。完顏宗室，一名合周。本書卷一一四有傳。

［2］登州：治所在今山東省蓬萊市。　耿格：楊安兒起兵反金，耿格附楊安兒，至此伏誅（見本書卷一〇二《僕散安貞傳》）。

［3］懿州：《東北歷代疆域史》記其治所在今遼寧省阜新市東北五十四公里塔營子村古城（詳見張博泉等《東北歷代疆域史》，吉林人民出版社 1981 年版，第 203 頁）。

［4］高閭山：本書卷一二九有傳。

三年春正月辛酉朔，宋遣使來賀。壬戌，遣内侍諭永錫防邊，毋以和議爲辭。癸亥，曲宴群臣、宋使。定文武五品以上侍坐員，遂爲常制。乙丑，詔宣撫阿海、總管合住討賊劉二祖、張汝楫。[1]戊辰，尚書省言：“内外軍人入粟補官者多，行伍浸虚。請俟平定，應監差者與三酬，[2]門户有職事者升一等，其子弟應蔭者罷之。”[3]上可其奏。乙亥，夏人犯環州。[4]北京軍亂，[5]殺宣撫使奥屯襄。[6]丁丑，右副元帥蒲察七斤以其軍降於大元。[7]辛巳，皇太子疾。輟朝。乙酉，皇太子薨。

［1］宣撫阿海、總管合住討賊劉二祖、張汝楫：宣撫，即宣撫使，宣撫司長官，主管節制兵馬公事，從一品。阿海，女真人。即僕散安貞時爲山東路宣撫使，本書卷一〇二有傳。總管，即兵馬都總管，爲路級總管府長官，掌統諸城隍兵馬甲仗，總判府事，正三品。合住，人名。出身不詳。劉二祖，山東泰安州（今山東省泰

安市）人，紅襖軍首領之一，宣宗貞祐三年（1215）戰敗，被僕散安貞所殺。張汝楫，劉二祖的部將。劉二祖死後，張汝楫接受金朝招安，後又謀重新舉義，被完顔弼誘殺（見本書卷一〇二《僕散安貞傳》和《完顔弼傳》）。

[2]應監差者與三酬：從事官差的人付給他各種報酬，意即不再授予官職。

[3]蔭：即門蔭，封建社會官僚貴族的一種特權。即根據所任官品的不同，直接送子弟爲官的變相世襲權力。

[4]環州：州名。治所在今甘肅省環縣。

[5]北京：金陪都之一。治所在今内蒙古自治區寧城縣大明鄉古城，時亦爲金北京路治所。

[6]奥屯襄：女真人。《東平王世家》奥屯襄作“銀青元帥”，蓋舉官名。時爲北京留守兼宣撫使，被北京宣差提控完顔習烈殺害。本書卷一〇三有傳。

[7]蒲察七斤：女真人。生平不詳。

二月辛卯，環州刺史烏古論延壽及斜卯毛良虎等敗夏人于州境，[1]詔進官有差。大元乙里只來。壬辰，上臨奠皇太子殯所。有司奏辰日不哭，上曰：“父子至親，何可拘忌？”命御史中丞李英、元帥左都監烏古論慶壽領兵護饟中都，[2]付以空名宣勅，[3]許視功遷叙，逗撓者治以軍律。[4]乙未，改寧邊州隸嵐州。[5]丁酉，詔諸色人遷官並視女直人，有司妄生分別，以違制論，從户部郎中奥屯阿虎請也。[6]辛丑，勅宰臣饋乙里只酒饌。壬寅，頒奬諭官吏軍民詔，曲赦，招撫北京作亂者。丙午，尚書省以南遷後，吏部秋冬置選南京，[7]春夏置選中都，赴調者不便，請並選于南京。從之。武清縣巡檢梁佐、柳口巡檢李咬住以誅乣賊張暉、劉永昌等功進官有差，[8]皆賜姓完顏。丁未，山東宣撫使僕散安貞遣提控僕散留家等破賊楊安兒步騎三萬，[9]殲其衆，降僞頭目三百餘人、脅從民三萬餘户。戊申，減沿邊州府官資考有差。[10]壬子，立保城無虞及捕獲奸叛遷賞格。乙卯，勅奏急事不拘假日。丁巳，日初出赤如血，欲没復然。戊午，大風，隆德殿鴟尾壞。[11]

[1]烏古論延壽：女真人。生平不詳。　斜卯毛良虎：女真人。生平不詳。

[2]李英：遼陽渤海人。章宗明昌五年（1194）進士。宣宗南遷，李英任御史中丞，貞祐三年（1215）三月，遇蒙古兵於霸州北，戰死。本書卷一〇一有傳。　烏古論慶壽：河北西路猛安女真人。宣宗時官至元帥左監軍兼陝西統軍使。本書卷一〇一有傳。　護鑲：護送軍餉。鑲，“餉”的異體字。

[3]空白宣勅：空白官職委任狀。

[4]逗撓者治以軍律：逗留和阻撓前進者以軍法治其罪。

[5]寧邊州：治所在今内蒙古自治區清水河縣西南。　嵐州：治所在今山西省嵐縣北之嵐城。

[6]户部郎中：户部屬官。置二至八員不等。從五品。　奥屯阿虎：《汝南遺事·總論》載其爲懿州胡土虎猛安女真人，參知政事奥屯忠孝之子，世宗大定二十八年（1188）進士（參見王鶚《汝南遺事·總論》，中華書局叢書集成初編本）。

[7]吏部：尚書省所轄六部之一。掌文武官員選授、考課、黜陟、勛封等事。

[8]武清縣巡檢梁佐：武清縣，治所在今天津市武清區西北。巡檢，掌地方捕盗之事，正九品。梁佐，生平不詳。　柳口巡檢李咬住：柳口，地名。不詳。李咬住，生平不詳。　乣賊張暉、劉永

昌：張暉、劉永昌皆爲乣軍首領。乣軍原住在中都附近，金宣宗南遷，乣軍反金，劉永昌等建立了起義政權，年號“天賜”。今傳世和出土的金末官印中有“天賜二年”款識者，即劉永昌起義政權遺物。乣軍是以契丹人爲主所組編的少數民族軍隊，“乣”字讀音和字意有許多解釋，可謂衆説紛紜。近年劉風翥研究認爲應讀 yòu（音“又”，參見劉風翥《解讀契丹文字與深化遼史研究》，《遼金史研究》，中國文化出版社 2003 年）。

[9]提控：金宣宗時招募義軍，以四萬户爲一副統，兩副統爲一都統，都統官之外另設一總領提控，原爲從五品，後升爲正四品。　僕散留家：女真人，生平不詳。　楊安兒：原名楊安國，益都縣（今山東省青州市）人。金章宗泰和年間，楊安兒在山東領導農民起義，後接受招安，官刺史、防禦使。衛紹王大安三年（1211），楊安兒再舉義旗，領導紅襖軍起義，聲勢浩大，建年號“天順”，後敗死。見本書卷一〇二《僕散安貞傳》。

[10]資考：官員升遷的資歷和考察年限。

[11]隆德殿：金南京皇城内宫殿名。

三月壬戌，詔河北州縣官，令文武五品以上辟舉，[1]不聽以它事差占，仍勒終任。有勞績者但升遥領之職，[2]應降罰者亦止本處居住。時河北殘燬，吏治多苟且以求代易，故著是令。癸亥，詔百官各陳防邊利害，封章以聞。[3]丙寅，勑河東、河北、大名長貳官訓練隨處義兵，[4]鄰境有警，責其捄援。[5]降人自拔歸國者遷職，[6]仍列其姓名，以招諭來者。沿河州縣官罷軟不勝職任者汰去，[7]令五品已上官公舉，[8]仍許今季到部人内先擇能者量緩急易之。丁卯，安武軍節度使張行信上書言急務四事。[9]庚午，諭遼東宣撫使蒲鮮萬奴選精鋭屯灤州、廣寧，[10]以俟進止。壬申，長春節，[11]宋遣使來賀。戊寅，諭尚書省，歲旱，議弛諸處碾磑，[12]以其水溉民田。己卯，雨。自去冬不雨雪，至是始雨。勸農事李華言：[13]"河北州縣官吏多求河南差占以避難，宜發元任領戍兵者。[14]不可離則別注以往。"[15]庚辰，御史臺言：[16]"在京軍官及委差官芻粮券例悉同征行，[17]乞減其給。樞密院委差有俸人吏，[18]非征行不必給。"皆從之。勑尚書省，入粟補官者毋括其户爲軍。有司議賞軍功，毋有所沮格。壬午，山東宣撫司報大沫堌之捷，[19]夾谷石里哥及没烈擒賊渠劉二祖等斬之，[20]前後殪賊萬計。西京軍民變，[21]遣官撫諭之。己丑，禁州縣置刃於杖以决罪人。[22]前年，京兆治中李友直私逃華州，[23]結同知防禦使馮朝、河州防禦判官郝遵甫、平凉府同知致仕楊庭秀、水洛縣主簿宿徽等團集州民，[24]號"忠義扈駕都統府"，相挺爲亂，[25]殺其防禦判官完顏八斤及城中女直人，[26]以書約都統楊珪，[27]爲府兵所得。珪諱之，請自効，[28]誘友直等執之，麾所招千餘人納仗阬諸城下。[29]時京師道路隔絶，安撫司以便宜族友直等，[30]至是以狀聞。乃贈八斤及被害官軍十餘人各一官，賻錢三百貫。[31]

[1]辟舉：推薦舉用。

[2]勞績：指官員的功勞和政績。　遥領之職：所授之官因故不能到職視事，叫作遥領之職。

[3]封章以聞：以密封奏章形式上書皇帝。

[4]長貳官：指地方州郡長官及其副佐。　義兵：金末由河朔

逃亡者組織起來的軍隊。

[5]捄援：救援。

[6]自拔歸國：從敵占區自行逃出歸順朝廷。

[7]罷（pí）軟：與“疲軟”同。

[8]公舉：公開推薦、推舉。

[9]安武軍：軍州名。治所在今河北省冀州市。

[10]蒲鮮萬奴：女真人。《續資治通鑑》卷一五九作“完顏萬奴”。《建炎以來朝野雜記》卷一九作“蕭萬奴”。金章宗泰和年間，萬奴曾任尚厩局使，後參加對宋戰争，任副統軍。衛紹王至寧元年（1213），萬奴出任遼東宣撫使，鎮壓契丹耶律留哥叛亂，軍事失利後叛金自立，建國號“大真”，自稱“天王”，年號“天泰”。後由遼東遷曷懶路，改國號“東夏”。1233年，萬奴被蒙古兵生擒。　瀋州：治所在今遼寧省瀋陽市。　廣寧：府名。治所在今遼寧省北寧市。

[11]長春節：疑這一天是宣宗生日，所以稱長春節。待考。

[12]碾（niǎn）磑（wèi）：碾子和磨。

[13]勸農事李華：中華點校本據本書卷九九《李革傳》，改爲“勸農使李革”。李革時爲河南勸農使。

[14]元：最初。

[15]别注：另外派任。

[16]御史臺：官署名。監察機構。掌糾察彈劾内外百官善惡，凡内外刑獄所屬理斷不當，有陳述者付臺治之。

[17]芻粮券：領取糧草的憑證。

[18]樞密院：軍政官署名。掌國家軍務機密之事。

[19]山東宣撫司：官署名。掌鎮壓撫人民、譏察邊防軍旅、審録重刑事，勸課農桑等事。治所在益都府，即今山東省青州市。　大沬堌：地名。舊址在今山東省費縣西南。

[20]夾谷石里哥：女真人。時爲宿州提控。　没烈：人名，族屬不詳。時亦爲提控官。

[21]西京：陪都之一。治所在今山西省大同市。亦爲西京路治所。

[22]决：處死。

[23]京兆治中：京兆府屬官。正五品。京兆府，治所在今陝西省西安市。　李友直：本書卷一一〇《韓玉傳》作“李公直”，與此稍異，或爲傳抄之誤。　華州：治所在今陝西省華縣。

[24]同知防禦使：防禦使副佐。掌統判防禦使事。正六品。　馮朝：生平不詳。　河州防禦判官：河州屬官。掌簽判河州事，專掌通檢推排簿籍。正八品。河州，治所在今甘肅省東鄉族自治縣西南。　郝遵甫：生平不詳。　平凉府同知：知平凉府副佐，正四品。平凉府，治所在今甘肅省平凉市。　致仕：古以致政於君爲致仕，即辭官退休。　楊庭秀：生平不詳。　水洛縣主簿：水洛縣屬官。正九品。水洛縣，治所在今甘肅省莊浪縣。　宿徽：生平不詳。

[25]挻（shān）：奪取。

[26]完顏八斤：女真人。生平不詳。

[27]都統：金廷南遷後，招募義軍，以四萬户爲一副統，兩副統爲一都統。都統官爲正七品。　楊珪：生平不詳。

[28]請自効：請求爲朝廷効力。

[29]阬：活埋。

[30]安撫司：官署名。即宣撫司，掌鎮撫人民、譏察邊防軍旅、審録重刑事（詳見本卷五七《百官志三》按察司條）。　便宜：本書卷四四《兵志》：“及南遷，河北封九公，因其兵假以便宜從事，沿河諸城署行樞密院元帥府，大者有‘便宜’之號，小者有‘從宜’之名。”便宜是朝廷授給行府的一種相機處理軍政大事的權力，遇事可不申奏朝廷，自行决斷。　族友直：滅李友直之族。

[31]賻（fù）：以財物助人辦喪事。

夏四月癸巳，河東撫使胥鼎言利害十三事。[1]長勝軍都統楊珪伏誅。[2]丙申，河南路蝗，[3]遣官分捕。上諭宰臣曰："朕在潛邸，[4]聞捕蝗者止及道傍，使者不見處即不加意，當以此意戒之。"權參知政事德升言：[5]"舊制夏至後免朝，四日一奏事。"上曰："此在平時可耳。方今多故，勿謂朕勞，遂云當免，但使國事無廢則善矣。"己亥，曲赦山東路。癸卯，籍赴選監當官爲軍。[6]乙巳，罷都南行尚書六部。[7]侯摯言九事。[8]曲赦蒲察七斤脅從之黨，募能殺獲七斤者，以其官官之。丙午，以調度不給，凡隨朝六品以下官及承應人，罷其從己人力輸傭錢。[9]經兵州、府其吏減半，司、縣吏減三之一。其餘除開封府、南京轉運司外，[10]例減三之一。有禄官吏被差不出本境者並罷給券，出境者以其半給之。修内司軍夫亦減其半。[11]丁未，故皇太子啓葳，[12]賜謚曰莊獻，[13]戊申，權葬迎朔門外。[14]詔自今策論詞賦進士，[15]第一甲第一人特遷奉直大夫，[16]第二人以下、經義第一人並儒林郎，[17]第二甲以下徵事郎，[18]同進士從仕郎，[19]經童將仕郎。[20]壬子，芮國公從厚薨。[21]詔遣使同山西宣撫司選其民勇健者爲軍。諭有司，勿拒河北避兵之民，所至加存恤。[22]用山東西路宣撫副使完顏弼言，[23]招大沬堌渠賊孫邦佐、張汝楫以五品職，下詔湔洗其罪。[24]乙卯，檢覈朝廷差遣官券曆，無故稽留中道者罪之。丙辰，諭田琢留山西流民少壯者充軍，[25]老幼者令就食于邢、洺等州，[26]欲趣河南者聽。上議遣親軍六千餘及所募二千七百人援中都。宰臣以爲行宫單弱，親軍不可遣，遂止。

[1]河東宣撫使：河東宣撫司長官。從一品。治所在今山西省臨汾市。

[2]長勝軍：軍名。即都統楊珪所在的一支義軍名。

[3]河南路：即南京路，治所在今河南省開封市。

[4]潛邸：喻指皇帝當諸侯王時的府邸。

[5]德升：即烏古論德升，益都路猛安女真人。章宗明昌二年（1191）進士。宣宗南遷，德升以元帥左監軍行府於太原，蒙古軍攻太原，城破，德升自縊殉國。本書卷一二二有傳。

[6]籍赴選監當官爲軍：登記將要到内府各監司任官者從軍。

[7]行尚書六部：官署名。在地方設置的代行尚書省六部職權的官署機構，簡稱行部。

[8]侯摯：時爲太常卿，行尚書六部事。本書卷一〇八有傳。

[9]從已人力輸傭錢：税名。人頭税的一種。

[10]開封府：治所在今河南省開封市。　南京轉運司：官署名。掌税賦錢穀、倉庫出納、權衡度量之制。治所在今河南省開封市。金廷南遷後，改爲南京都轉運司。

[11]修内司：官署名。掌宫中營造事。

[12]啓菆（zōu）：菆，席子。啓菆，意爲裝棺入殮。

[13]莊獻：謚號。

[14]迎朔門：城門名。南京外城門之一。

[15]策論詞賦進士：科舉科目名。金科舉置策論進士科，專門録取女真文士，考試時出策論（又稱時務策）題一道，應試者用女真文字答卷，故稱策論進士科，又叫女真進士科；詞賦進士是漢進士科之一，考試時重詞賦，故稱詞賦進士科。

[16]第一甲第一人：俗稱狀元。金科舉兼采唐宋之制而又有所創新，自世宗大定十三年（1173）創設策論進士科後，殿試時女真

策論進士科和漢進士科分榜録取，每榜各分三甲。漢進士詞賦和經義二科合爲一榜，以詞賦第一名爲狀元，每科録取女真和漢狀元各一名。　奉直大夫：文官散階，從六品上。

［17］經義第一人：經義，漢進士科之一。金代前期漢進士詞賦和經義科分榜録取，章宗承安二年（1197）合詞賦、經義爲一榜，以詞賦第一名爲榜首，經義第一人爲一甲第二人，與策論進士一甲第二人同。　儒林郎：文官散階，從七品下。

［18］徵事郎：文官散階，從八品上。

［19］同進士：科舉時代，一甲進士稱進士及第；二甲進士稱進士出身；三甲進士稱同進士出身。同進士，指三甲進士。　從仕郎：文官散階，從八品下。

［20］經童：科舉科目名。因襲唐代的童子科，又稱神童科。專門録取年齡在十三歲以下的少年兒童。金代的經童科又分漢人經童科和女真經童科兩科。　將仕郎：文官散階，從九品下。

［21］芮國公：封爵名。國公封號，從一品。　從厚：人名。本書載，完顏宗室出身者有從正、從坦、從鬱等，此芮國公從厚亦應是女真宗室成員。

［22］存恤：慰問撫恤。

［23］山東西路宣撫副使：爲山東西路宣撫使副佐。正三品。治所在今山東省東平縣。　完顔弼：女真人。本書卷一〇二有傳。

［24］湔（jiān）洗：洗刷。

［25］田琢：人名。時爲河北西路宣撫副使。本書卷一〇二有傳。

［26］邢、洺：州名。邢州，治所在今河北省邢臺市。洺州，治所在今河北省肥鄉縣西北。

五月庚申，招撫山西軍民，仍降詔諭之。是日，中都破，尚書右丞相兼都元帥定國公承暉死之。[1]户部尚書任天寵、知大興府事高霖皆及於難。[2]壬戌，降空名宣勑、紫衣師德號度牒，[3]以補軍儲。[4]辛未，立皇孫鏗爲皇太孫。[5]癸酉，劉炳上書言十事。[6]辛巳，上諭宰臣："多事之秋，陳言者悉送省。[7]恐卿等不暇，朕於宫中置局，命方正官數員擇可取者付出施行，何如?"宰臣請如聖諭。詔削納馬補官恩例。[8]戊子，謀伐西夏，遣大臣鎮撫京兆。[9]

[1]定國公：封爵名。明昌格，爲小國封號第四。

[2]户部尚書：尚書省户部長官。掌户籍、賦税等事。正三品。　任天寵：本書卷一〇五有傳。　知大興府事：大興府行政長官。掌宣風導俗、肅清所部，總判府事，兼中都路兵馬都總管。正三品。治所在今北京市。　高霖：東平人，世宗大定二十五年(1185)進士，宣宗時官至中都留守。抹撚盡忠棄中都南逃，京城不守，高霖與其子夜裏從中都逃出，死於亂軍之中。本書卷一〇四有傳。

[3]空名宣勑：任命官職的空白委任狀。朝廷把空頭宣勑發給地方高級官員，他們可以直接任命官吏。　紫衣師德號度牒：僧道的紫衣、師德稱號和証明僧尼身份的文書憑證。

[4]軍儲：軍用糧餉。

[5]立皇孫鏗爲皇太孫：皇孫鏗，即宣宗嫡孫完顔鏗，宣宗長子莊獻太子之子。皇太孫，是皇帝的法定繼承人。

[6]劉炳：葛城人，時爲新科進士，中第當日即上書言十事，宣宗覽奏，是其言而不能用，補爲御史臺令史。本書卷一〇六有傳。

[7]省：指尚書省，時爲國家的最高政務機關。

[8]納馬補官：向國家貢獻馬匹以買取官爵。是一種變象的賣官鬻爵形式。

[9]京兆：府名。治所在今陕西省西安市。時亦爲京兆府路（又稱陝西東路）治所。

秋七月戊午朔，大元兵收濟源縣。[1]己未，徵弓箭于内外品官，三品以上三副，四品、五品二副，餘以等級徵之。庚申，置陳、潁漕運提舉官，[2]以户部勾當官往來督察。[3]有星如太白，[4]色青白，有尾，出紫微垣北極傍，[5]入貫索中。[6]上聞河北譏察官有要求民財始聽民渡河者，[7]避兵民至或餓死、自溺，特命御史臺體訪之。又禁隨朝職官敚民碾磑以自營利。詔河間孤城，移其軍民就粟清州，括民間騾付諸軍，[8]與馬參用。辛酉，議括官田及牧馬地以贍河北軍户之徙河南者，已爲民佃者俟獲畢日付之。群臣迭言其不便，遂寢。[9]癸亥，詔河北郡縣軍須並減河南之半。定尚書所造諸符：[10]樞密院鹿，宣撫司魚，統軍司虎。[11]丙寅，遣參知政事高汝礪往河南，便宜措置粮儲。制品官納弓箭之令，丁憂致仕者免。[12]甲戌，借平陽民租一年。[13]詔職官更兵亡失告身，[14]見任者保識即重給之，妄冒者從詐僞法。[15]丙子，尚書省奏給皇太孫歲賜錢。上不從，曰："襁褓兒安所用之。"詔致仕官俸給比南征時減其半。丁丑，肅宗神主至自中都，[16]奉安于明俊殿。[17]戊寅，月入畢宿中，[18]戊夜犯畢大星。[19]己卯，明德皇后神主至自中都。[20]裁損宫中歲給有差。甲申，詔尚書省，行六部太多，其令各路運司兼之。改交鈔名"貞祐寶券"。[21]

[1]濟源縣：治所在今河南省濟源市。

［2］陳、潁：州名。陳州，治所在今河南省淮陽市。潁州，治所在今安徽省阜陽市。　漕運提舉官：指漕運司提舉和同提舉及勾當官。多由地方官兼職，掌河倉漕運之事。

［3］户部勾當官：户部屬官。正員五人，正八品。

［4］太白：星宿名。即金星，又稱啓明星、長庚星。

［5］紫微垣：星官名。在北斗以北，由十五顆小星組成。　北極：紫微星官外有北極，亦在紫微垣天區内。

［6］貫索：星官名。屬天市垣，共九星。

［7］譏察官：本書卷五七《百官志三》記，在關津渡口設有譏察官，掌譏察奸僞，盤察過往船隻與行人。

［8］括：搜求。

［9］寖：止而不行。

［10］符：指兵符。

［11］樞密院鹿、宣撫司魚、統軍司虎：樞密院的兵符爲鹿形，宣撫司爲魚形，統軍司爲虎形。

［12］丁憂致仕者：居父母之喪及離職退休的人。

［13］借平陽民租一年：預收平陽府境内百姓一年租稅。平陽府，治所在今山西省臨汾市。

［14］職官更兵亡失告身：在職官員因改爲軍職而丢失原來的任官憑證。

［15］從詐僞法：按詐僞法律治罪。

［16］肅宗：完顔頗剌淑的廟號。頗剌淑是金太祖的叔父，遼朝大安八年（1092）繼世祖任生女真部族節度使，金熙宗皇統五年（1145）追封廟號爲肅宗。　神主：靈位，供奉的牌位。

［17］明俊殿：宫殿名。在中都皇城内。

［18］畢宿：星宿名。二十八宿之一。

［19］犯畢大星：遮住了畢宿天區内的一顆大星。

［20］明德皇后：世宗皇后烏林答氏謚號。本書卷六四有傳。

［21］交鈔：金代稱紙幣爲交鈔。

八月戊子朔，以陝西統軍使完顔合打簽樞密院事。[1]己丑，制軍府庶事樞密院官須與經歷官裁决，[2]經歷議是而院官不從，許直以聞。[3]癸巳，詔遣官體究京西路新遷軍户。丙申，諭尚書省，職官犯罪，大者即施行之，小者籍之，事定始論其罪。諭樞密院，撒合輦所簽軍有具戒僧人，[4]可罷遣之。己亥，詔武舉官非見任及已從軍者，[5]隨處調赴京師，别爲一軍，以備用。被薦未授官者，量才任之。庚子，上慮平陽城大，[6]兵食不足，議棄之，宰臣持不可。賞前冀州教授粘割忒鄰，[7]集義兵，出方略，遇土寇，[8]兵後攝州，復立州治，積芻粮，招徠民户至五萬，特遷三官，升正五品職。置山東西路總管府於歸德府及徐、亳二州。[9]以太常卿侯摯爲參知政事，行中書省于河北東、西兩路。[10]太祖御容至自西京，[11]奉安于啓慶宫。[12]甲辰，置行樞密院於徐州、歸德府。[13]詔諸職官不拘何從出身，其才可大用者尚書省具以聞。丙午，山東西路宣撫使完顔弼表："遥授同知東平府事張汝楫將謀復叛，[14]密遣人招同知益都府事孫邦佐。邦佐斬其人，馳報弼，弼殺汝楫及其黨萬餘。承制升邦佐德州防禦使，餘立功者賞有差。"上嘉弼功，加崇進，封密國公，[15]詔獎諭之。丁未，詔近臣舉良將，加孫邦佐昭毅大將軍、泰定軍節度使，[16]仍官其子。戊申，東平、益都、太原、潞州置元帥府。[17]大赦，己酉，監察御史許古獻恢復中都之策。[18]紅襖賊掠成武，[19]宣撫副使顔盞天澤討走之，[20]

斬首數百級。進天澤一官，將校有功者命就遷賞。命侯摯招邢州賊程邦傑以官，[21]不從則誘其黨圖之。減户部幹辦官四員及委差官有差。[22]壬子，置行省于陝西。乙卯，增沿河闌糴之法，[23]十取其八，以抑販粟之弊，仍嚴禁私渡。增步軍萬人，戍京以西，四萬人戍京以東。選陝西騎兵二千，增京畿之衛。[24]諭陝西，堅守延安、臨洮、環、慶、蘭、會、保安、綏德、平凉、德順、鎮戎、涇、原、鄜、坊、邠、寧、乾、耀等處要害。[25]分渭南州郡步兵屯平凉，[26]令宣撫使治邠州，副使治同州之澄城以統之。[27]更以步騎守沿渭諸津。丙辰，元帥左監軍兼知真定府事永錫坐援中都失律，削官爵，杖之八十。

[1]陝西統軍使：陝西統軍司長官。督領兵馬、鎮攝封陲、分營衛、視察奸。正三品。治所在今陝西省西安市。　完顏合打：女真人。官至知河南府事，貞祐四年（1216）因徵兵失應坐誅。

[2]經歷官：樞密院屬官。從五品。本書卷五五《百官志一》記，宣宗興定三年（1219）始見，實誤。

[3]許直以聞：准予直接申奏皇帝。

[4]撒合輦：女真人。完顏宗室，宣宗時官至同簽樞密院事。本書卷一一一有傳。　具戒僧人：已經受戒，並取得僧籍的和尚。

[5]武舉官非見任：武舉官，武舉出身的官員。見，與“現”通。

[6]平陽：府名。治所在今山西省臨汾市，時亦爲河東南路治所。

[7]冀州教授：冀州屬官。掌教授官學生。正八品。冀州，治所在今河北省冀州市。　粘割忒鄰：女真人。生平不詳。

［8］遇土寇：中華點校本作“遏土寇”。

［9］置山東西路總管府於歸德府及徐、亳二州：歸德府，治所在今河南省商丘市。徐州，治所在今江蘇省徐州市。亳州，治所在今安徽省亳州市。山東西路總管府，原設在東平府，治所在今山東省東平縣，因紅襖起義軍陷山東之境，故將此總管府改設於歸德和徐、亳二州。

［10］以太常卿侯摯爲參知政事，行中書省于河北東、西兩路：太常卿，太常寺長官，掌禮樂、郊廟、社稷、祠祀之事，從三品。中華點校本據本書卷一〇八《侯摯傳》的相關記載，改“中書省”爲“尚書省”。

［11］太祖御容：金太祖的畫像。　西京：陪都名。治所在今山西省大同市。

［12］啓慶宫：宫殿名。在南京皇城内。

［13］行樞密院：官署名。即在地方建立代行樞密院職權的機構，簡稱行院。

［14］同知東平府事：東平府屬官。爲知東平府事的副佐。正四品。

［15］密國公：封爵名。明昌格，爲小國封號第二十二。

［16］昭毅大將軍：武官散階，正四品中。　泰定軍：軍州名，治所在今山東省兖州市。

［17］潞州：治所在今山西省長治市。

［18］許古：獻州交河縣（治所在今河北省滄州市）人，章宗明昌五年（1194）進士，哀宗時官至左司諫。平生好爲詩書，爲諫官，有亢直之名。本書卷一〇九有傳。

［19］成武：縣名。治所在今山東省成武縣。

［20］顔盞天澤：女真人。生平不詳。

［21］程邦傑：生平不詳。

［22］户部幹辦官：户部屬官。海陵王時期，户部置幹辦官十員，爲從七品。後罷，改設勾當官，專提控支納、管勾勘覆、經歷

交鈔及香、茶、鹽引、照磨文帳等事。勾當官爲正八品，此户部幹辦官即指户部勾當官。

[23]沿河闌糴之法：闌與"欄"通。即沿黄河控制購買糧食的辦法。

[24]京畿（jī）：京師附近地區。

[25]延安、臨洮、環、慶、蘭、會、保安、綏德、平凉、德順、鎮戎、涇、原、鄜（fū）、坊、邠（bīn）、寧、乾、耀：府州名。延安府，治所在今陝西省延安市，時亦爲鄜延路治所。臨洮府，治所在今甘肅省臨洮縣，時亦爲臨洮路治所。慶指慶原府，治所在今甘肅省慶陽縣，該府時亦爲慶原路治所。會，指新會州，治所在今甘肅省靖遠縣南。保安州，治所在今陝西省志丹縣。綏德州，治所在今陝西省綏德縣。平凉府，治所在今甘肅省平凉市。德順州，治所在今甘肅省静寧縣。鎮戎州，治所在今寧夏回族自治區固原市。涇、原，州名，治所分别在今甘肅省涇川縣和鎮原縣。按中華點校本此處斷句有誤，金州府無"涇原"之名，應斷爲"涇、原"。鄜州，治所在今陝西省富縣。坊州，治所在今陝西省黄陵縣。邠州，治所在今陝西省彬縣。寧州，治所在今甘肅省寧縣。乾州，治所在今陝西省乾縣。耀州，治所在今陝西省銅川市。

[26]渭南：地區名。泛指流經今甘肅省和陝西省的渭河以南地區。

[27]同州：治所在今陝西省大荔縣。　澄城：縣名。治所在今陝西省澄城縣。

九月丁巳朔，户部侍郎奥屯阿虎言：[1]"國家多故，職官往往不仕。乞限以兩季，[2]違者勿復任用。"上嫌其太重，命違限者止奪三官，降職三等，仍永不升注。[3]辛酉，除名永錫特遷信武將軍、息州刺史。[4]甲子，諭宰臣，沿淮塘路以南地嚮授民業，今爲豪勢據奪者，其令有司察之。丙寅，樞密院言：“陝西、河東世襲蕃部巡檢，[5]昨與世襲猛安謀克例罷其俸。今邊事方急，宜仍給之，庶獲其用。又西邊弓箭手有才武出衆，獲功未推賞者，令宣撫司覈實以聞。”從之。丁卯，以秋稼未穫，禁軍官圍獵。詔授隱士王澮太中大夫、右諫議大夫，[6]充遼東宣撫司參謀官。[7]戊辰，遥授武寧軍節度副使徒單吾典告平章政事抹撚盡忠逆謀，[8]詔有司鞫之。設潼關提控總領軍馬等官。[9]辛未，置河北東路行總管府於原武、陽武、封丘、陳留、延津、通許、杞諸縣，[10]以治所徙軍户。命司屬令和尚等護治鞏國公按春第。[11]上謂宰臣曰：“按春所爲不慎，或至犯法。舍之則理所不容，治之則失親親之道，但當設官以防之耳。”按春尋以不法，謫博州防禦使。[12]黜衛紹王母李氏光獻皇后尊謚，神主在太廟，畫像在衍慶宫，[13]並遷出之。陳州鎮防軍段仲連進羊三百，[14]詔遷三官。命右丞汝礪詣陳州規畫粮儲。壬申，以蘇門縣爲輝州。[15]癸酉，朝謁世祖、太祖御容于啓慶宫，行獻享禮，始用樂。賜東永昌姓爲温敦氏，[16]包世顯、包疙疸爲烏古論氏，[17]睹令孤爲和速嘉氏，[18]何定爲必蘭氏，[19]馬福德、馬柏壽爲夾谷氏，[20]各遷一官。甲戌，朝謁太宗、熙宗、睿宗御容，行獻享禮。詔開、滑、濬、濟、曹、滕諸州置連珠寨，[21]如衛州。[22]乙亥，詔河北、山東等路及平凉、慶陽、臨洮府，涇、邠、秦、鞏、德順諸州經兵，[23]四品以下職事官並以二十月爲滿。募隨處主帥及官軍、義軍將校，有能率衆復取中都者封王，遷一品階，授二品職。能戰卻敵、善誘降人、取附都州縣者，予本處長官、散官，隨職遷授，餘州縣遞減二等。

［1］户部侍郎：户部屬官。爲户部尚書副佐。正四品。

［2］兩季：六個月。此處强調，職官若六個月不視事，即不再任用。

［3］永不升注：永遠不再升遷。

［4］信武將軍：武官散階，從五品上。

［5］世襲蕃部巡檢：指邊境地區少數民族的世襲巡檢官。

［6］太中大夫：本書卷五五《百官志一》作"大中大夫"。文官散階，從四品上。　右諫議大夫：諫院長官。掌諫正百官非違，糾正官邪。正四品。

［7］遼東宣撫司參謀官：遼東宣撫司屬官。本書《百官志》失載。元好問《中州集·王玄佐小傳》載，金宣宗"遣王曼卿授（王澮）遼東宣撫使，不拜"。按，遼東宣撫使乃鎮守一方的軍政長官，爲一品大員。王澮雖有名望，但宣宗絶不會將一品高官授予布衣之士，故所謂授遼東宣撫使，應是授遼東宣撫司參謀官之誤。

［8］武寧軍節度副使：節度副使，節度州屬官，從五品。武寧軍節度使治所在今江蘇省徐州市。　徒單吾典：女真人。亦作徒單兀典，哀宗天興元年（1232），吾典行省於閿鄉，後兵敗於鐵嶺（在今河南省境内），被蒙古軍擒殺。本書卷一一六有傳。

［9］潼關：關隘名。在今陝西省潼關縣北。

［10］河北東路行總管府：官署名。即河北東路總管府的代行機構。河北東路治所原在河間府，即今河北省河間市，因此時河北東路已殘破，故置行總管府。　原武、陽武、封丘、陳留、延津、通許、杞：縣名。原武縣，治所在今河南省原陽縣西南。陽武縣，治所在今河南省原陽縣。封丘縣，治所在今河南省封丘縣。陳留縣，治所在今河南省開封市東南的古陳留城。延津縣，治所在今河南省

延津縣西。通許縣，治所在今河南省通許縣。杞縣，治所在今河南省杞縣。

［11］命司屬令和尚等護治鞏國公按春第：中華點校本據本書卷八五《完顔永蹈傳》、卷一三《衛紹王紀》、卷九三《衛紹王諸子傳》的相關記載，改“按春”爲“按辰”。依例將下文中“按春所爲不慎”“按春尋以不法”中的“按春”均改爲“按辰”。　司屬令：本書卷五五《百官志一》記：“諸宗室將軍，正七品。上京、東（應爲‘束’字）温忒二處皆有之。世宗時始命遷官，其户凡百二十。明昌二年（1191）更名曰司屬，設令、丞。承安二年（1197）以令同隨朝司令，正七品。”由此知司屬令即原來的宗室將軍，屬大宗正府。和尚，女真人，完顔宗室成員。鞏國公，封爵名。明昌格，爲小國封號第二十六。按辰，女真人。即完顔按辰，本書卷一三《衛紹王紀》作“按陳”，漢名完顔璪，衛紹王之子。章宗命按辰過繼給世宗子永蹈爲後，奉其香火（永蹈以謀反罪被章宗處死），本書卷九三有傳。

［12］謫（zhé）：貶官，貶職。　博州防禦使：博州軍政長官。掌防捍不虞、禦制盗賊。從四品。治所在今山東省聊城市。

［13］畫像在衍慶宫：中華點校本據本書卷一六《宣宗紀下》的相關記載，改“衍慶宫”爲“啓慶宫”。

［14］段仲連：生平不詳。

［15］輝州：原名共城縣，金世宗大定二十九年（1189），因避顯宗允恭嫌名，改爲河平縣。章宗明昌三年（1192），又改爲蘇門縣，至此升爲輝州。治所在今河南省輝縣市。

［16］束永昌：本是甘青一帶的吐蕃人，因有軍功，故賜姓温敦氏，曾任通遠軍節度副使。

［17］包世顯：臨洮府第五將突門族人，賜姓烏古論氏，與烏古論長壽同族，官至會州刺史。金興定四年（1220）八月，西夏陷會州，世顯降於西夏。本書卷一一三《赤盞合喜傳》作“烏古論世鮮”。　包疙疸：即烏古論長壽，原名包長壽。本書卷一〇三有傳。

[18]睹令孤：人名。生平不詳。

[19]何定：人名。生平不詳。

[20]馬福德、馬柏壽：生平俱不詳。

[21]開、滑、濬、濟、曹、滕：州名。開州，治所在今河南省濮陽市。滑州，治所在今河南省滑縣。濬州，治所在今河南省濬縣。濟州，治所在今山東省濟寧市。曹州，治所在今山東省曹縣。滕州，治所在今山東省滕州市。

[22]衛州：治所在今河南省衛輝市。

[23]秦、鞏：州名。秦州，治所在今甘肅省天水市。鞏州，治所在今甘肅省隴西縣。

紅襖賊周元兒陷深、祁州，束鹿、安平、無極等縣，[1]真定帥府以計破之，斬元兒及殺其黨五百餘人。丁丑，詔司、縣官能募民進粮五千石以上，減一資考，[2]萬石以上，遷一官，減二資考，二萬石以上遷一官，升一等，注見闕。[3]諸色人以功賜國姓者，能以千人敗敵三千人，賜及緦麻以上親，[4]二千人以上，賜及大功以上親，[5]千人以上，賜止其家。庚辰，陝西宣撫司來上第五將城萬户楊再興擊走夏人之捷。[6]壬午，以空名宣勑付陝西宣撫司，凡夏人入寇，有能臨陣立功者，五品以下並聽遷授。乙酉，置大名府行總管府于柘城縣，[7]以治所徙軍户。

[1]周元兒：生平不詳。　深、祁：州名。深州，治所在今河北省深州市南。祁州，治所在今河北省安國市。　束鹿、安平、無極：縣名。束鹿縣，治所在今河北省深州市西。安平縣，治所在今河北省安平縣。無極縣，治所在今河北省無極縣。

［2］資考：任官的資歷和考核年限。金朝官制規定，内外官員均以三十個月爲一考。

［3］注見闕：闕，即闕滿簿。本書卷五四《選舉志四》記，“每及三十個月則書於貼黄，不及則附於闕滿簿”。注見闕，就是登記在闕滿簿上。

［4］緦（sī）麻以上親：緦麻，舊時喪服名，五服之一，爲最輕。用細麻布製成，服孝期三個月。緦麻以上親指同高祖父的宗族成員，即五代同源。

［5］大功以上親：大功，舊時喪服名，五服之一。用熟麻布製成，服孝期九個月。大功以上親，指同祖父的家族成員，即三代同宗。

［6］第五將城：金和西夏交界處的邊防城，屬慶原路。　楊再興：人名。宋軍將領。生平不詳。

［7］大名府：治所在今河北省大名縣東北。　柘城縣：治所在今河南省柘城縣。

冬十月丙戌朔，翰林侍讀學士、權參知政事烏古論德升出爲集義軍節度使兼亳州管内觀察使。[1]丁亥，尚書右丞汝礪言：“河北軍户之徙河南者，宜以係官閒田及牧馬草地之可耕者賜之，使自耕以食，而罷其月粮。”[2]上從其請。命右司諫馮開隨處按視，[3]人給三十畝。夏人入保安，都統完顏國家奴破之；[4]攻延安，戍將又敗之。是日，捷至。戊子，以御史中丞徒單思忠爲參知政事。[5]己丑，平章抹撚盡忠下獄既久，監察御史許古言：“盡忠逮繫有司，此必重罪，而莫知其由，甚駭衆聽。乞遣公正重臣鞫之。如得其實，明示罪目，以厭中外之心。”書上，不報。[6]庚寅，遂誅盡忠。癸巳，罪狀盡忠告中外。詔樞密副使僕散安貞行樞密院於徐州。戊戌，遼東宣撫司報敗留哥之捷。[7]甲辰，詔求廣平郡王承暉之後，得其猶子歷亭縣丞永懷，[8]以爲器物直長。[9]丙午，夏人陷臨洮，[10]陝西宣撫副使完顏胡失剌被執。[11]庚戌，詔尚書左丞相僕散端兼都元帥，[12]行尚書省于陝西。辛亥，蒙古綱奏：[13]"昨被旨權山東路宣撫副使，屯東平。行至徐北岸，北兵已偪徐，不可往。"[14]詔樞密副使僕散安貞權於沿河任使之。壬子，以同、華舊屯陝西兵及河南所移步騎舊隸陝州宣撫司者，改隸陝西行省。召中奉大夫、襲封衍聖公孔元措爲太常博士。[15]上初用元措於朝，或言宣聖墳廟在曲阜，[16]宜遣之奉祀。既而上念元措聖人之後，山東寇盜縱橫，恐罹其害，是使之奉祀而反絶之也，故有是命。遼東賊蒲鮮萬奴僭號，[17]改元天泰。[18]

[1]翰林侍讀學士：翰林院屬官。從三品。《金代官印集》載有金代"翰林侍讀學士之印"出土，印背刻小字曰"貞祐二年十一月行宫禮部造"（參見景愛《金代官印集》，文物出版社1991年版，第7頁）。　烏古論德升：益都路猛安女真人，章宗明昌二年（1191）進士。宣宗時官至知太原府事、元帥左監軍。蒙古軍破太原，德升自縊殉國。本書卷一二二有傳。　集義軍節度使兼亳州管内觀察使：中華點校本據本書卷一二二《烏古論德升傳》、卷二五《地理志中》的相關記載，改"集義軍"爲"集慶軍"。集慶軍節度使兼亳州管内觀察使，亳州軍政長官，從三品，治所在今安徽省亳州市。

[2]月粮：指當時由國家按月發給軍户的官糧。

[3]右司諫：諫院屬官。與左司諫皆爲從五品，位在左司諫之

下。　馮開：生平不詳。

[4]完顏國家奴：女真人。生平不詳。

[5]御史中丞：御史臺屬官。爲御史大夫副佐。從三品。　徒單思忠：女真人。按，《金史》有兩徒單思忠，一是卷一二〇《世戚傳》所記者，字良弼，死於世宗大定二年（1162）；一是金末綽號叫“麻椎相公”者。劉祁《歸潛志》卷七記，“南渡之在位者，多苛刻。徒單右丞思忠，好用麻椎擊人，號麻椎相公”。此處所記的徒單思忠，應是“麻椎相公”。

[6]不報：没有答復。

[7]留哥：契丹人，即耶律留哥，仕金爲北邊千户。衛紹王崇慶元年（1212），留哥在遼東領導契丹人反叛金朝，衆至十餘萬。翌年，建立政權，自號遼王，年號天統。並與蒙古軍聯合，共同對付金兵。至貞祐四年（1216），因内訌而失敗。《元史》卷一四九有傳。

[8]猶子：侄子。《禮記·檀弓上》有云，“喪服，兄弟之子，猶子也”。　歷亭縣丞：歷亭縣屬官。爲歷亭縣令副佐。正九品。歷亭縣，治所在今山東省武城縣東北。　永懷：女真人。生平不詳。

[9]器物直長：器物局屬官。正八品。

[10]臨洮：府名。治所在今甘肅省臨洮縣。時亦爲臨洮府路治所。

[11]陝西宣撫副使：爲陝西宣撫使副佐。正三品，治所在今陝西省西安市。　完顏胡失剌：女真人。亦作“完顏胡十剌”。

[12]僕散端：中都路火魯虎必剌猛安女真人。出身護衛，宣宗時以尚書省左丞相兼都元帥行省於陝西。本書卷一〇一有傳。

[13]蒙古綱：咸平府猛安女真人。章宗承安五年（1200）進士，宣宗時曾先後行省於東平和邳州，兵變被殺。本書卷一〇二有傳。

[14]偪：“逼”的異體字。

[15]中奉大夫：文官散階，從三品下。據中華點校本本卷校勘記，本書卷一〇五《孔璠傳》記，孔元措在章宗明昌三年（1192）"超遷中議大夫，永著於令"。與此處所記階官不同。　衍聖公：孔子後裔的封爵名，視正四品。　孔元措：孔子第五十一代嫡孫。本書卷一〇五《孔璠傳》有附傳。　太常博士：太常寺屬官。掌檢討禮典。正員二人，正七品。

[16]宣聖：封爵名。即至聖文宣王，後代統治者追尊孔子的王號。　曲阜：縣名。治所在今山東省曲阜市東北。

[17]僭（jiàn）號：非法自立國號。

[18]天泰：蒲鮮萬奴東夏國的年號。據出土的東夏國官印證明，天泰年號共實行十八年。

十一月丙辰朔，河北行尚書省侯摯入見。詔河北西路宣撫副使田琢自濬徙其兵屯陝。[1]戊午，樞密院進王世安取盱眙、楚州之策，[2]遂以世安爲招撫使，與泗州元帥府所遣人同往淮南計度其事。[3]戊辰，夏人犯綏德之克戎寨，[4]官軍敗之，犯綏平，[5]又敗之。賞有功將士及來告捷者。參知政事徒單思忠言："今陳言者多掇拾細故，乞不送省，止令近侍局度其可否發遣。"[6]上曰："若爾，是塞言路。凡係國家者，豈得不由尚書省乎？"庚午，上與尚書右丞汝礪商略遣官括田賜軍之利害，汝礪言不便者數端。乃詔有司罷其令，仍給軍粮之半，其半給詣實之價。壬申，遣參知政事侯摯祭河神于宜村。[7]甲戌，移剌塔不也以軍萬人破夏人數萬於熟羊寨。[8]丙子，詔市民間輓車羸疾牝馬置群牧中，[9]以圖滋息。知臨洮府陀滿胡土門破夏人八萬於城下。[10]丁丑，監察御史陳規劾參知政事侯摯，[11]上不允所言，而慰答之。庚辰，上謂宰臣曰："朕恐括地擾民，罷其令矣。官荒牧馬地軍户願耕者聽，已爲民承種者勿敓。舊例點檢左右將軍、近侍局官、護衛、承應人秩滿皆賜匹帛，[12]雖所司爲之製造，然不免賦取於民，近亦罷之，止給寶券。[13]至於朕所服御，亦以官絲付太府監織之，[14]自今勿復及民也。"大元兵徇彰德府，知府陀滿斜烈死之。[15]

[1]河北西路：治所在今河北省正定縣。　陝：州名。治所在今河南省三門峽市。

[2]王世安：生平不詳。

[3]泗州：治所在今江蘇省盱眙縣的淮河北岸，舊址現已沉於洪澤湖中。

[4]克戎寨：寨堡名。舊址在今陝西省子洲縣東北。

[5]綏平：寨堡名。舊址在今陝西省綏德縣西南。

[6]近侍局：官署名。掌皇帝侍從、承宣勅命、轉進奏帖。近侍局官員多以宗室、外戚、貴冑子弟充任。劉祁《歸潛志》卷七："金朝近習之權甚重，置近侍局於宫中，職雖五品，其要密與宰相等，如舊日中書，故多以貴戚、世家、恩幸者居其職，士大夫不預焉。"

[7]河神：黄河之神。

[8]移剌塔不也：東北路猛安契丹人。宣宗興定元年（1217），塔不也出任知慶陽府事，後升爲元帥左都監。本書卷一〇六有傳。熟羊寨：寨堡名。舊址在甘肅省隴西縣西北。

[9]輓車羸（léi）疾牝馬：用於拉車的病弱的母馬。輓車，一種畜力車。輓與"挽"通。羸疾牝馬，瘦病的母馬。　群牧：即群牧所。本書卷五七《百官志三》，"諸群牧所，又國言謂'烏魯古'"。掌檢校群牧畜養蕃息之事。

[10]陀滿胡土門：女真人，中女真進士。哀宗正大三年(1226)，胡土門任臨洮府總管，四年，城破被執，不屈而死，壯烈殉國。本書卷一二三有傳。

[11]陳規：絳州稷山縣人。章宗明昌五年（1194）詞賦進士。宣宗時官至中京副留守。本書卷一〇九有傳。

[12]點檢左右將軍：即殿前左衛將軍、殿前右衛將軍，皆爲殿前都點檢司屬官。掌宮禁及行從宿衛警嚴。

[13]寶券：金宣宗時印行的一種紙幣。

[14]太府監：官署名。下轄左藏庫、右藏庫、支應所、太倉、酒坊、典給署、市買司等機構。掌出納邦國財用錢穀之事。

[15]陀滿斜烈：咸平路猛安女真人。宣宗貞祐四年（1216），知彰德府，蒙古軍破彰德，斜烈殉國。本書卷一二二有傳。

十二月乙酉朔，徙朔州民分屯嵐、石、隰、吉、絳、解等州。[1]戊子，以軍事免樞密院官朝拜。己丑，侯摯復行尚書省于河北。庚寅，太白晝見。[2]壬辰，詔免元日朝賀。乙未，敕贈昭聖皇后三代官爵。太康縣人劉全、時温、東平府民李寧謀反，[3]伏誅。戊戌，陝西行元帥府乞益兵，以田琢之衆隸之，仍獎諭以詔。壬寅，詔林州刺史惟宏與都提控從坦同經理邊事，[4]諸將功賞次第便宜行之。乙巳，大元兵徇大名府。癸丑，皇太孫薨，以殤，無祭享之制，戒勿勞民。諭宣徽院免元日親王、公主進酒。甲寅，禮官奏，正旦宋遣使來賀，[5]不宜輟朝。命舉樂、服色如常儀。詔臨洮路兵馬都總管陀滿胡土門進官三階，再任。

[1]朔州：治所在今山西省朔州市。　石、隰、吉、絳、解：

州名。石州，治所在今山西省吕梁市離石區。隰州，治所在今山西省隰縣。吉州，原名慈州，海陵王天德三年（1151）改爲耿州，章宗明昌元年（1190）又改爲吉州，治所在今山西省吉縣。絳州，治所在今山西省新絳縣。解州，治所在今山西省運城市西南。

[2]太白晝見：金星大白天出現在天空中。按古人的迷信説法，太白晝見，女人干政，陰陽失調，就會出現社會動亂。

[3]太康縣：亦作“泰康縣”，治所在今河南省太康縣。　劉全、時温、李寧：三人生平俱不詳。

[4]林州：原爲彰德府林慮縣，宣宗貞祐三年（1215）十月升爲林州，治所在今河南省林州市。　惟宏：女真人。完顏宗室成員。

[5]正旦：農曆正月初一日。

四年春正月癸亥，監察御史田迥秀條陳五事。[1]丙寅，紅襖賊犯泰安、德、博等州，[2]山東西路行元帥府敗之。丁卯，諭御史臺曰：“今旦視朝，百官既拜之後，始聞開封府報衙聲。四方多故之秋，弛慢如此，可乎？中丞福興號素謹于官事者，[3]當一詰之。”己巳，尚書右丞高汝礪進左丞。庚午，大元兵收曹州。辛未，參知政事侯摯進尚書右丞。壬申，太原元帥左監軍烏古論德升招其民降北者，得四千三百餘人。癸酉，詔賜故皇太孫謚曰冲懷。更定捕獲僞造寶券者官賞。乙亥，以殿前都點檢皇子遂王守禮爲樞密使，[4]樞密使濮王守純爲平章政事。己卯，立遂王守禮爲皇太子。庚辰，詔免逃户租。壬午，言者請遣官劭農，至秋成，考其績以甄賞。宰臣言：“民恃農以生，初不待勸，但寬其力，勿奪其時而已。遣官不過督州縣計頃畝、嚴期會而已。吏卒因爲奸利，是乃妨農，何名爲勸。”上是其言，不遣。

[1]田逈（jiǒng）秀：人名。生平不詳。逈，是“迥”的異體字。

[2]泰安、德：州名。泰安州，治所在今山東省泰安市。德州，治所在今山東省陵縣。

[3]中丞福興：中丞，即御史中丞。福興，人名。生平不詳。

[4]遂王守禮：遂王，封爵名，小國一字王號。守禮，後改名守緒，即金哀宗。　樞密使：樞密院長官。掌武備機密之事。從一品。

二月甲申朔，日有食之。上不視朝，詔皇太子控制樞密院事。大元兵圍太原。[1]乙酉，以信武將軍、宣撫副使永錫簽樞密院事，[2]權尚書右丞。皇太子既總樞務，詔有司議典禮，以金鑄“撫軍之寶”授太子，[3]啓稟之際用之。平章政事高琪表乞致仕，不允。召樞密院官問所以備禦之策。丁亥，以河東南路宣撫使胥鼎爲樞密副使，[4]權尚書左丞，行省於平陽。鼎方抗表求退，詔勉諭就職，因有是命。行省左丞相僕散端先亦告老，[5]遣太醫往鎮護視其疾。[6]戊子，宰臣以皇太子既立，服御儀物悉與已受册同，今邊事未寧，請少緩册寶之禮，從之。戊戌，免親王、公主長春節入賀致禮。己亥，大元兵攻下霍山諸隘。[7]甲辰，命參知政事李革爲修奉太廟使，[8]禮部尚書張行信提控修奉社稷。[9]權祔肅宗神主于世祖室，[10]奉始祖以下神主于隨室，祭器以瓦代銅，獻官以公服行事，供張等物並從簡約。庚戌，詔凡死節之臣籍其數，立廟致祭。壬子，任國公瑋薨，[11]輟朝。是月，同知觀州軍州事張開復河間府滄、獻等州并屬縣十有三，[12]表請赦旁郡脅從之臣。又請以宣撫司空名宣勅二百道付之，從權署補，仍以粮繼其軍食。詔樞密措畫。

[1]大元兵圍太原：中華點校本云本書卷一〇八《胥鼎傳》，貞祐“四年正月，大兵略霍、吉、隰三州，已而步騎六萬圍平陽”。疑此處記載有誤。

[2]信武將軍：武官散階，從五品上。

[3]撫軍之寶：印璽名。

[4]河東南路：治所在今山西省臨汾市。

[5]行省左丞相：行尚書省屬官。尚書省左丞相爲從一品，而本書卷五五《百官志一》記，“行臺官品皆下中臺一等”，故行省左丞相應爲正二品。

[6]太醫：太醫院屬官。有正奉上太醫、副奉上太醫、長行太醫之分，是專門爲皇帝和后宫服務的御醫。

[7]霍山：山名。在今山西省霍州市東。

[8]李革：河津人。世宗大定二十五年（1185）進士。宣宗時，李革官至參知政事，代胥鼎行省於河東，守平陽，城破，自殺殉國。本書卷九九有傳。　修奉太廟使：掌修葺天子宗廟之事，是臨時設置的官職。

[9]提控：金元時對銜役的稱呼。金末多爲領兵官。出土的金代官印中有“提控之印”“左司提控之印”（鄭紹宗《河北古代官印集釋》，《文物》1984 年第 9 期）。

[10]祔（fù）：附祭。

[11]任國公：封爵名。明昌格，爲小國封號第二十四。　瑋：女真人。即完顏瑋，又名仁壽，世宗之孫，豫王永成之子。見本書

卷五九《宗室表》。

[12]同知觀州軍州事：即觀州同知，爲觀州刺史副佐，掌通判州事。正七品。　張開：景州人。賜姓完顏，是金宣宗所封河北九郡公之一。本書卷一一八有傳。　獻：州名。治所在今河北省獻縣。

三月乙卯，以將修太廟，遣李革奏告祖宗神主於明俊殿。丁巳，曲赦中都、河北等路。議軍户給地事。乙丑，延州刺史温撒可喜上疏言：[1]“皇太子宜選正人爲師保。”丙寅，長春節，宋遣使來賀。己巳，以將修社稷，遣太子少保張行信預告。[2]滄州經略副使張文破趙福，[3]復恩州。[4]丙子，曲赦遼東路。己卯，處士王澮以右諫議大夫復遷中奉大夫、翰林學士，[5]仍賜詔褒諭。庚辰，復邢州捷至。

[1]延州：本開封府延津縣，宣宗貞祐三年（1215）七月升爲延州，治所在今河南省延津縣西。　温撒可喜：女真人。生平不詳。

[2]太子少保：東宫屬官。東宫太子師傅官之一。正三品。

[3]滄州經略副使：滄州經略使副佐。治所在今河北省滄州市。張文、趙福：生平俱不詳。

[4]恩州：治所在今山東省武城縣東北。

[5]翰林學士：翰林院屬官。掌制撰詞命，凡應奉文字，銜内帶知制誥。正三品。

夏四月己丑，陝西行省來報秦州官軍破妖賊趙用、劉高二之捷。[1]遣官鞫單州防禦使僕散倬之罪，[2]罷其城單州之役。癸巳，張開奏復清州等十有一城，詔遷官兩階，賞將士有差。甲午，改賜皇太子名守緒。詔諭陝西路軍民。丙申，河北行省侯摯言："北商販粟渡河，官遮糴其什八，[3]商遂不行，民饑益甚。請罷其令。"從之。河南、陝西蝗。丁酉，太白晝見于奎。[4]己亥，夏人葩俄族都管汪三郎率其蕃户來歸，[5]以千羊進，詔納之，優給其直。[6]辛丑，侯摯言："紅襖賊掠臨沂、費縣之境，[7]官軍敗之。獲其黨訊之，知其渠賊郝定僭號署官，[8]已陷滕、兖、單諸州，萊蕪、新泰等十餘縣。"[9]時道路不通，宰臣請諭摯爲備。仍詔樞密院招捕。蔡、息行元帥府兵拔木陡關，[10]斬首千級。甲辰，有司言，扶風、郿縣有蟊傷麥。[11]

[1]趙用、劉高二：二人生平俱不詳。

[2]單州：治所在今山東省單縣。　僕散倬：女真人。生平不詳。

[3]官遮糴其十八：公家攔住强買其糧食十分之八。

[4]太白晝見於奎：一種天文現象。奎，星宿名，二十八宿之一。即金星白天出現在奎宿的天區内。

[5]葩（pā）俄族：族名。金和西夏交界處的一個少數民族。都管：少數民族官名。　汪三郎：人名。生平不詳。

[6]直：與"值"通。

[7]臨沂、費縣：縣名。其治所分别在今山東省臨沂市和費縣。

[8]郝定：金代兖州泗水縣人，李全、劉二祖領導的紅襖軍失敗後，郝定又在兖州起義，聚衆六萬多，自稱大漢皇帝，聲震一時。後戰敗被俘，死於汴京。

[9]萊蕪、新泰：縣名。治所分别在今山東省萊蕪市和新泰市。

[10]蔡、息：州名。治所分别在今河南省汝南縣和息縣。　木陡關：關隘名。今地不詳。

[11]扶風、郿縣：縣名。治所分别在今陝西省扶風縣和眉縣。　蝗（gǎo，一音 hàn）：一種昆蟲。

五月癸丑朔，禮官言："太廟既成，行都禮雖簡約，[1]惟以親行祔享爲敬，請權不用鹵簿儀仗及宫縣樂舞。"[2]從之。山東行省上沂州之捷。甲寅，鳳翔及華、汝等州蝗。[3]辛酉，以尚書右丞侯摯行省事于東平。己巳，來遠鎮獲夏諜者陳岊等，[4]知夏人將圖臨洮、鞏州，闚長安。[5]命陝西行省嚴爲之備。丙子，上將以七月行祔享禮，[6]慮時雨有妨，詔改用十月。夏人修來羌城界河橋。[7]元帥右都監完顏賽不遣兵焚之，[8]俘馘甚多。[9]戊寅，京兆、同、華、鄧、裕、汝、亳、宿、泗等州蝗。[10]

[1]行都：臨時都城，此指宣宗南遷後的臨時首都南京。

[2]鹵簿儀仗：指皇帝的出行儀仗。　縣：與"懸"通。

[3]汝：州名。治所在今河南省汝州市。

[4]來遠鎮：鎮名。舊址在今甘肅省定西縣境内。　陳岊（jié）：人名。生平不詳。

[5]闚長安：闚，與"窺"通。長安，縣名。　金京兆府的倚郭縣，治所在今陝西省西安市。

[6]祔享禮：祭禮名。將後死者附祭於先祖。

[7]來羌城：城名。宋置，在今甘肅省導河縣西北。

[8]完顏賽不：女真人。金始祖弟保活里之裔。哀宗時官至尚書右丞相，天興二年（1233），行省於徐州。徐州發生兵變，賽不

投河自殺，獲救，後自縊殉國。本書卷一一三有傳。

[9]俘馘（guó）：俘，俘虜。馘，古人作戰時割取殺死的敵人左耳以計功叫作馘，喻指擊斃的敵人。

[10]鄧、裕：州名。鄧州，治所在今河南省鄧州市。裕州，原名方城縣，章宗泰和八年（1208）升爲裕州，治所在今河南省方城縣。

六月戊子，詔凡進奏帖及申尚書省、樞密院關應密大事，[1]私發視者絞，誤者減二等，制書應密者如之。[2]壬辰，遼西僞瀛王張致遣完顏南合、張頑僧上表來歸。[3]詔授致特進，行北京路元帥府事，兼本路宣撫使，南合同知北京兵馬總管府，[4]頑僧同知廣寧府。[5]丙申，木星晝見於奎，[6]百有一日乃伏。癸卯，詔有司祈雨。丁未，河南大蝗傷稼，遣官分道捕之。罷河北諸路宣撫司，更置經略司。壬子，以旱，詔參知政事李革審決京師冤獄。

[1]應密大事：應該保密的大事。

[2]制書：皇帝發布的詔書。

[3]僞瀛（yíng）王張致：張致，遼西錦州人。張致兄張鯨於貞祐三年（1215）在錦州叛金自立，稱遼西王，被蒙古木華黎所殺。張致又占據錦州背叛蒙古，自稱瀛王（後又稱漢興皇帝），故稱作“僞瀛王”。張致後來也被蒙古所滅。　完顏南合：女真人。生平不詳。　張頑僧：生平不詳。

[4]同知北京兵馬總管府：即北京路同知兵馬都總管，爲北京路兵馬都總管的副佐。掌通判府事。從四品。治所在今内蒙古自治區寧城縣大明鄉古城。

[5]同知廣寧府：即廣寧府同知，爲知廣寧府事的副佐，正四品。廣寧府治所在今遼寧省北寧市。

[6]木星晝見於奎：一種天文現象。即木星白天出現在奎宿的天區内。

秋七月癸丑朔，昭義軍節度使必蘭阿魯帶復威州及獲鹿縣。[1]飛蝗過京師。甲寅，山東行省檻賊郝定等至京師，伏誅。乙卯，以旱蝗，詔中外。己未，勑減尚食數品及後宫歲給縑帛有差。[2]辛酉，監察御史陳規上章條陳八事。

[1]昭義軍：軍州名，即潞州昭義軍，治所在今山西省長治市。本書卷二六《地理志下》"潞州條"作"昭德軍"，實誤。　威州：治所在今河北省井陘縣北。　獲鹿縣：治所在今河北省鹿泉市。

[2]尚食：官署名。即尚食局，主管皇宫裏的飲食費用之事。縑帛：絲織品。

閏月壬午朔，日有食之。辛卯，復深州。癸巳，翰林學士完顔孛迭進《中興事迹》。[1]甲午，命掌軍官舉奇才絶力之人，提控、都副統等官互舉其屬。頒舉官賞罰格，許功過相除。[2]品官及草澤人有才武者，[3]舉薦升降亦如之。庚子，詔河南、陝西鎮防軍應蔭及納粟補官者，當役如舊，俟事定乃聽赴銓。

[1]完顔孛迭：女真人。哀宗時孛迭在翰林學士任内致仕。《中興事迹》：書名。記載宣宗登極以來事迹的史書。

[2]功過相除：功勞和罪過互相抵消。

［3］草澤人：指没有官爵的民間人士。

八月甲寅，太子少保兼禮部尚書張行信定祔享親祀之儀以進。上嘉納之。三原縣僧廣惠進僧道納粟多寡與都副威儀及監寺等格，[1]從其言鬻之。夏人入安塞堡，[2]元帥左監軍烏古論慶壽遣軍敗之。壬戌，賜張行信寶券二萬貫、重幣十端，[3]旌其議禮之當。乙亥，詔諭中都民，命大名招撫使募人持詔以往。丙子，大元兵攻延安。己卯，夏人入結耶觜川，[4]官軍擊走之。

［1］三原縣：治所在今陝西省富平縣西。　都副威儀：都副，指正副僧官。金代僧官正職有國師、僧録、僧正、都綱、維那等，與之相應的還有副職（參見《大金國志》卷三六）。威儀，指僧官的服飾、侍從和其他待遇。

［2］安塞堡：寨堡名。舊址在今陝西省安塞縣西北。

［3］端：古代布帛長度名，二丈爲一端。

［4］結耶觜川：地名。今地不詳。

九月辛巳朔，大元兵攻防州。[1]以簽樞密院事永錫爲御史大夫，領兵赴陝西，便宜從事。壬辰，大元兵攻代州。[2]經略使奧屯醜和尚戰没。[3]以中尉衛完顔奴婢等充賀宋生日使。[4]

［1］防州：中華點校本據本書卷二六《地理志下》的記載，改爲“坊州”。

［2］代州：治所在今山西省代縣。

［3］奧屯醜和尚：女真人。宣宗時爲代州經略使，蒙古軍破代

州，醜和尚被執，不屈而死。本書卷一二二有傳。

[4]中尉衛：中華點校本據本書卷六二《交聘表》和卷五六《百官志二》的記載，改爲“中衛尉”。中衛尉，衛尉司長官。掌總中官事務。從三品。　完顏奴婢：女真人。生平不詳。

冬十月己未，親王、百官奉迎祖宗神主于太廟。招射生獵户練習武藝知山徑者分屯陝、虢要地。[1]命元帥左監軍必蘭阿魯帶守潼關，遥授知歸德府事完顏仲元軍盧氏。[2]大元兵攻潼關。西安軍節度使泥厖古蒲魯虎戰没。[3]辛酉，上親行祔享禮。甲子，祔享禮成。赦。乙丑，詔諭河南官吏軍民，以賞格募立功之士。命參知政事徒單思忠提控鎮撫京師，移剌周剌阿不屯關、陝。[4]丙寅，詔京師具防城器械，多鑿坎穽，[5]築垣墻於隙地。徙衛紹及鎬厲王家屬于京師。丁卯，以奉安社稷，遣官預告。戊辰，命張行信攝太尉，[6]奉安社稷，禮樂咸綳其數。[7]詔吏、禮、兵、工四部尚書董防城之役。[8]大元兵徇汝州。己巳，沿河唯存通報小舟，餘皆焚之。庚午，詔宿粮州縣屯兵，其簽民爲兵者就署隊長，以自防遏。河南行省胥鼎，[9]遣潞州元帥左監軍必蘭阿魯帶以軍一萬，孟州經略使徒單百家以軍五千，[10]由便道濟河趣關、陝，自將平陽精兵援京師。命樞府督軍應之。[11]辛未，置官領招賢所事。命内外官采訪有才識勇略能區畫防城者具以聞，得實超任，仍賞舉主。内負長才不爲人所知者，聽赴招賢所自陳。壬申，以龍虎衛上將軍裴滿羊哥知歸德府事，[12]行樞密院事。癸酉，詔罷遣有司所拘民間輸税車牛以運軍士衣粮者。甲戌，諭附京民盡徙其芻粮入城，官儲並運之。丙子，行樞密院知河南府事完顏合打以徵兵失應，坐誅。户部郎中魏琦以没王事，[13]官其子。己卯，議禁京師靡穀，[14]近侍以寶券方行，恐滯其用，不果。吏部令史韓希祖陳言，[15]曾以戰功致身者盡拘京師備用，從之。

[1]虢（guó）：州名。治所在今河南省靈寶市。

[2]盧氏：縣名。治所在今河南省盧氏縣。

[3]西安軍節度使：查本書《地理志》，無西安軍節度之設，存疑待考。泥厖古蒲魯虎：中都路猛安女真人。章宗明昌五年（1194）進士。宣宗貞祐四年（1216），任陜州宣撫副使、兼西安軍節度使，蒙古軍攻潼關，蒲魯虎兵敗而死。本書卷一二二有傳。

[4]移剌周剌阿不：契丹人。生平不詳。

[5]坎穽：即地洞和陷阱。穽與“阱”通。

[6]太尉：三公之一。正一品。多授予宗室、外戚和勛臣，是一種榮譽官銜。

[7]鎩（shā）：削減。

[8]董：主持，監督。

[9]河南行省：中華點校本據本書卷一〇八《胥鼎傳》的記載，改爲“河東行省”。

[10]徒單百家：女真人。亦作“徒單伯嘉”。

[11]樞府：指樞密院和元帥府。

[12]龍虎衛上將軍：武官散階，正三品上。　裴滿羊哥：女真人。生平不詳。

[13]户部郎中：户部屬官。正員三人。從五品。　魏琦：生平不詳。

[14]靡穀：浪費糧食。

[15]吏部令史：吏部屬官。正員七十九人，其中女真二十九

人。　韓希祖：生平不詳。

十一月庚辰朔，增定守禦官及軍人遷賞格。辛巳，詔止附京農民自撤其廬舍。壬午，河東行省胥鼎入援京師，用其言以知平陽府王質權元帥左監軍，[1]同知完顔僧家奴權右監軍，[2]代鎮河東。拜鼎爲尚書左丞兼樞密副使，知歸德府完顔伯嘉簽樞密院事。以完顔合打伏誅，詔中外。乙酉，元帥右都監完顔賽不來獻其提控石盞合喜、楊斡烈等大敗夏人于定西之捷，[3]命行省視其功賞之。大元兵至沔池，[4]右副元帥蒲察阿里不孫軍潰而逃，[5]失其所佩虎符。[6]丙戌，前臨潢府推官權元帥右監軍完顔合達率官軍老幼自北歸國，[7]升鎮南軍節度使，[8]進官三階。[9]詔出公帑綿絹付有司償所括民服以衣軍者。是夕，月暈木星，[10]木在奎，[11]月在壁。[12]己丑，定毁防城器具法。辛卯，詔立功五品以上官賜饌御前，六品以下官賜饌近侍局。癸巳，上諭皇太子："京城提控官有以文資充者，[13]彼豈知兵？其速易之。"甲午，放免諸職官傔從及諸司局射粮兵卒嘗選充軍者。[14]戊戌，勑諸州縣簽籍軍民，以備土寇。華州元帥府復潼關。庚子，罷在京防城民軍。遣御史陳規等充河南宣差安撫捕盜官。河南路統軍使紇石烈掃合以發兵後期，[15]坐誅。甲辰，以尚書工部侍郎和尚等充賀宋正旦使。[16]丙午，河南行樞密院從坦言，[17]其族人道哥願隸行伍以自効。[18]上嘉其忠，許之。内族承立進所獲馬駝。[19]上曰："此軍士所得，即以予之可也，朕安用哉。"因遍諭諸道將帥，後勿復如是。

[1]知平陽府：平陽府行政長官，兼河東南路兵馬都總管。正三品。　王質：生平不詳。

[2]完顏僧家奴：女真人。生平不詳。

[3]石盞合喜：女真人。亦作“赤盞合喜”。本書卷一一三有傳。　楊沃烈：金末著名的軍事將領。死於三峰山之戰。　定西：縣名。治所在今甘肅省定西縣東南。

[4]沔池：中華點校本據本書卷二五《地理志中》的記載，改爲“澠池”。澠池，縣名。治所在今河南省澠池縣。

[5]蒲察阿里不孫：女真人。生平不詳。

[6]虎符：虎形兵符，爲金質。據《金史》卷五八《百官志四》記，金代虎符之制，始於章宗承安元年（1196），參酌漢唐舊制。“其符用虎，並五左一右”。左符留御前，右符付隨路統軍司、招討司長官主之。發兵三百人以上及征兵，地方領兵將領奏請尚書省，尚書省派專使，帶尚書省印記及左符送至地方，將兵者與專使以左、右符勘合，然後奉行。

[7]臨潢府推官：臨潢府屬官。掌紀綱衆務，分判工、刑案事。正七品。臨潢府，治所在今内蒙古自治區巴林左旗林東鎮原遼上京古城。　完顏合達：女真人，爲金末名將。哀宗正大九年（1232），金朝兩行省軍敗於三峰山，合達以數百騎走鈞州，藏身窨室，被蒙古兵搜出殺害。本書卷一一二有傳。

[8]鎮南軍：軍州名。治所在今河南省汝南縣。

[9]進官三階：階官晋升三級。

[10]月暈木星：一種天文現象。月亮的光環遮住了木星。

[11]木在奎：木星出現在奎宿的天區内。

[12]月在壁：壁，星宿名，二十八宿之一。月在壁就是月亮在壁宿的天區内。

［13］文資：科舉出身。

［14］傔（qiàn）從：侍從。　射粮兵卒：一種服雜役的兵丁。本書卷四四《兵志》記："諸路所募射粮軍，五年一籍三十以下、十七以上强壯者，皆刺其□（疑所缺字是'面'或'頰'），所以兼充雜役者也。"

［15］河南路統軍使：即南京路統軍使，南京路統軍司長官。掌督領兵馬、鎮攝邊陲、分營衛、視察奸。正三品。治所在今河南省開封市。　紇石烈掃合：女真人。生平不詳。　發兵後期：未能按時發兵，貽誤了軍機。

［16］工部侍郎：工部屬官。爲工部尚書副佐。正四品。　和尚：人名。疑此人即本卷前文所記的司屬令完顔和尚，待考。

［17］從坦：女真人。完顔宗室。本書卷一二二有傳。

［18］道哥：女真人。既是從坦的族人，亦應爲完顔宗室成員。

［19］内族承立：内族，即完顔宗室成員。章宗以後，爲避世宗父宗輔（宗堯）名諱，宗室改稱内族。承立，女真人。本名慶山奴。本書卷一一六有傳。

十二月辛亥，平章政事术虎高琪加崇進、尚書右丞相。參知政事李革罷。癸亥，大元兵攻平陽。丙寅，皇太子議伐西夏。大元兵徇大名府。壬申，大元兵進自代州神仙横城及平定承天鎮諸隘，[1]攻太原府。宣撫使烏古論禮遣人間道齎礬書至京師告急。[2]詔發潞州元帥府，平陽、河中、絳、孟宣撫司兵援之。乙亥，高琪請修南京裏城。上曰："民力已困，此役一興，病滋甚矣。城雖完固，朕亦何能獨安此乎。"

［1］神仙横城：城名。舊址在今山西省代縣境内。　平定：州名。治所在今山西省平定縣。　承天鎮：治所在今山西省平定縣

境内。

［2］烏古論禮：女真人。時爲河東北路宣撫使，兼左副元帥。本書卷一〇三有傳。　礬（fán）書：用白礬水寫成的密信。因白礬水在紙上寫字曬乾後看不出字迹，用水濕過字迹又會顯現出來。

金史　卷一五

本紀第十五

宣宗中

興定元年春正月己卯朔，[1]宋遣使來賀。癸未，宋使朝辭。上謂宰臣曰："聞息州南境有盗，[2]此乃彼界飢民沿淮爲亂耳。[3]宋人何故攻我。"高琪請伐之，[4]以廣疆土。上曰："朕意不然，但能守祖宗所付足矣，安事外討。"乙未，詔中都、西京、北京等路策論進士及武舉人權試于南京、東平、婆速、上京等四路。[5]丙申，東平行省言：[6]"調兵以來，吏卒因勞進爵多至五品，例獲封贈，及民年七十並該覃恩。[7]若人往自陳，公私俱費。請令本路爲製誥勅，[8]類赴朝廷，以求印署。使受命者量輸諸物而給之。人力不勞，兵食少濟。"從之。皇子平章政事濮王守純授世襲東平府路三屯猛安。[9]尚書左丞胥鼎進平章政事，[10]封莘國公。[11]癸卯，議減庶官冗員。[12]乙巳，大元兵攻觀州。[13]

［1］興定：金宣宗年號（1217—1222）。

［2］息州：治所在今河南省息縣。

［3］淮：河名。即今淮河。

［4］高琪：女真人。即术虎高琪，時爲尚書右丞相。本書卷一〇六有傳。

［5］中都、西京、北京等路：其治所分别在今北京市、山西省大同市和内蒙古自治區寧城縣大明鄉古城。　策論進士：亦稱女真進士，是專爲女真人所設科舉科目録取的舉子。　武舉人：金科舉兼采唐宋之制，分文武兩途，經府試録取的武科舉子稱武舉人。　權：暫時。　南京、東平、婆速、上京等四路：南京路治所在今河南省開封市。東平路治所在今山東省東平縣。婆速路治所在今遼寧省丹東市九連城。上京路治所在今黑龍江省阿城市東南金上京舊址。

［6］東平行省：行政官署名。即當時尚書省在東平路所設的代行機構，治所在今山東省東平縣。

［7］覃恩：廣布恩澤。指帝王對臣下普行封賞或赦免。

［8］誥勑：朝廷封賞臣民的誥命和宣勑。

［9］平章政事：與尚書令、左右丞相並爲宰相，掌丞天子，平章萬機。定員二人，從一品。　濮王：封爵名。明昌格，爲小國封號第一。　守純：女真人。即完顔守純，宣宗第二子。本書卷九三有傳。　三屯猛安：猛安，女真地方行政設置，及長官名稱。猛安相當於州，亦稱千户。受封人有領地和領户，爲世襲官職。日本學者三上次男認爲，三屯猛安即本書卷九四《夾谷衡傳》所記的三土猛安，此猛安原在今吉林省海龍縣與輝發河匯合的三統河流域，後遷到東平路（三上次男《金代女真研究》，金啓孮譯，黑龍江人民出版社 1984 年版）。

［10］尚書左丞：金尚書省執政官。爲宰相副佐，佐治省事。正員二人，正二品。　胥鼎：代州繁畤（今山西省繁峙縣）人。世宗大定二十八年（1188）進士，尚書右丞胥持國之子，爲金朝後期名

相。本書卷一〇八有傳。

[11]莘國公：封爵名。國公封號，從一品。

[12]庶官：普通官員。　冗員：多餘人員。

[13]觀州：原名景州，衛紹王大安年間爲避章宗嫌名，改爲觀州。治所在今河北省東光縣。

二月戊申朔，初用“貞祐通寶”，[1]凡一貫當“貞祐寶券”千貫。己酉，命樞密院汰罷軟軍士。[2]諭尚書省，[3]用官馬給驛傳以紓民力。[4]庚戌，皇后生辰，詔百官免賀，仍諭旨曰：“時方多難，將來長春節亦免賀禮。”[5]辛亥，以崇進、元帥右都監完顏賽不簽樞密院事。[6]癸丑，罷招賢所。[7]乙卯，皇孫生，宣徽請稱賀，[8]詔無用樂。己未，大元兵徇忻、代。[9]詔定州、縣官雖積階至三品，[10]坐乏軍儲者，聽行部決遣。壬戌，尚書省以軍儲不繼，請罷州府學生廩給。[11]上曰：“自古文武並用，向在中都，設學養士猶未嘗廢，况今日乎？其令仍舊給之。”丙子，議置莊獻太子廟。[12]

[1]貞祐通寶：金代紙幣名。紙幣又稱交鈔，宣宗貞祐三年（1215）七月，印刷發行交鈔“貞祐寶券”。由於戰亂，經濟殘破，物價飛漲，導致紙幣毛荒，至此又改用貞祐通寶（參見本書卷四八《食貨志三》）。

[2]樞密院：軍政官署名。金太祖“始用遼南、北面官制度”。天輔七年（1123），設樞密院於廣寧，相當於遼的南面官，是一種行政機構。後東路軍宗望和西路軍宗翰分别建樞密院於燕山和雲中，時稱“東朝廷”和“西朝廷”。熙宗即位，下令改燕京樞密院爲行臺尚書省，作爲行政機構的樞密院即隨之被取消。海陵天德二

年（1150）改都元帥府爲樞密院，此後樞密院成爲全國最高軍事機構，主要掌國家軍務機密、武備征討之事。　罷（pí）軟：軟弱，疲軟。罷與“疲”通。

[3]尚書省：行政官署名。金熙宗時，確立三省之制。海陵王即位，實行官制改革，罷中書、門下兩省，祇置尚書省。是金朝最高政務機構。

[4]紓（shū）：解除，緩解。

[5]長春節：節日名。可能是指宣宗皇帝的生日。待考。

[6]崇進：文官散階，從一品下。　元帥右都監：都元帥府屬官。掌征伐之事。從三品。　完顏賽不：女真人。金始祖弟保活里之裔。哀宗時官至尚書右丞相，天興二年（1233），行省於徐州。徐州發生兵變，賽不投河自殺，獲救，後自縊殉國。本書卷一一三有傳。　簽樞密院事：樞密院屬官。正三品。

[7]招賢所：官署名。宣宗貞祐四年（1216）設招賢所，置官領之。命内外官員采訪有才識和膽量者，向招賢所推薦，由朝廷量才録用，自以爲才能超群者，也可以赴招賢所自陳。

[8]宣徽：官署名。即宣徽院，掌朝會、朝宴、殿廷儀禮及御膳。

[9]大元：當時蒙古國尚未改國號爲“元”，因《金史》是元朝人所修，故稱蒙古國爲“大元”，或稱“大朝”。　忻：州名。治所在今山西省忻州市。　代：州名。治所在今山西省代縣。

[10]階：即階官。亦稱散階、散官。是古代表明官員的一種品級稱號，與職官相對應。散官制度肇始於隋，古代官員的階官和官職是有區别的，階官高者可出任低職，階官低者亦可出任高職。宋代官員按階官發俸禄，故稱“寄禄官”，至明清時期，階官始與官職相符。

[11]州府學生廪給：州府官學生的生活供給。

[12]莊獻太子：即宣宗長子完顏守忠。本書卷九三有傳。

三月戊寅，勅事關刑名，當面議之，勿聽轉奏。以絳陽軍節度使李革知平陽府，[1]兼河東南路兵馬都總管，[2]權參知政事，[3]行尚書省。[4]壬午，定民間收潰軍亡馬之法，及以馬送官酬直之格。[5]乙酉，上宮中見蝗，遣官分道督捕，仍戒其勿以苛暴擾民。庚寅，長春節，宋遣使來賀。辛卯，詔罷平陽、河中元帥。[6]乙未，先徵山東兵接應苗道潤共復中都，[7]而石海據真定叛，[8]慮爲所梗，乃集粘割貞、郭文振、武仙所部精鋭與東平軍爲掎角之勢，[9]圖之。己亥，大元兵攻新城。[10]庚子，攻霸州。[11]甲辰，威州刺史武仙率兵斬石海及其黨二百餘人，[12]降葛仲、趙林、張立等軍，[13]盡獲海僭擬之物。[14]尋進仙權知真定府事。

[1]絳陽軍節度使：掌鎮撫諸軍防刺，總判本鎮兵馬之事，兼絳州管内觀察使事。從三品。治所在今山西省新絳縣。　李革：本書卷九九有傳。　知平陽府：平陽府行政長官。正三品。治所在今山西省臨汾市，時亦爲河東南路治所。

[2]河東南路兵馬都總管：掌統諸城隍兵馬甲仗，總判平陽府事。正三品。治所在今山西省臨汾市。有金世宗大定十一年（1171）鑄造的“河東南路兵馬都總管印”出土（參見景愛《金代官印集》，文物出版社 1991 年版，第 16 頁）。

[3]權參知政事：權，代理。參知政事，金尚書省於左、右丞之下設參知政事兩員，與左、右丞並爲執政官，佐治尚書省事。從二品。

[4]行尚書省：行政官署名。爲尚書省在地方上設立的代行機構，簡稱行省。

[5]直：與“值”通。　格：法律條文和規定。

［6］河中：府名。治所在今山西省永濟市西南的黄河東岸。

［7］苗道潤：時爲中都路經略使，兼知中山府，加中都留守。本書卷一一八有傳。　中都：都城名。治所在今北京市，時已被蒙古占領。

［8］石海：生平不詳。　真定：府名。治所在今河北省正定縣，時亦爲河北西路治所。

［9］粘割貞：女真人。時爲潞州經略使。本書卷一二二有傳。　郭文振：宣宗時所封河北九郡公之一。時爲遼州刺史，宣差從宜都提控。本書卷一一八有傳。　武仙：宣宗時所封河北九郡公之一，時爲威州刺史。本書卷一一八有傳。

［10］新城：縣名。治所在今河北省新城縣東南。

［11］霸州：治所在今河北省霸州市。

［12］威州刺史：威州長官。主治威州事。正五品。治所在今河北省井陘縣。

［13］葛仲、趙林、張立：皆叛軍首領。

［14］僭擬之物：指石海私自準備的稱王稱帝所用之物。

夏四月丁未朔，以宋歲幣不至，[1]命烏古論慶壽、完顔賽不等經略南邊。[2]戊申，孟州經略司萬户宋子玉率所部叛，[3]斬關而出，經略使從坦等追敗之。[4]庚戌，花帽軍作亂于滕州，[5]詔山東行省討之。[6]南陽五朵山盗發，[7]衆至千餘人，節度副使移剌羊哥出討，[8]遇之方城，[9]招之不從，乃進擊之，殺其衆殆盡。癸丑，以安化軍節度使完顔寓權元帥左都監，[10]行元帥府事，督經略使苗道潤進復都城，且令和輯河間招撫使移剌鐵哥等軍。[11]鐵哥與道潤不協，互言其有異志，故命重臣臨鎮之。戊午，單州雨雹傷稼，[12]詔遣官勸諭農民改蒔秋田，官給其種。平定州賊閻德用之黨閻顯殺德用，[13]以其衆降。己未，以權參知政事遼東路行省完顔阿里不孫爲參知政事，[14]行尚書省、元帥府于婆速路。[15]以權遼東路宣撫使蒲察五斤權參知政事，[16]行尚書省、元帥府于上京。[17]庚申，李革請罷義軍總領使副，[18]以畀州縣。[19]尚書省以秋防在邇，[20]改法非便，姑如舊制，州縣各司察之。甲子，元帥完顔賽不破宋兵于信陽，[21]使來奏捷。乙丑，濟南、泰安、滕、兖等州賊並起，[22]侯摯遣棣州防禦使完顔霆討平之，[23]降其壯士二萬人、老幼五萬人。完顔賽不復奏，敗宋軍于隴山等處，[24]俘馘甚衆。[25]戊辰，太白晝見于井。[26]辛未，權孟州經略使從坦追賊宋子玉至輝州境上，[27]其黨邢福殺子玉，[28]以衆來歸。壬申，以萬奴叛逆未殄，[29]詔諭遼東諸將。完顔賽不軍渡淮破光州兩關，[30]獲軍實分給將士。

[1]歲幣：指根據宋金雙方簽定盟約的規定每年宋朝必須交納給金朝的白銀和絹等物品。宋金“嘉定和議”規定的數量是白銀三十萬兩，絹三十萬匹。

[2]烏古論慶壽：女真人。時爲元帥左監軍兼陝西統軍使。本書卷一〇一有傳。

[3]孟州經略司：官署名。本書卷二六《地理志下》“孟州”條下有“宣宗朝置經略司”。治所在今河南省孟州市。出土的金代官印中有“經略使司之印”（參見景愛《金代官印集》，第33、34頁）。本書卷一四《宣宗紀上》載，貞祐四年（1216）六月，“罷河北諸路宣撫司，更置經略司”。　萬户：金兵制，猛安之上置萬户，萬户爲高級軍官。金末招募義軍，以五謀克爲一千户，四千户爲一萬户，萬户僅爲正九品的下級軍官。　宋子玉：生平不詳。

[4]經略使：經略司長官。本書《百官志》失載，官品不詳。　從坦：女真人。出身完顏宗室，時爲輝州刺史，權河平軍節度使、孟州經略使。本書卷一二二有傳。

[5]花帽軍：軍名。是金末頗有影響的一支抗蒙地方武裝。本書卷一〇三《完顏仲元傳》記，仲元本漢人，姓郭氏，以有功於朝廷，賜姓完顏，“仲元在當時兵最强，號‘花帽軍’”。　滕州：治所在今山東省滕州市。

[6]山東行省：官署名。即山東行尚書省的簡稱，治所在今山東省青州市。

[7]南陽：縣名。治所在今河南省南陽市。　五朵山：山名。本名岐棘山，音訛爲騎立山，山上有五峰並峙，在今河南省鎮平縣西北九十里。

[8]節度副使：節度州屬官。從五品。　移刺羊哥：契丹人。生平不詳。

[9]方城：縣名。治所在今河南省方城縣。

[10]安化軍：軍州名。治所在今山東省諸城市。　完顏寓：西南路猛安女真人。世宗大定二十八年（1188）進士，宣宗時官至禮部侍郎。宣宗興定元年（1217），以本官權元帥左都監，行元帥府於山東。密州城破，寓被亂兵所殺。本書卷一〇四有傳。　元帥左都監：都元帥府屬官。掌征討之事。從三品。

[11]河間招撫使：河間招撫司長官。掌招降和安撫流亡事宜，本書《百官志》失載，官品不詳。出土的金代官印中有“招撫使印”（參見景愛《金代官印集》，第41頁）。河間招撫司，治所在今河北省河間市。　移刺鐵哥：契丹人。時爲河北東路兵馬都總管兼河間招撫使。

[12]單州：治所在今山東省單縣。

[13]平定州：治所在今山西省平定縣。　閻德用：生平不詳。

[14]完顏阿里不孫：曷懶路泰申必剌猛安女真人。章宗明昌五年（1194）進士。宣宗興定元年（1217），阿里不孫官參知政事，

權右副元帥，行尚書省、元帥府於婆速路，後被伯德胡土所殺。本書卷一〇三有傳。

［15］婆速路：是金代東京路下轄的一個相當於節度州一級的低級路。治所在今遼寧省丹東市九連城。

［16］遼東路宣撫使：遼東宣撫司長官。掌節制兵馬公事。從一品。　蒲察五斤：女真人。生平不詳。

［17］上京：都城名。金初建都之地，至 1153 年，海陵王遷都燕京，廢上京之號。世宗即位後，又恢復了上京稱號。治所在今黑龍江省阿城市東南金上京舊址。

［18］義軍總領使副：義軍，軍名。金末以河朔流亡者爲主體組成的軍隊稱義軍。總領使副，即總領使和總領副使。金末招募義軍，以四萬户爲一副統，兩副統爲一都統，都統之外，又設一總領，亦稱總領使，原爲從五品，哀宗正大二年（1225）改稱都尉，升爲從四品。四年，又升爲從三品。總領副使是總領使的副佐，亦稱副總領，從六品。

［19］畀（bì）：給予。

［20］秋防：古代軍事術語。義爲備戰，亦作防秋。古人多於秋後割倒莊稼以備較大的軍事行動，故稱備戰爲防秋，亦稱秋防。

［21］信陽：縣名。治所在今河南省信陽市，時爲南宋所轄。

［22］濟南：府名。治所在今山東省濟南市。　泰安：州名。治所在今山東省泰安市。　兖：州名。治所在今山東省兖州市。

［23］侯摯：時爲尚書右丞。本書卷一〇八有傳。　棣州防禦使：棣州長官。掌防捍不虞、禦制盗賊，主治州事。從四品。治所在今山東省惠民縣。　完顔霆：本中都漢人。原名李二措，賜姓完顔。本書卷一〇三有傳。

［24］隴山：山名。此指河南省信陽市境内的隴山。

［25］俘馘（guó）：俘，指俘虜。馘，古代戰時割取所殺敵人的左耳以計功，喻指殺死的敵人。

［26］太白晝見於井：太白晝見於井就是金星白天出現在井宿所

管的天區内，是一種天文現象。根據古代術象學家的迷信説法，因女人干政而導致太白晝見。太白，星宿名，即金星，又稱長庚星。井，星宿名，二十八宿之一，故又稱井宿。古人把天空分爲二十八個天區，二十八宿各管一個天區。見，與“現”通。

[27]輝州：原爲衛州共城縣，金世宗大定二十九年（1189）爲避顯宗嫌名改作河平縣，章宗明昌三年（1192）改爲蘇門縣，宣宗貞祐三年（1215）九月升爲輝州，治所在今河南省輝縣市。

[28]邢福：人名。本書僅此一見。生平不詳。

[29]萬奴：女真人。即蒲鮮萬奴。《續資治通鑑》卷一五九作“完顔萬奴”，《建炎以來朝野雜記》卷一九作“蕭萬奴”。金章宗泰和年間，萬奴曾任尚厩局使，後參加對宋戰爭，任副統軍。衛紹王至寧元年（1213），萬奴出任遼東宣撫使，領兵鎮壓契丹耶律留哥叛亂，軍事失利後叛金自立，建國號“大真”，自稱“天王”，年號“天泰”。後由遼東遷曷懶路，改國號爲“東夏”。1233年，萬奴被蒙古兵生擒，東夏國也隨之滅亡。

[30]光州：治所在今河南省潢川縣，時爲南宋所轄。

五月戊寅，陝西行省破夏人于大北岔，[1]是日捷至。丁亥，民苑汝濟上書陳利害，[2]上以示宰臣曰：“卑賤小人，猶能盡言如此，有可采者即行之。”己丑，賊宋子玉餘黨家屬悉放歸農。尚書右丞蒲察移剌都棄官擅赴京師，[3]降知河南府事，[4]行樞密院兼行六部事。[5]壬辰，延州原武縣雨雹傷稼，[6]詔官貸民種改蒔。癸巳，宋人攻潁州，[7]焚掠而去。戊戌，行樞密院兵敗宋人於泥河灣，[8]又敗之樊城縣。[9]山東行帥府事蒙古綱擅械轉運使李秉鈞，[10]法當決，[11]秉鈞返詈綱，[12]應論贖，詔兩釋之。宋人取漣水縣。[13]癸卯，蘭州水軍千户李平等苦提控蒲察燕京貪暴，[14]殺之。構夏人以叛，脅其徒張宬俱行，[15]宬以計盡獲之。陝西行省便宜遷宬官四階，[16]授同知蘭州事，[17]賞士卒有差，以其事上聞。甲辰，大元兵下汚城縣，[18]軍官任福死之。[19]丙午，定河北求仕官渡河之法，曾經總兵者白樞密院，餘驗據聽渡。行樞密院事烏古論慶壽南伐還，奏不以實，詔鞫之。[20]

[1]陝西行省：官署名。陝西行尚書省的簡稱，治所在今陝西省西安市。　大北岔：地名。今地不詳。

[2]苑汝濟：人名。生平不詳。

[3]蒲察移剌都：東京路猛安女真人。出身護衛，宣宗時官至尚書右丞。興定二年（1218），行省於鄧州，因多行不法，被處死。本書卷一〇四有傳。

[4]知河南府事：河南府行政長官。正三品。治所在今河南省洛陽市。

[5]行樞密院兼行六部事：代行樞密院和尚書省六部的職權。

[6]延州：原爲開封府轄下的延津縣，宣宗貞祐三年（1215）七月升爲延州。治所在今河南省延津縣西。　原武縣：治所在今河南省原陽縣西。

[7]潁州：治所在今安徽省阜陽市。

[8]泥河灣：地名。在今湖北省境内，確切地址不詳。

[9]樊城縣：治所在今湖北省襄樊市北的漢江對岸，時屬南宋轄境。

[10]山東行帥府事：中華點校本據本書卷一〇二《蒙古綱傳》的記載，改“行帥府事”爲“行元帥府事”。山東行元帥府，軍政官署名。在山東設立的代行元帥府的機構，簡稱山東行府，治所在今山東省青州市，時亦爲山東東路治所。出土的官印中有“行元帥府之印”（參見景愛《金代官印集》，第99頁）。　蒙古綱：咸平

府猛安女真人。章宗承安五年（1200）進士，宣宗時曾先後行省於東平和邳州，兵變被殺。本書卷一〇二有傳。　轉運使李秉鈞：轉運使，轉運司長官。掌稅賦錢穀、倉庫出納、權衡度量之制。正三品。李秉鈞，生平不詳。

[11]法當决：依法應該處死。

[12]返：與"反"通。

[13]漣水縣：治所在今江蘇省漣水縣。

[14]蘭州水軍千户李平：蘭州，治所在今甘肅省蘭州市。水軍千户，即統領水軍的猛安官。李平，生平不詳。　提控：即總領。出土的金末官印中"提控"之印甚多（參見景愛《金代官印集》，第140、167頁）。

蒲察燕京：女真人。生平不詳。

[15]張扆（yǐ）：生平不詳。

[16]官四階：階官四級。

[17]同知蘭州事：即蘭州同知，蘭州刺史的副佐。正七品。

[18]汚城縣：中華點校本以本書《地理志》無汚城縣，疑其有誤字。

[19]任福：生平不詳。

[20]鞫（jū）：審訊，推問。

六月己酉，苗道潤表歸國人李琛復以衆叛，[1]琛亦表道潤異謀，詔山東行省察之。修潼關，[2]遣中使持詔及暑藥勞夫匠。[3]權參知政事張行信進參知政事。[4]庚戌，詔捕治遼東受僞署官家屬，得按察使高禮妻子，[5]皆戮之。壬子，制鄜、坊、丹州四品以下州縣官視環、慶例，[6]以二十月終更。[7]甲寅，招撫使惟宏言彰德府守臣擅徙民山砦避兵，[8]上曰："難保之城，守之何益，徒傷吾民耳。勿治。"乙卯，顯宗忌日，[9]謁奠于啓慶宫。[10]丙辰，詔樞密院遣經歷官分諭行院，[11]嚴兵利器以守衝要，仍禁飲宴，違以軍律論。[12]宋人合土寇攻東海境。戊午，以宋遣兵數犯境，及歲幣不至，詔諭沿邊罪宋。己未，詔凡上書人其言已采用者，上其姓名。辛酉，以進士朱蓋、草澤人李維嶽論議可取，[13]詔給八貫石俸。乙丑，設潼關使、副，[14]及三門、集津提舉官。[15]尚書左丞相兼都元帥僕散端薨，[16]輟朝。[17]置南京流泉務。[18]遼東行省遣使來上正月中敗契丹之捷。[19]

[1]李琛（chēn）：生平不詳。

[2]潼關：關隘名。在今陝西省潼關市西。

[3]中使：皇宫内廷派遣的使者，多由太監充任。

[4]張行信：莒州日照縣（今山東省日照市）人。世宗大定二十八年（1188）進士，官至禮部尚書、參知政事。本書卷一〇七有傳。

[5]按察使：按察司長官。掌審察刑獄、照刷案牘、糾察濫官污吏豪猾之人、禁私鹽私酒，兼勸課農桑，與副使、簽事更出巡按。正三品。　高禮：生平不詳。

[6]鄜：州名。治所在今陝西省富縣。　坊：州名。治所在今陝西省黄陵縣。　丹：州名。治所在今陝西省宜川縣。　環：州名。治所在今甘肅省環縣。　慶：指慶陽府，治所在今甘肅省慶城縣。

[7]以二十月終更：以二十個月爲任期，期滿後進行調换。

[8]惟宏：女真人。完顏宗室。時爲宣差招撫使。　彰德府：治所在今河南省安陽市。　砦：“寨”的異體字。

[9]顯宗：廟號。即完顏胡土瓦，漢名允恭，世宗嫡長子，被封爲皇太子，死於世宗前，其子章宗即位後，追尊爲光孝皇帝。本

書卷一九有紀。

[10]啓慶宫：金朝南京皇城内宫殿名。

[11]經歷官：樞密院屬官。從五品。按，本書卷五七《百官志三》記，樞密院經歷官興定三年（1219）始見，而此處興定元年已見，《百官志》所記實誤。

[12]軍律：軍法。

[13]朱蓋：人名。即下文的集賢院諮議官朱蓋。　草澤人：指未在朝廷和官府爲官的民間人士。　李維嶽：生平不詳。

[14]潼關使、副：即潼關使和副使，潼關使兼譏察官，掌關禁、譏察奸僞及關門開閉，正七品。副使兼副譏察官，正九品。

[15]三門、集津提舉官：三門、集津，鎮名。兩鎮舊地皆在今陝西省三門峽市東北的黄河北岸。提舉官，以上兩鎮所設的提舉官皆爲正六品（詳見本書卷五七《百官志三》）。

[16]都元帥：都元帥府長官。掌兵馬征討之事。從一品。　僕散端：本名七斤，中都路火魯虎必剌猛安女真人。出身護衛，章宗時官至平章政事。宣宗南遷，七斤拜尚書左丞相。本書卷一〇一有傳。　薨（hōng）：古代諸侯死叫作薨。僕散端生前封申國公，例比諸侯，故稱其死爲薨。

[17]輟朝：不舉行朝會（表示哀悼之意）。

[18]南京流泉務：官署名。掌解典諸物、流通貨幣之事。金世宗大定二十八年（1188），在京府和節度州設置流泉務，全國共置二十八處，章宗明昌元年（1190）皆罷。至此，又在南京重設，治所在今河南省開封市。

[19]敗契丹之捷：指打敗契丹耶律留哥叛軍的捷報。

秋七月丙子朔，日有食之。辛巳，宋人圍泗州。[1]壬午，圍靈壁縣。[2]癸未，陝州振威軍萬户馬寬逐其刺史李策，[3]據城叛。遣使招之，乃降。已而復謀變，州吏擒戮之，夷其族。甲申，詔諭遼東諸路。乙酉，宋人襲破東海縣。[4]丙申，置提舉倉場使、副。[5]癸卯，太社壇産嘉禾，[6]一莖十有五穗。甲辰，夏人犯黄鶴岔，[7]官軍敗之。乙巳，初置集賢院知院事、同知院事等官。[8]宋人及土寇攻海州，[9]經略使擊破其衆。夏人圍羊狼寨，[10]帥府發諸鎮兵擊走之。

[1]泗州：治所在今江蘇省盱眙縣北的淮河對岸，現已淹没在洪澤湖裏。

[2]靈璧縣：治所在今安徽省靈璧縣。

[3]隩（yǔ，又讀 ào）州：治所在今山西省河曲縣南。　振威軍：軍名。本書卷四四《兵志》記，金末有振威都尉。振威軍即振威都尉統領的軍隊。　馬寬、李策：生平俱不詳。

[4]東海縣：治所在今江蘇省連雲港市東南。

[5]提舉倉場使、副：即提舉倉場使和提舉倉場副使。提舉倉場使是提舉倉場司的長官，掌出納公平及毋致虧敗，從五品。提舉倉場副使是提舉倉場使的副佐，從六品。

[6]太社壇：神壇名。是專門祭祀土地神的祭壇。

[7]黄鶴岔：地名。本書卷一三四《西夏傳》記，宣宗興定元年（1217），左都監完顔閭山敗夏兵於黄鶴岔，地在金朝西境與西夏交界處。

[8]集賢院知院事、同知院事：知院事，本書卷五六《百官志二》作“知集賢院”，爲集賢院的長官，從四品。同知院事，是知集賢院的副佐，從五品。

[9]海州：治所在今江蘇省連雲港市西南。

[10]羊狼寨：地名。在金、夏兩國交界處。

八月戊申，陝西行省報木波賊犯洮州敗績，[1]遁去。

木星晝見于昴，[2]六十有七日乃伏。己酉，海州經略司表官軍與宋人戰石湫南，[3]戰漣水縣，戰中土橋，[4]宋兵敗績。壬子，削御史大夫永錫官爵，[5]有司論失律當斬，上以近族，特貰其死。[6]癸丑，宋人攻確山縣，[7]爲官軍所敗，詔諭國内軍士，使知宋人渝盟之故，[8]仍命大臣議其事。乙卯，集賢院諮議官朱蓋上書陳禦敵三策。[9]壬戌，海州經略使阿不罕奴失剌敗宋人于其境。[10]提控李元與宋人戰，[11]屢捷，多所俘獲。徙欄通渡經略司於黄陵堈。[12]乙丑，制增定擒捕逃軍賞格及居停人罪。丙寅，左司諫僕散毅夫乞更開封府號，[13]賜美名，以尉氏縣爲刺郡，[14]睢州爲防禦使，[15]與鄭、延二州左右前後輔京師。[16]上曰："山陵在中都，[17]朕豈樂久居此乎？"遂止。癸酉，太祖忌日，[18]謁奠于啓慶宫。甲戌，元帥右都監承裔遣其部將納蘭記僧等，[19]合葩俄族都管尼厖古，[20]以兵掩襲瓜黎餘族諸蕃帳，[21]屢破之，斬馘士卒，禽其首領，俘獲人畜甚多，是日捷至。

[1]木波：鎮名。舊址在今甘肅省環縣東南。　洮州：治所在今甘肅省臨潭縣。

[2]木星晝見于昴：木星白天出現在昴宿的天區，是一種不常見的天文現象。古人迷信，常常據此對人間治亂形勢作出牽强附會的解釋。木星，星宿名。中國古代稱"歲星"，是太陽系八大行星之一。昴，星宿名。二十八宿之一。

[3]海州經略司：官署名。治所在今江蘇省連雲港市西南。石湫（jiǎo，又讀 qiū）：地名。又作"石湫堰"，舊址在今江蘇省連雲港市西南。

[4]中土橋：地名。在今江蘇省漣水縣境内。

[5]御史大夫：御史臺長官。掌糾察朝儀、彈劾官邪、勘鞫官府公事，並復審内外重大獄案。原爲正三品，世宗大定十二年(1172)升爲從二品。　永錫：女真人。完顏宗室，又名合周。本書卷一一四有傳。

[6]貰（shì）：與“赦”通，赦免之意。

[7]確山縣：治所在今河南省確山縣。

[8]渝盟：背叛盟約。盟，指宋、金之間簽訂的和約，最後一個和約是“嘉定和議”。

[9]集賢院諮議官：集賢院屬官。正九品，無定員。

[10]海州經略使：海州經略司長官。官品不詳。　經略使：官名。宣宗南遷後，於邊州别置經略使掌一路兵民之事。　阿不罕奴失剌：女真人。本書卷一八《哀宗紀下》作“阿不罕奴十剌”，哀宗天興元年（1232）十一月被陜州叛將趙偉所殺。

[11]李元：生平不詳。

[12]欄通渡：地名。宣宗貞祐四年（1216），曾置孟州、單州、海州、欄通渡等經略司。本書卷一一一《紇石烈牙吾塔傳》載，牙吾塔於貞祐四年任欄通渡經略使，度其地應在今黄河下游魯南蘇北一帶。　黄陵堈：地名。亦作“黄陵岡”，舊址在今山東省曹縣西南的黄河故道上。

[13]左司諫：諫院屬官。掌諫正百官非違、糾正官邪。從五品。　僕散毅夫：女真人。生平不詳。　開封府：即當時的京師所在地，治所在今河南省開封市，時亦爲南京路的治所。

[14]尉氏縣：治所在今河南省尉氏縣。　刺郡：刺史州。宋州分四等：節度州、防禦州、團練州、刺史州。金承宋制。

[15]睢州：治所在今河南省睢縣。　防禦使：審此句上下文，疑防禦使是“防禦州”之誤。睢州原爲刺史州，至此升爲防禦州。

[16]鄭、延二州：鄭州，治所在今河南省鄭州市。延州，原爲延津縣，宣宗貞祐三年（1215）七月升爲延州，治所在今河南省延津縣。

[17]山陵：指已故皇帝及其先祖的陵墓。

[18]忌日：逝世紀念日。

[19]元帥右都監承裔：中華點校本據本書卷一一三《白撒傳》、卷一〇一《僕散端傳》的相關記載，改“右都監”爲“左都監”。承裔，女真人。完顏宗室，本名白撒。本書卷一一三有傳。納蘭記僧：女真人。生平不詳。

[20]葩俄族都管尼厖古：葩俄族，金朝西南邊境地區的一個少數民族。都管，少數民族官名。尼厖古，女真姓氏，女真語意爲魚。此爲人名，與尼厖古姓氏雷同。

[21]瓜黎餘族：族名。金朝西南地區的一個少數民族。　蕃帳：指少數民族部落。

九月丁丑，更定監察御史失察法。[1]以元帥左監軍必蘭阿魯帶權參知政事，[2]行省于益都。[3]戊寅，夏人犯綏德之克戎寨，[4]都統羅世暉逆擊，[5]卻之。己卯，蔡州帥府偵宋人將窺息州，[6]以輕兵誘其進，别以鋭師邀擊之，虜其將沈俊。[7]壬午，以改元興定，赦國内。甲申，罷規運所，[8]設行六部。[9]辛卯，大元兵徇隰州及汾西縣。[10]癸巳，攻沁州。[11]遼東行省完顏阿里不孫爲叛人伯德胡土所殺。[12]月犯東井西扇北第二星。[13]乙未，大元兵攻太原籔箕掌寨。[14]丁酉，薄太原城，[15]攻交城、清源。[16]癸卯，立沿河冰墻鹿角。

[1]監察御史：御史臺屬官。掌糾察内外百官，檢查各官署賬目案卷，並監祭禮及出使之事。正七品。世宗大定二年（1162）定員八人，章宗承安四年（1199）增至十人，承安五年增至十二人，遂爲定制。

［2］必蘭阿魯帶：女真人。宣宗興定元年（1217）以參知政事行尚書省於益都。本書卷一〇二有傳。

［3］益都：府名。治所在今山東省青州市。時亦爲山東東路治所。

［4］綏德：州名。治所在今陝西省綏德縣。　克戎寨：寨堡名。在今陝西子洲縣東北。

［5］都統：金初兵制，猛安之上置軍帥，軍帥之上置萬户，萬户之上置都統，都統是高級領兵官。金末招募義軍，以四萬户爲一副統，兩副統爲一都統，都統僅爲正七品軍官。出土的官印中有“義軍都統之印”（參見景愛《金代官印集》，第63頁）。　羅世暉：生平不詳。

［6］蔡州：治所在今河南省汝南縣。時爲鎮南軍節度使治所。

［7］沈俊：生平不詳。

［8］規運所：官署名。本書卷五七《百官志三》有“南京提控規運柴炭場”。中華點校本云，“原脱‘場’字，據下文“西京規運柴炭場”，認爲原脱“場”字。按，疑原脱字不是“場”，而是“所”。存疑待考。

［9］行六部：官署名。即在地方設置代行尚書省六部的機構。出土的金末官印款識中常有“南京行六部造”字樣（參見景愛《金代官印集》，第57頁）。

［10］隰（xí）州：治所在今山西省隰縣。　汾西縣：治所在今山西省汾西縣。

［11］沁州：治所在今山西省沁縣。

［12］伯德胡土：奚人。生平不詳。

［13］月犯東井西扇北第二星：一種天文現象。井，星宿名，二十八宿之一，位於東七宿，故稱“東井”。此句的意思是，月亮侵入了井宿天區西北的第二顆小星。

［14］太原：府名。治所在今山西省太原市，時亦爲河東北路治所。　簸箕掌寨：寨堡名。在今太原市附近。

[15]薄：逼近。

[16]交城、清源：縣名。交城縣治所在今山西省交城縣，清源縣治所在今山西省清徐縣。

冬十月丁未，以霖雨，詔寬農民輸税之限。庚戌，以將有事于宋，詔帥臣整厲師徒。[1]辛亥，遣官括市民馬，紅賞格以示勸。[2]甲寅，命高汝礪、張行簡同修《章宗實録》。[3]息州帥府獻破宋人于中渡之捷。[4]乙卯，大元兵徇中山府及新樂縣。[5]丙辰，丹州進嘉禾，異畝同穎。[6]辛酉，制定州府司縣官失覺奸細罪。壬戌，右司諫兼侍御史許古上疏，[7]請先遣使與宋議和。乙丑，大元兵下磁州。[8]丙寅，定職官不求仕及規避不赴任法。高汝礪上疏言，和議先發於我，恐自示弱，非便。戊辰，上命許古草通宋議和牒，[9]既進以示宰臣，[10]宰臣以其言有祈哀之意，徒示微弱，無足取者，議遂寢。辛未，罷流泉務。大元兵收鄒平、長山及淄州。[11]壬申，改郇國號爲管，[12]避上嫌名。高汝礪表致仕，[13]不允。

[1]整厲師徒：整頓軍隊，秣馬礪兵之意。厲，與“礪”通。

[2]紅賞格以示勸：用紅筆書寫布告，公布賞賜的條文，以示獎勸之意。

[3]命高汝礪、張行簡同修《章宗實録》：高汝礪，時爲尚書左丞，本書卷一〇七有傳。張行簡，本書卷一〇六有傳。按，此處張行簡應爲張行信。據《張行簡傳》記，行簡卒於宣宗貞祐三年(1215)。本書卷一〇七《張行信傳》記載，行簡於崇慶年間曾與參知政事梁瑾共修《章宗實録》。宣宗興定元年（1217），尚書省奏稱，“今修《章宗實録》，左丞汝礪已充兼修，宜令參知政事行信

同修如行簡例”。故此處“張行簡”顯然是張行信之誤。《章宗實録》，記載章宗朝的官修史書。

[4]中渡：地名。即中渡店，在河南省光縣北、淮水之側。

[5]徇中山府及新樂縣：徇，攻略。中山府，治所在今河北省定州市。新樂縣，治所在今河北省新樂市東北。

[6]異畝同穎：兩塊地的嘉禾結出同樣的穀穗。

[7]右司諫：諫院屬官。掌諫正百官非違，糾正官邪，從五品。侍御史：御史臺屬官。掌奏事、判臺事。正員二人，從五品。　許古：章宗明昌五年（1194）詞賦進士，宣宗時官監察御史，以執法剛正聞名於當時。本書卷一〇九有傳。

[8]磁州：治所在今河北省磁縣。

[9]草通宋議和牒：起草與南宋議和的文書。

[10]宰臣：指宰相和副宰相，亦稱宰執。

[11]鄒平、長山：縣名。鄒平縣，治所在今山東省鄒平縣。長山縣，治所在今山東省鄒平縣東。　淄州：州名。治所在今山東省淄博市南。

[12]改郇國號爲管：郇，封爵名。明昌格，爲小國封號第二十一。因宣宗名完顔珣，“珣”字與郇是同音字，爲避宣宗嫌名，故改郇字王號爲管。

[13]致仕：亦作“致政”，辭去官職、還政於君之意。即離職退休。

十一月壬午，[1]從宜移剌買奴言：“五朵山賊魚張二等若悉誅之，[2]屢詔免罪，恐乖恩信。[3]且其親屬淪落宋境，近在均州，[4]或相構亂。乞貸其死，[5]徙之歸德、睢、陳、鈞、許間爲便。”[6]詔許之。癸未，月暈木、火二星，[7]木在胃，[8]火在昴。[9]丙戌，太白晝見，[10]遣翰林侍講學士楊雲翼禜之。[11]大元兵收山東濱、棣、博三州。[12]己丑，下淄州。庚寅，下沂州。[13]甲午，河西掬納、籛納等族千餘户來歸。[14]丁酉，詔唐、鄧、蔡州行元帥府舉兵伐宋。[15]戊戌，大元兵攻太原府。庚子，上謂宰臣曰："朕聞百姓流亡，逋賦皆配見户，[16]人何以堪？又添徵軍須錢太多，[17]亡者詎肯復業。其并議除之。"宰臣請命行部官閲實蠲貸，[18]已代納者給以恩例，或除他役，或減本户雜征四之一。上曰："朕於此事未嘗去懷，其亟行之。"

[1]壬午：中華點校本據上下文例，在"壬午"前補"十一月"三字。

[2]移剌買奴：契丹人。生平不詳。　魚張二：本書僅此一見，生平不詳。

[3]恐乖恩信：恐怕與朝廷施恩澤、重信義的本義相違背。

[4]均州：治所在今湖北省丹江口市西的漢江南岸，時爲南宋轄境。

[5]貸：寬免。

[6]歸德：府名。治所在今河南省商丘市。　陳、鈞、許：州名。陳州，治所在今河南省淮陽縣。鈞州，治所在今河南省禹州市。許州，治所在今河南省許昌市。

[7]月暈木、火二星：一種天文現象。即月亮出現的光環遮住了木星和火星。

[8]木在胃：一種天文現象。即木星出現在胃宿（二十八宿之一）的天區内。

[9]火在昴：一種天文現象。即火星出現在昴宿的天區内。

[10]太白晝見：一種天文現象。即太白星（金星）在白天發出光亮。據古人解釋，太白晝見，女人干政，人世間就會出現動亂。

[11]翰林侍講學士：本書卷一二有注云，此爲翰林學士院屬官，掌制撰詞命，凡應奉文字銜内帶“知制誥”。不限員，從三品。楊雲翼：平定州樂平縣人。章宗明昌五年（1194）經義進士第一名，詞賦也中二甲。宣宗時官至禮部尚書。本書卷一一〇有傳。禜（yǒng，又讀 yíng）：古代禳灾之祭。

[12]濱、棣、博三州：三州治所分别在今山東省濱州市西北、惠民縣和聊城市。

[13]沂州：治所在今山東省臨沂市。

[14]掬納、籛納等族：金與西夏交界處的兩個少數民族。

[15]唐、鄧、蔡州：三州治所分别在今河南省唐河縣、鄧州市、汝南縣。

[16]逋賦皆配見户：逋，逃避。見，與“現”通。此句的意思是，外逃户的賦税都攤派給了現有的住户。

[17]軍須錢：以軍費的名義攤派給老百姓的一種賦税。

[18]蠲（juān）貸：免除和寬緩。

十二月甲辰朔，大元兵攻潞州，[1]都統馬甫死之。[2]戊申，即墨移風寨於大舶中得日本國太宰府民七十二人，[3]因糴遇風，[4]飄至中國。有司復驗無他，詔給以粮，俾還本國。庚戌，元帥左監軍蒲察五斤進右副元帥，[5]權參知政事，充遼東行省。是日，大元兵平益都府。辛亥，陝西行省胥鼎諫伐宋，[6]不報。[7]甲寅，海州經略使報提控韓璧敗宋人于鹽倉。[8]己未，大元兵復攻沂州，官民棄城遁，辛酉，下密州，[9]節度使完顔寓死之。壬戌，侯摯兼三司使。[10]庚午，免逃户復業者差賦。

[1]潞州：治所在今山西省長治市。

[2]馬甫：本書僅此一見，生平不詳。

[3]即墨：縣名。治所在今山東省即墨市。　移風砦：寨堡名，具體地點不詳。

[4]糴（dí）：買米，買糧食。

[5]元帥左監軍：都元帥府屬官。正三品。　右副元帥：都元帥府屬官。爲都元帥的副佐。正二品。

[6]胥鼎：代州繁畤（今山西省繁峙縣）人。尚書右丞胥持國之子。世宗大定二十八年（1188）進士，爲金朝後期名相。本書卷一〇八有傳。

[7]不報：没有答復。

[8]韓璧：生平不詳。　鹽倉：地名。今地不詳。

[9]密州：治所在今山東省諸城市。

[10]三司使：三司長官。從二品。三司指勸農、鹽鐵、度支等户部三科。

二年春正月乙亥，詔議賑恤。辛巳，勑南征將帥所至毋縱殺掠。壬午，宋人攻淮北，唐州元帥府擊敗之，獲統領李雄韜、陳皋以歸。[1]癸未，近侍局副使訛可遣使報南師之捷。[2]乙酉，陝西行省獲歸國人，言大元兵圍夏王城，[3]李遵頊命其子居守而出走西凉。[4]詔諭諸帥府明斥候，[5]嚴守備。戊子，唐、鄧元帥完顔賽不報連破宋人之捷。宋人攻泗州，又戰卻之。

[1]統領：南宋軍官名。南宋軍隊中的下級軍官。《宋史》卷一六七《百官志七》載："初，渡江後，大軍又有統制、同統制、副統制、統領、同統領、副統領，其下有正將、準備將、訓練官、部將、隊將等名，皆偏裨也。"　李雄韜、陳皋：生平俱不詳。

［2］近侍局副使：近侍局屬官。爲近侍局提點的副佐。從六品。近侍局：官署名。掌皇帝侍從，承宣勅命，轉進奏帖。近侍局官員多從宗室、外戚、貴胄子弟充任。　訛可：女真人。完顔宗室。本書卷一一一《完顔訛可傳》載，宣宗時有兩訛可，皆護衛出身，一個外號叫"草火訛可"，一個叫"板子訛可"。此擔任近侍局副使的訛可不知是其中的哪一個，待考。

［3］夏王城：即當時西夏的都城興慶府，治所在今寧夏回族自治區銀川市。

［4］李遵頊（xū）：西夏第八任皇帝。史稱夏神宗。1211 年至 1222 年在位。　西凉：地區名。泛指今甘肅省西部地區。

［5］斥候：也作斥堠，即偵察敵情。

二月癸卯，宋人侵青口，[1]行樞密院遣兵敗之。甲辰，免中京、嵩、汝等州逋租。[2]諭胥鼎，克宋散關，[3]可保則保，不可保則焚毁而還。定奴婢捄主法。[4]丙午，訛可敗宋人于防山。[5]紇石烈桓端亦遣使來上光州、信陽之捷。[6]庚戌，海州經略敗宋兵于朐山，[7]表請繼其軍儲，督東平帥府發兵護送資粮以應之。許州長社縣何冕等謀反，[8]伏誅。辛亥，張行信出爲彰化軍節度使兼涇州管内觀察使。[9]壬子，御史以北兵退，請汰各處行樞密院、元帥府冗官。[10]尚書以爲非便，上從尚書言，仍舊制。完顔賽不報棗陽之捷。[11]癸丑，完顔阿鄰報皂郊堡之捷。[12]丁巳，壽州行樞密院破宋人高柳橋水砦，[13]夷其砦而還。壬戌，訛可遣兵拔宋栅碁盤嶺，[14]又破其衆于裴家莊、寒山嶺、龍門關等處，[15]得粟二千餘石。乙丑，諭樞密曰："中京商、虢諸州軍人願畊屯田，[16]比括地授之。聞徐、宿軍獨不願受，[17]意謂予田必絶其廩給也。朕肯爾耶。其以朕意曉之。”丙寅，諭尚書省曰：“聞中都納粟官多爲吏部繳駁，[18]殊不思方闕乏時，利害爲如何。又立功戰陣人，必責保官，[19]若輩皆義軍白丁，[20]豈識職官，苟文牒可信，即當與之。至若在都時，規運薪炭入城者，朕嘗植恩授以官。此豈容僞，而間亦爲所沮格。[21]其悉諭之，勿復若是。”紇石烈牙吾塔破宋人于盱眙軍，[22]上俘獲之數。己巳，以侯摯行省河北，兼行三司安撫司事。

[1]青口：地名。舊址在今安徽省潛山縣東北。

[2]中京、嵩、汝：中京，陪都名。金中前期本無中京之號，宣宗興定元年（1217）八月，升河南府爲中京，府名金昌，治所在今河南省洛陽市。嵩、汝爲州名，嵩州治所在今河南省嵩縣，汝州治所在今河南省汝州市。

[3]散關：關隘名。亦稱大散關，是金、宋兩國的西部分界，地在今陝西省寶鷄市西南。

[4]捄：同“救”。

[5]防山：地名。防山有二：一在湖北隕縣境；二在山東曲阜東三十里，一名筆架山。此處專指後者。

[6]紇石烈桓端：女真人。時爲鎮南軍節度使、權元帥右都監。本書卷一〇三有傳。　信陽：縣名。治所在今河南省信陽市，時爲南宋轄境。

[7]朐山：縣名。海州依郭縣，治所與海州同，在今江蘇省連雲港市西南。

[8]長社縣：爲許州依郭縣，治所在今河南省許昌市。　何冕：生平不詳。

[9]彰化軍：軍州名。治所在今甘肅省涇川縣。

[10]冗官：不幹實事的多餘散官。

[11]棗陽：縣名。治所在今湖北省棗陽市。

[12]完顔阿鄰：本漢人，姓郭氏，後賜姓完顔。時爲元帥右都監，領兵出秦州伐宋。本書卷一〇三有傳。　皂角堡：地名。舊址在今甘肅省天水市南。

[13]壽州：治所在今安徽省鳳台縣。　高柳橋：地名。所在地不詳。

[14]碁盤嶺：地名。地點不詳，時屬南宋轄境。

[15]裴家莊、寒山嶺、龍門關：地名。三者均在南宋境内，地點不詳。

[16]商、虢（guó）：州名。商州，治所在今陝西省商洛市。虢州，治所在今河南省靈寶市。

[17]徐、宿：州名。徐州，治所在今江蘇省徐州市。宿州，治所在今安徽省宿州市。

[18]納粟官：以獻納糧食買得官職的人。　吏部：行政官署名。尚書省六部之一。掌文武官員選授、勳封、考課、出給制誥之政。　繳駁：駁回，不予承認和註册。

[19]必責保官：必須由有官職者出具證明擔保。

[20]白丁：不識字的文盲。

[21]沮格：没有按條文規定執行。

[22]紇石烈牙吾塔：女真人。亦作“紇石烈牙古塔”，漢名紇石烈志，時爲山東西路兵馬都總管，兼武寧軍節度使、徐州管内觀察使。本書卷一一一有傳。　盱眙軍：南宋軍州名。治所在今江蘇省盱眙縣，與金朝的盱眙縣（泗州）隔淮河南北相對。

三月庚辰，尚書集文資官雜議進士之選，詔依泰和例行之。[1]癸未，訛可敗宋人于光化軍。[2]甲申，長春節。戊子，諭宰臣曰：“舊制，廷試進士日晡後出宫。[3]近欲復舊，恐能文而思遲者，不得盡其才，其令日没乃出。”以御史中丞把胡魯爲參知政事。[4]陝西行六部尚書楊貞削五官，[5]累杖一百七十，解職。詐可表言，官軍自桐柏入宋境，[6]所向多克捷。癸巳，宋人争皂郊堡，擊官軍，軍潰，主將完顔阿鄰戰没。丙申，更定京城捕告强盗官賞制。辛丑，上京行省蒲察五斤表，左監軍哥不靄誣坊州宣撫副使紇石烈按敦將叛而殺之。[7]事下尚書省，宰臣以爲按敦之死徐議恤典，[8]哥不靄亦姑牢籠使之，[9]上勉從其言。

[1]泰和：金章宗年號（1201—1208）。

[2]光化軍：南宋軍州名。治所在今湖北省丹江口市境内。

[3]廷試：科舉考試的最高一級考試。因爲名義上是由皇帝主持在皇宫裏舉行的考試，所以又叫殿試，或稱御試。科舉廷試之制創立於唐代武則天執政時期，至宋太祖時始成定制，後代循而不改。　日晡：古人以申時爲晡，即下午三時至五時之間。

[4]御史中丞：御史臺屬官。爲御史大夫的副佐。從三品。　把胡魯：女真人。哀宗時官至平章政事。本書卷一〇八有傳。

[5]陝西行六部尚書：陝西行尚書省的最高行政長官。治所在今陝西省西安市。　楊貞：生平不詳。

[6]桐柏：縣名。治所在今河南省桐柏縣。

[7]哥不靄：人名。族屬不詳。哀宗時主遼東行省。　坊州宣撫副使：坊州宣撫使副佐。正三品。治所在陝西省黄陵縣。　紇石烈按敦：女真人。生平不詳。

[8]徐議恤典：暫緩討論撫恤的恩典。

[9]牢籠使之：籠絡使用。

夏四月壬寅朔，蒲察五斤表，遼東便宜阿里不孫貸粮高麗不應，[1]輒以兵掠其境。上命五斤遣人以詔往諭高麗，使知興兵非上國意。[2]乙巳，詔河南路行總管府節鎮以上官，[3]充宣差捕盜使，[4]以防禦刺史以上長貳官，[5]及世襲猛安之才武者爲之副，[6]又命濮王府尉完顔毛良虎爲宣差提控，[7]以巡督之。是日，曲赦遼東等路。以户部尚書夾谷必蘭爲翰林學士承旨，[8]權參知政事，行省于遼東。丁未，承裔敗宋人于皂郊堡。庚戌，御史劾集賢院諮議官李維嶽本中山府無極縣進士趙孝選家奴，[9]乞正其事。上曰："國家用人，奚擇貴賤。"命以官銀五十兩贖放爲良，任使仍舊。壬子，遣侍御史完顔素蘭、近侍局副使訛可同赴遼東，[10]察訪叛賊萬奴事體。行省侯摯督兵復密州。提控朱琛復高密縣。[11]癸丑，完顔素蘭請宣諭高麗復開互市，從之。乙卯，特賜武舉温迪罕繳住以下一百四十人及第。[12]丁巳，陝西行省兵破宋鷄公山，[13]取和州、成州，[14]至河池縣黑谷關，[15]守者皆遁，前後獲粮九萬斛，[16]錢數千萬，軍實不可勝計。[17]戊午，紅襖賊犯徐、邳，[18]行樞密院兵大破之。己未，阿里不孫自潼關之敗，失其所在，變姓名匿居柘城，[19]爲御史覺察，繫其家屬，將窮治之，乃遣子上書詣吏待罪。臺臣力請誅之，[20]以懲不忠。上卒赦其罪，諭以自効。癸亥，遣重臣審理京師冤獄。丁卯，河南諸郡蝗。臨洮路報敗宋人之捷。[21]東平行省敗黑旗賊，拔膠西縣，[22]渠賊李全來援，[23]並破之。戊辰，河北行省敗紅襖賊，進至密州，降僞將校數十人，士卒七百人，悉復其業。

［1］阿里不孫：女真人。即前文的遼東行省完顏阿里不孫。

［2］上國：金朝以大國自居，對高麗自稱“上國”。

［3］行總管府節鎮：官署名。即行總管府、行節度使，是總管府和節度使的代行機構。

［4］宣差捕盜使：官名。本書《百官志》失載。捕盜使應是負責巡捕盜賊的官職，前加“宣差”二字，意近“欽差”。此官當爲臨時設置的。

［5］防禦刺史以上長貳官：防禦使和刺史以上的長官和副佐官。

［6］才武者：指有才能和勇武之人。

［7］濮王府尉：濮王府屬官。掌警嚴侍從、兼總統本府之事。從四品。濮王府是宣宗第二子完顏守純的府邸。　完顏毛良虎：女真人。生平不詳。　宣差提控：提控爲金末從五品領兵官，前加“宣差”二字，意近“欽差”，有直接受命于皇帝的意思。出土的金末官印中有“宣差都提控印”（參見景愛《金代官印集》，第62－63頁）。

［8］户部尚書：尚書省户部長官。主管户部之事。正三品。　夾谷必蘭：女真人，事迹不詳。　翰林學士承旨：翰林院長官。掌制撰詞命。原爲正三品，宣宗貞祐三年（1215）升爲從二品。

［9］劾（hé）：參奏。向朝廷揭發檢舉失職官員的罪狀。　集賢院諮議官：集賢院屬官。正九品。　無極縣：治所在今河北省無極縣。　趙孝選：生平不詳。

［10］御史：御史臺屬官。掌奏事、判臺事。正員二人，從五品。　完顏素蘭：女真人。至寧元年（1213）女真進士一甲第一名。哀宗時官至參知政事。本書卷一〇九有傳。

［11］朱琛：生平不詳。　高密縣：治所在今山東省高密市。

［12］温迪罕繳住：女真人。生平不詳。

［13］鷄公山：在今陝西省天水市南。

［14］和州、成州：和州應作“西和州”，治所在今甘肅省西和縣。成州，治所在今甘肅省成縣。兩州皆爲南宋轄境。

[15]河池縣：治所在今甘肅省徽縣，時爲南宋轄境。

[16]斛（hú）：古代量器和計量單位名。古以十斗爲一斛，宋代改爲五斗。

[17]軍實：軍用物資。

[18]紅襖賊：金朝統治者對紅襖軍的一種污稱。金朝衛紹王、宣宗時，蒙古軍隊攻入中原，天下大亂。山東、河北一帶爆發了大規模的反金農民起義，因起義軍將士皆衣紅襖，故稱紅襖軍，金統治者則污稱爲“紅襖賊”。 邳：州名。治所在今江蘇省邳州市西南的古下邳城。

[19]柘城：縣名。治所在今河南省柘城縣。

[20]臺臣：指御史臺的官員。

[21]臨洮路：治所在今甘肅省臨洮縣。

[22]膠西縣：治所在今山東省膠州市。

[23]李全：金朝濰州北海縣（今山東省濰坊市）人，紅襖軍首領。先附宋，後降蒙古，兵敗而死。《宋史》卷四七六、四七七有傳。

五月辛未朔，鳳翔元帥完顏閭山破宋人步落堝、香爐堡諸屯。[1]甲戌，招撫副使黃摑阿魯答襲破李全於莒州及日照縣之南，[2]三道擊之，追奔四十里。丙子，夏人自葭州入鄜延，[3]元帥承立遣兵敗之馬吉峰，[4]是日捷至。詔遣官督捕河南諸路蝗。辛巳，策論詞賦經義進士及武舉人入見，[5]賜告命章服。[6]萊州民曲貴殺節度經略使内族轉奴，[7]自稱元帥，構宋人據城叛。山東招撫司遣提控王庭玉、招撫副使黃摑阿魯答等討平之，[8]斬僞統制白珍及牙校數十人，[9]生禽貴及僞節度使吕忠等十餘人，誅之。乃命庭玉保萊，朱琛保密，阿魯答保寧海，[10]以安輯其民。丙戌，陝西行省言："四月中，鞏州行元帥承裔遣提控烏古論長壽、納蘭記僧分道伐宋。[11]長壽出鹽川鎮，[12]記僧出鐵城堡，[13]皆克捷而還。"辛卯，壽州行樞密院南城軍攻辛城鎮，[14]一軍趣史河，[15]與宋人戰，勝之。壬辰，河北行省復黄縣。[16]乙未，第鳳翔、秦、鞏三道南征將士功，各遷其官。丙申，增隨朝官及諸承應人俸。[17]戊戌，陝西行省連報承裔等入宋境之捷。己亥，大元兵徇錦州，[18]元帥劉仲亨死之。[19]庚子，陝州群狼傷百餘人，[20]立賞募人捕殺。

[1]鳳翔：府名。治所在今陝西省鳳翔縣，時亦爲鳳翔路治所。完顏閭山：女真人。時爲權元帥左都監，知鳳翔府事。本書卷一〇〇有傳。　步落堝、香爐堡：地名。今地俱不詳。

[2]招撫副使：招撫使副佐。官品不詳。　黄摑阿魯答：女真人。事迹不詳。　莒州：治所在今山東省莒縣。　日照縣：治所在今山東省日照市。

[3]葭州：治所在今陝西省佳縣。　鄜延：路名。治所在今陝西省延安市。

[4]承立：女真人。姓完顏氏，本名慶山奴，時爲元帥左都監，兼保大軍節度使，行元帥府於鄜州。本書卷一一六有傳。　馬吉峰：地名。今地不詳。

[5]策論詞賦經義進士：科舉科目名。金朝科舉進士科有三，策論進士科是專門爲女真文士設立的科目，亦稱女真進士科，詞賦、經義兩科是漢進士科。

[6]告命章服：告，與"誥"通。誥命是朝廷頒發的任官命狀或文憑。章服是指帶品位文繡的官服。

[7]萊州：治所在今山東省萊州市。　内族：指完顏氏皇族成

員。金初稱宗室，章宗泰和六年（1206），爲避世宗父宗輔（又名宗堯）名諱，改稱内族。 轉奴：女真人。其他事迹不詳。

[8]王庭玉：生平不詳。

[9]白珍：生平不詳。

[10]寧海：州名。治所在今山東省煙臺市牟平區。

[11]鞏州：治所在今甘肅省隴西縣。

[12]鹽川鎮：治所在今甘肅省隴西縣西南。

[13]鐵城堡：地在今甘肅省漳縣南。

[14]辛城鎮：治所在今安徽省鳳臺縣境内。

[15]史河：在今河南固始縣，即决水的異名。

[16]黄縣：治所在今山東省龍口市境内。

[17]承應人：指在皇宫裹服務的各種雜役人員。

[18]錦州：治所在今遼寧省錦州市。

[19]劉仲亨：生平不詳。

[20]陝州：治所在今河南省三門峽市。

六月甲辰，樞密院言："諸道表稱大元集兵應州、飛狐，[1]將分道南下，觀其意不在河北，而在陝西。河東各路義士、士兵、蕃漢弓箭手，宜於農隙教閲，以備緩急。東平、單州衝要，豫徙其農民粮畜，置可守之城，修近城水砦，因以爲固。潼谷遠連商、虢，[2]宜令兩帥府選官按視阨塞。"又言："賈瑀等刺殺苗道潤，[3]乞治瑀等專殺之罪。餘州郡各以正職授頭目，使分治一方。"上諭之曰："道潤之衆亟收集之，瑀等是非未明，姑置勿問。諸頭目各制一方，利害至重，更審處之。"石州賊馮天羽衆數千，[4]據臨泉縣爲亂。[5]帥府命將討捕之，爲賊所敗，旁郡縣將謀應之。州刺史紇石烈公順赴以兵，[6]天羽等數十人迎降，公順殺之。餘賊走保積翠山，[7]遣將王九思攻之，[8]不下。詔國史院編修官馬季良持告勅金幣往招之。[9]比至，九思先破柵，殺賊二千人，餘復走險。已而，其黨安國用等詣季良降者五千餘人，[10]就署國用同知孟州防禦使事，[11]以次遷擢有差。分其衆于絳、霍間。[12]丁未，以參知政事把胡魯權左副元帥，與平章政事胥鼎協力防秋。己酉，苗道潤所部軍請隸潞州元帥府，詔河北行省審處之。壬子，紅襖賊犯沂州，官軍敗之，追至白里港，[13]都提控齊信没於陣，有司議贈衈。[14]丙辰，遣監察御史粘割梭失往河中、絳、解等郡，[15]同守土官商度可保城池。[16]丁巳，上以久旱，諭宰臣治京獄冤。因及京城小民，中納石炭，[17]既給其價，御史劾以過請官錢，[18]並縶之獄，有論至極刑者，欲悉從寬宥，何如？高琪對不然，遂止。壬戌，御史言户部員外郎臧伯昇供億息州，[19]偶遇官軍戰勝，亦冒遷一官，乞論其罪。上曰："軍前如此者，何止伯昇，今遽見罪，餘皆不安。且詰所從來，勢連及帥府。多故之秋，豈爲一官，遂忘大計，但令釐正之。"[20]癸亥，遣高汝礪、徒單思忠禱雨。[21]

[1]應州：治所在今山西省應縣。　飛狐：縣名。治所在今河北省淶源縣。

[2]潼谷：疑"谷"爲關字之誤，待考。

[3]賈瑀（yǔ）：河北義軍首領。以義軍内部傾軋擅殺中都留守兼河北經略使苗道潤，後被苗的部將張柔所擒，剜其心以祭苗道潤（詳見《元史》卷一四七《張柔傳》）。

[4]石州：治所在今山西省離石縣。　馮天羽：生平不詳。

[5]臨泉縣：治所在今山西省臨縣西南。

[6]紇石烈公順：女真人。生平不詳。

[7]積翠山：在今山西省臨縣東北川河的上游。

[8]王九思：生平不詳。

[9]國史院編修官：國史院屬官。正員八人，女真、漢人各四員，正八品。　馬季良：生平不詳。　告勅：官府的勅命文書。

[10]安國用：生平不詳。

[11]同知孟州防禦使事：孟州屬官。爲孟州防禦使的副佐，掌通判防禦使事。正六品。治所在今河南省孟州市。

[12]絳、霍：州名。治所分别在今山西省新絳縣和霍縣。

[13]白里港：地點不詳。

[14]都提控齊信没於陣，有司議贈卹：都提控，提控官前加"都"字，有"總"的意思。1974 年 12 月，在安徽鳳台縣出土一方金代"都提控所之印"（參見景愛《金代官印集》，第 221 頁）。齊信，生平不詳。没，與"歿"通。有司議贈卹，中華點校本據文義於句前補"詔"字。卹，爲"恤"的異體字。

[15]粘割梭失：女真人。生平不詳。　解：州名。治所在今山西省運城市西南。

[16]商度：商量，商議。

[17]石炭：古人稱煤爲石炭。

[18]過請：過份地申請使用。

[19]户部員外郎：户部屬官。正員三人。從六品。　臧伯昇：生平不詳。　供億：供給，供應。

[20]釐正：修正，改正。

[21]徒單思忠：女真人。按，《金史》有兩徒單思忠，一是卷一二〇《世戚傳》所記者，字良弼，死於世宗大定二年（1162）；一是金末綽號叫"麻椎相公"者。劉祁《歸潛志》卷七："南渡之在位者，多苛刻。徒單右丞思忠，好用麻椎擊人，號麻椎相公。"

此處所記的徒單思忠，應是“麻椎相公”。

秋七月庚午朔，日有食之。辛未，詔賞南伐將士有差。夏人犯龕谷，[1]提控夾谷瑞及其副趙防擊走之。[2]甲戌，以旱灾，詔中外。己卯，遣官望祀嶽鎮海瀆于北郊，[3]享太廟，祭太社、太稷，[4]祭九宫貴神于東郊，[5]以禱雨。遣太子太保阿不罕德剛、禮部尚書楊雲翼分道審理冤獄。[6]癸未，大雨。太子、親王、百官表請御正殿，復常膳。庚寅，擇明幹官提控銓選無違失者與升擢，[7]令譯史不任事者，[8]驗已歷俸月放滿，[9]别選能者。甲午，夏人復犯龕谷，夾谷瑞大破之。用點檢承玄言，[10]遣官詣諸道選寄居守闕丁憂官及親軍入仕才堪總兵者，[11]得一百六人，付樞密任使。[12]

[1]龕谷：縣名。治所在今甘肅省榆中縣南。

[2]夾谷瑞：女真人。生平不詳。　趙防：生平不詳。

[3]望祭嶽鎮海瀆：遥祭五嶽、五鎮、四海、四瀆之神。

[4]太社：神壇名。祭祀地神的神壇。　太稷：神壇名。祭祀谷神的神壇。

[5]九宫貴神：樂神名。古人南北曲常用的曲牌有仙吕宫、南吕宫、中吕宫、黄鐘宫、正宫、大石調、雙調、商調和越調九個宫調，合稱九宫。按照迷信的解釋，天旱不雨，有時是因爲九宫不協所致，故宣宗命祭九宫之神以祈雨。

[6]太子太保：東宫屬官。掌保護東宫、輔導德義。　阿不罕德剛：女真人。事迹不詳。　禮部尚書：禮部長官。掌禮樂、祭祀、燕京、學校、貢舉、儀式、制度、符印、表疏、圖書、册命、祥瑞、天文、漏刻、國忌、廟諱、醫卜、釋道、四方使客、諸國進

貢、犒勞張設等事。正三品。

[7]明幹官：精明强幹的官員。　提控銓選：負責選任官吏。

[8]譯史：尚書省六部、都元帥府、御史臺、三司等官署機構中都設有譯史若干人，是一種負責文字和語言翻譯的低級官吏。不任事者：不能勝任職責和不幹實事的人。

[9]驗已歷俸月放滿：按月將其應得俸禄發放完畢。

[10]點檢：即殿前都點檢，爲殿前點檢司長官，兼侍衛親軍都指揮使。掌行從宿衛，關防門禁，督攝隊仗，總判司事。正三品。承玄：本書有宗室完顔承立、完顔承裔、完顔承麟等，疑此承玄也是宗室成員，待考。

[11]寄居守闕丁憂官：闕，與“缺”通。暫時居住在那裏等待補闕和爲父母守喪的官員。　親軍：指皇帝的侍衛親軍。

[12]樞密：官署名，指樞密院。金太祖“始用遼南、北面官制度”。天輔七年（1123），設樞密院於廣寧，相當於遼的南面官，是一種行政機構。後東路軍宗望和西路軍宗翰分别建樞密院於燕山和雲中，時稱“東朝廷”和“西朝廷”。熙宗即位，下令改燕京樞密院爲行臺尚書省，作爲行政機構的樞密院即隨之被取消。海陵天德二年（1150）改都元帥府爲樞密院，此後樞密院成爲全國最高軍事機構，主要掌國家軍務機密、武備征討之事。

八月庚子朔，江北行省以苗道潤軍隸涿州刺史李瘸驢，[1]副以張甫、張柔。[2]戊申，勅親軍百户以下授職待闕者給本俸，[3]仍充役，俟當赴任遣之。己酉，詔河北行省完顔霆進軍援山東招撫使田琢，[4]自今將士立功聽琢先賞以聞。大元遣木華里等帥步騎數萬自太和嶺徇河東。[5]乙卯，大元兵收代州。[6]辛酉，棣州提控紇石烈醜漢討賊張聚，[7]大破其衆，復濱、棣二州。[8]奸人李宜伏誅。[9]復禁北歸民渡河。戊辰，大元兵收隰州。

[1]江北行省以苗道潤軍隸涿州刺史李瘸驢：中華點校本據本卷上文所記，改"江北行省"爲"河北行省"。涿州刺史，涿州長官，主治涿州事，正五品。治所在今河北省涿州市。　李瘸驢：人名。或是綽號，原名不詳。

[2]張甫：宣宗時所封河北九郡公之一。時爲中都路經略副使。本書卷一一八有傳。　張柔：原是河北義軍首領苗道潤的部將，後投降蒙古。《元史》卷一四七有傳。

[3]百户：即謀克。主管撫輯庫户、訓練武藝。金初爲從五品，金末的百户官已成爲不入流的低級軍官。

[4]山東招撫使：山東招撫司長官。掌招徠降附、安輯流亡。官品不詳。旅順博物館收藏一方金代"招撫使印"（參見景愛《金代官印集》，文物出版社 1991 年版，第 41－42 頁）。　田琢：時爲山東東路轉運使，權知益都府事，行六部尚書宣差便宜招撫使。本書卷一〇二有傳。

[5]木華里：蒙古人。姓札拉兒氏，《元史》作"木華黎"，率蒙古軍隊攻金，被元太祖封爲太師、國王。因其封地在遼西，故傳説木華黎的家族墳地在今遼寧錦州市境内。《元史》卷一一九有傳。　太和嶺：地名。又作"太和寨"，地在今陝西省神木縣南。

[6]代州：治所在今山西省代縣。

[7]棣州提控紇石烈醜漢討賊張聚：紇石烈醜漢，女真人，其他事迹不詳。　張聚：據本書卷一〇二《田琢傳》載，田琢遣紇石烈醜漢討之。此處未載。

[8]濱州：治所在今山東省濱州市。

[9]李宜：生平不詳。

九月乙亥，下太原府，元帥左監軍兼知樞府事烏古論德升死之。[1]丙戌，諭皇太子曰："軍務之速，動關機會，悉從中覆，[2]則或稽緩。自今有當亟行者，先行後聞。”以户部尚書納合蒲刺都爲元帥右監軍，[3]行元帥府事于潞州。戊子，置秦關等處九守禦使，[4]命完顔蒲察等分戍諸阨。[5]議遷海州，侯摯言不便，止。大元兵徇汾州，[6]節度使兀顔訛出虎死之。[7]庚寅，李全破密州，執招撫副使黄摑阿魯答、同知節度使夾谷寺家奴。[8]辛卯，大元兵下孝義縣。[9]乙未，設隨處行六部官，以京府節鎮長官充尚書，次侍郎、郎中、員外郎；[10]防刺長官侍郎，次郎中、員外郎、主事；[11]勾當官聽所屬任使。[12]州府官並充勸農事，防刺長官及京府節鎮同知以下充副使。[13]丙申，李全破壽光縣。[14]

［1］烏古論德升：益都路猛安女真人。章宗明昌二年（1191）進士，宣宗南遷，德升以元帥右監軍領兵守太原。城破，德升自縊殉國。本書卷一二二有傳。

［2］中覆：中指中樞、朝廷，覆爲回覆，中覆即朝廷下旨答復。

［3］納合蒲刺都：大名路猛安女真人。章宗承安二年（1197）進士。官至元帥右監軍，兼昭義軍節度使，守潞州。宣宗興定二年(1218)，城破，蒲刺都力戰而死。本書卷一二二有傳。

［4］秦關：關隘名。位於今陝西省西安市西南。　守禦使：掌關禁、譏察奸僞。

［5］完顔蒲察：女真人。事迹不詳。

［6］汾州：治所在今山西省汾陽縣。

［7］節度使：即汾陽軍節度使，兼汾州管内觀察使事，汾州軍政長官。主治汾州事。從三品，治所在今山西省汾陽縣。　兀顔訛出虎：隆安府猛安女真人。世宗大定二十八年（1188）進士。宣宗時，訛出虎任汾陽軍節度使。興定二年九月，城破戰死。本書卷一

二二有傳。

［8］同知節度使：即同知安化軍節度使，爲安化軍節度使的副佐，兼同知密州管内觀察使，通判節度使事。正五品。治所在今山東省諸城市。　夾谷寺家奴：女真人。生平不詳。

［9］孝義縣：治所在今山西省孝義市。

［10］侍郎：爲尚書省各部尚書的副佐。正四品。此處所説的侍郎是指行六部的官員。本書卷五五《百官志一》記，“行臺官品皆下中臺一等”，故行六部的侍郎應爲從四品。　郎中、員外郎：皆爲行六部屬官。依次應爲正六品、正七品。

［11］主事：爲尚書省各部屬官。從七品。行六部主事官應爲正八品。

［12］勾當官：本書《百官志》未載。出土的金代官印中有“勾當公事之印”，疑即勾當官之印，其官品不詳。

［13］防刺長官：指防禦州和刺史州長官，即防禦使和刺史。　節鎮同知：即同知節度使，爲節度使副佐。

［14］壽光縣：治所在今山東省壽光市。

冬十月甲辰，李全破鄒平縣，[1]戊申，破臨朐縣。[2]己酉，大元兵徇絳、潞。壬子，攻平陽，[3]提控郭用死之。[4]癸丑，下平陽，知府事、權參知政事、行尚書省李革及從坦死之。[5]甲寅，權平定州刺史范鐸以棄城，[6]伏誅。詔諸郡録囚官，凡坐軍期者皆奏讞。[7]山東路轉運副使兼同知沂州防禦使程戩及邳州副提控王汝霖等通宋人爲變，[8]伏誅。宋人攻漣水縣，提控劉瑛敗之。[9]丁巳，大元兵攻澤州。[10]戊午，尚書省言獲奸細叛亡，率多僧道。詔沿邊諸州，惟本處受度聽依舊居止，[11]來自河北、山東遣入内郡，[12]譏其出入。[13]己未，李全據安丘，[14]提控王政屯昌樂侯王庭玉兵同進討。[15]宣差太府少監伯德玩擅率政兵攻全，[16]爲全所敗，提控王顯死焉。[17]田琢上言乞正玩罪。[18]癸亥，月犯軒轅左角之少民星。[19]甲子，詔河東北路忻、代、寧化、東勝諸州並受嵐州帥府節制。[20]

[1]鄒平縣：治所在今山東省鄒平縣。

[2]臨朐（qú）縣：治所在今山東省臨朐縣。

[3]平陽：府名。治所在今山西省臨汾市，時亦爲河東南路治所。

[4]郭用：生平不詳。

[5]知府事：平陽府長官。

[6]平定州刺史：平定州長官。正五品。治所在今山西省平定縣。　范鐸：生平不詳。

[7]坐軍期者：因耽誤軍機而獲罪的人。　讞（yàn）：審判定案。

[8]轉運副使：轉運司屬官。掌税賦錢穀，倉庫出納，權度量衡等事。正五品。　同知沂州防禦使：爲沂州防禦使的副佐，掌通判防禦使事。正六品，治所在今山東省臨沂市。　程戩：生平不詳。　副提控：爲提控官的副佐。從六品。1975 年，在河北省承德市出土一方金代"副提控所之印"（參見景愛《金代官印集》，第 227 頁）。　王汝霖：生平不詳。

[9]劉瑛：生平不詳。

[10]澤州：治所在今山西省晋城市。

[11]度：剃度。

[12]内郡：處於中部的州縣。

[13]譏其出入：嚴格盤察其出境和入境。

[14]安丘：縣名。治所在今山東省安丘市。

[15]王政：生平不詳。　昌樂：縣名。治所在今山東省昌樂縣。

[16]太府少監：太府監屬官。爲太府監的副佐。從五品。　伯德玩：伯德爲奚人之姓，伯德玩應是奚人。生平不詳。

[17]王顯：生平不詳。

[18]田琢上言乞正玩罪：本書卷一〇二《田琢傳》記："宣差提控、太府少監伯德玩率政兵攻安丘，敗焉，提控王顯死之。琢奏：'伯德玩本相視山東山堌水寨，未嘗徧行，獨留密州，輒爲此舉，乞治其罪。'詔遣官鞫玩，會赦而止。"

[19]軒轅：星宿名。亦稱"權"，由十七個小星組成，其中三星屬小獅星座，十二星屬獅子星座，二星屬天猫星座。《史記·天官書》："權爲軒轅。"　少民星：星宿名。

[20]河東北路：路名。治所在今山西省太原市。　忻：州名。治所在今山西省忻州市。　寧化：州名。治所在今山西省静樂縣北。　東勝：州名。治所在今内蒙古自治區托克托縣。　嵐州：治所在今山西省嵐縣北。

十一月庚午，大赦。庚辰，御登賢門召致政舊臣賜食，[1]訪以時政得失。辛巳，以行元帥府紇石烈桓端權簽樞密院事，[2]行院于徐州，權右都監訛可行元帥府事于息州。甲申，河東南路隰、吉等州聽絳州元帥府節制。[3]大元兵收潞州，元帥右監軍納合蒲刺都、參議官修起居注王良臣死之。[4]戊子，龕谷提控夾谷瑞敗夏人于質孤堡。[5]河北行省報海州之捷。壬辰，定經兵州縣職官子孫非本貫理蔭及過期不蔭等格。丙申，大元兵下太原之韓村砦。[6]定京師失火法。

[1]登賢門：爲當時南京皇城内的宮門名。　致政舊臣：已離職退休的老臣。

[2]紇石烈桓端：西南路忽論宋割猛安女真人。宣宗興定二年（1218），桓端任武衛軍都指揮使，權元帥右都監。本書卷一〇三有傳。　簽樞密院事：樞密院屬官，又稱簽書樞密院事。正三品。

[3]河東南路隰、吉等州聽絳州元帥府節制：中華點校本據文義於句前補“詔”字。河東南路，治所在今山西省臨汾市。吉，州名。舊名慈州，海陵王天德三年（1151）改爲耿州，章宗明昌元年（1190）又更名爲吉州，治所在今山西省吉縣。絳州，治所在今山西省新絳縣。

[4]參議官：又稱參謀官，都元帥府屬官。本書《百官志》失載。1957年，河北省隆化縣出土一方金代“元帥府左參謀之印”的官印，背刻“元帥府監軍之印”（參見景愛《金代官印集》，第91頁）。　修起居注：官名。記注院屬官。負責記録皇帝的起居言行。皆爲兼職，章宗明昌年間規定，諫院官員和左右衛將軍不得兼此職。宣宗貞祐三年（1215）定制，由左右司首領官兼修起居注。王良臣：生平不詳。

[5]質孤堡：舊址在今甘肅省蘭州市東。

[6]韓村砦：舊址在今山西省太原市附近。砦，同“寨”。

十二月己亥朔，以御史中丞完顔伯嘉權參知政事、元帥左監軍，[1]行河中府尚書省元帥府，控制河東南、北路便宜從事。升絳州爲晋安府，總管河東南路兵，降平陽爲散府。[2]辛丑，簽樞密院事蒲察移剌都伏誅。[3]壬寅，前山東西路轉運使致仕移剌福僧上章言時事。[4]癸卯，詔大理卿温迪罕達權同簽樞密院事，[5]行院于許州。[6]甲辰，以誅移剌都，詔中外。乙巳，命徒單思忠祈雪，已而，大雪。甲寅，以開封府治中吕子羽等使宋講和。[7]紅襖賊攻彭城之胡材寨，[8]徐州兵討敗之。乙卯，以禮部侍郎抹撚胡魯剌爲汾陽軍節度使，[9]權元帥右監軍，與嵐州元帥古里甲完復河東。[10]丁巳，籍瀕河埽兵。[11]癸亥，尚書省言："樞密掌天下兵，皇太子撫軍，而諸道又設行院。其有功及失律者，須白院，啓東宫，至於奏可，然後誅賞，有司但奉行而已。自今軍中號令闕賞罰者，皆明注詔旨、教令，毋容軍司售其奸欺。"上從之。以樞密副使駙馬都尉僕散安貞爲左副元帥，[12]權參知政事，行尚書省元帥府事，伐宋。甲子，上諭旨有司："京師丐食死於祁寒，[13]朕甚憫之。給以後苑竹木，令居獲燠所。"

[1]完顔伯嘉：北京路訛魯古必剌猛安女真人。亦作"完顔百嘉""完顔百家"。章宗明昌二年（1191）進士。宣宗興定年間，伯嘉官至權參知政事，元帥左監軍。本書卷一〇〇有傳。

[2]散府：非總管府治所所在地的一般府郡，其地位低於總管府。

[3]蒲察移剌都伏誅：本書卷一〇四《蒲察移剌都傳》記："御史臺奏移剌都在軍中，買沙覆道，盗用官銀，矯制收禁書，指斥鑾輿，使親軍守門，護衛押宿，擬前後衛仗，婢妾効内人妝飾等數事。詔吏部尚書阿不罕斜不失鞫之，坐是誅。"

[4]山東西路：治所在今山東省東平縣。　移剌福僧：東北路烏連苦河猛安契丹人。宣宗時官至山東西路按察轉運使。本書卷一〇四有傳。

[5]大理卿：又稱大理寺卿，大理寺長官。掌審斷天下奏案、詳讞疑獄。正四品。　温迪罕達：蓋州安春猛安女真人。章宗明昌五年（1194）進士。宣宗時官至河南統軍使、昌武軍節度使。本書

卷一〇四有傳。　同簽樞密院事：樞密院屬官。正四品。

［6］許州：治所在今河南省許昌市。

［7］開封府治中：開封府屬官。按，本書《百官志》府級屬官中無治中，但在各傳記中屢出。經考察核對知，治中即府級屬官中的少尹，正五品。　吕子羽：字唐卿，大興府人，大定末中進士，官至陳州防禦使，“時軍旅數興，户口逃竄，公因以實聞于朝，而小人李涣以爲不憂國、失軍儲，下吏當死。公恥之，縊于太康驛”（詳見《歸潛志》卷四）。

［8］彭城：縣名。徐州依郭縣，治所在今江蘇省徐州市。　胡舍寨：具體地點不詳。

［9］禮部侍郎：禮部尚書副佐。正四品。　抹撚胡魯剌：女真人。本書卷一一一《古里甲石倫傳》作“抹撚胡剌”。　汾陽軍：軍州名。治所在今山西省汾陽縣。

［10］嵐州元帥古里甲：中華點校本據本書卷一一一《古里甲石倫傳》，於“古里甲”下補“石倫”二字。古里甲石倫，女真人。時爲鎮西軍節度使、兼嵐州管内觀察使，行元帥府事於嵐州。本書卷一一一有傳。　河東：地區名。泛指黄河大曲折以東之地，即今山西省轄地。

［11］埽（sào）兵：守河岸的軍隊。

［12］樞密副使：樞密院屬官。爲樞密使的副佐。從二品。　駙馬都尉：是魏晋以後專門封賜給帝王之婿的榮譽官銜。　僕散安貞：女真人。世宗外孫，尚邢國長公主。宣宗時，安貞官至左副元帥、權參知政事，行尚書省元帥府事。後以謀反罪遭誅殺。本書卷一〇二有傳。　左副元帥：都元帥府屬官。掌征討之事。正二品。

［13］祁寒：祁意爲大，祁寒就是嚴寒。

三年春正月庚午，吕子羽至淮，宋人不納而還。詔伐宋。丙子，稅民種地畝，議行均輸。[1]戊寅，勑和市邊城軍需，[2]無至配民。定鎮戍征行軍官減資歷月日格。壬午，大雪。上聞東掖有撤瓦聲，[3]問左右，知爲丁夫葺器物庫廡舍，上惻然，諭主者曰："雪寒役人不休，可乎？姑止之。"丙戌，紇石烈牙吾塔上濠州香山村之捷。[4]丁亥，諭宣徽，皇后生日免百官賀。壬辰，以大元兵已定太原，河北事勢非復向日，[5]集百官議備禦長久之計。伐宋捷至，上謂侍臣曰："此事豈得已哉。近日遣使實欲講和，彼既不從，安得不用兵也？"免單丁民户月輸軍需錢。[6]甲午，有司請立價以買南征軍士所獲馬，上恐失衆心，因至敗事，不聽。乙未，勅尚書省，自今六部稟議常事，但可再送，不得趣召辨正。餘應入法寺定斷而再送，[7]猶未當者具以聞，下吏治之。宰相執政以下皆不得召部寺官，[8]部寺官亦不得詣省，犯者論違制。丁酉，鄧州元帥府提控婁室有罪，[9]減死削爵。

[1]均輸：由國家統一收購朝廷所需的物資，統一負責運輸。均輸之法始創於漢代的桑弘羊，唐代劉晏也曾推行過，至北宋王安石變法，又正式制定了均輸法。但不同時代推行的均輸法也有很大的區别，不盡相同。

[2]和市：以公平的價格購買。

[3]東掖：城門名。即東掖門，又稱左掖門，是南京開封府宫城門之一。

[4]濠州：治所在今安徽省鳳陽縣東北的淮河南岸，時爲南宋轄境。　香山村：舊址在今安徽省鳳陽縣境内。

[5]向日：往日，過去。

[6]單丁民户：一家衹有一個男丁的人户。

［7］法寺：指朝廷大理寺等負責訴訟案審核的有關職能部門。

［8］宰相執政：金尚書省設左、右丞相各一員，平章政事兩員，爲宰相；左、右丞各一員，參知政事兩員，爲執政官。以上合稱爲宰相執政，簡稱“宰執”。

［9］鄧州：治所在今河南省鄧州市。　婁室：女真人。女真人名婁室者甚多，此婁室應是本書卷一〇三《完顏仲元傳》所記宣宗貞祐四年（1216）在漣水縣擊敗紅襖軍的仲元部將提控婁室，其姓氏不詳，待考。

二月庚子，上與太子謀南征帥，不得其人，嘆曰：“天下之廣，緩急無可使者，朕安得不憂？”紇石烈牙吾塔敗宋人于滁。[1]甲辰，胥鼎言：“軍中誅賞，近制須聞朝廷。賞由中出，示恩有歸，可。部分失律，主將不得即治其罪，不可。”詔尚書樞密雜議。宰臣請城守野戰將校有罪，從七品以下許便宜決罰，[2]餘悉奏裁。上曰：“七品以下財令治之，[3]將權太輕，或至誤事。自今四品以下聽決。”乙巳，攻宋光山縣，俘其統制蔡從定等，[4]光州以兵來援，復敗之。丙午，上謂宰臣：“江淮之人，號稱選愞，[5]然官軍攻蔓菁嵎，[6]其衆困甚，脅之使降，[7]無一肯從者。我家河朔州郡，[8]一遇北警，往往出降，此何理也？”丁未，勅凡立功將士有居喪者特起復遷授。[9]戊申，拔宋小江寨，[10]殺其統制王大蓬。[11]己酉，取宋武休關。[12]庚戌，元帥右都監承立，[13]以綏德、保安之境，[14]各獲夏人統軍司文移來上，[15]其辭雖涉不遜，而皆有保境息民之言，詔尚書省議之。宰臣言：“鎮戎、靈平等鎮近耗，[16]夏人數犯疆埸。此文正緩我耳，宜嚴備禦，以破奸計。”上然其言。又曰：“頃近侍還自陝西，[17]謂白撒已得鳳州，[18]如得武休關，將遂取蜀。[19]朕意殊不然，假令得之，亦何可守？此舉蓋爲宋人渝盟，[20]初豈貪其土地耶？朕重惜生靈，惟和議早成爲佳耳。”高汝礪乞致事，[21]優詔不允。[22]甲寅，詔陝西行省，從七品以下官許注擬，[23]有罪許決罰，丁憂待闕隨宜任使。軍官徒以上罪及軍事怠慢者，[24]巡按御史治之。[25]己未，行省安貞入宋境，[26]破梁縣等軍，[27]擒統制李申之。[28]右副元帥完顏賽不、左都監牙吾塔，白石關、平山砦之捷俱至。[29]

[1]滁：州名。治所在今安徽省滁州市，時爲南宋轄境。

[2]便宜決罰：不必申奏朝廷，自行決定處罰。

[3]財：與“才”通。

[4]蔡從定：生平不詳。

[5]選愞：軟弱，懦弱。選，通巽，柔弱之意；愞，同懦，懦弱。

[6]蔓菁嶋：地名。今地不詳。

[7]脅之使降：威脅其投降。

[8]河朔：地區名。泛指河東、河北之地，即今山西省和河北省轄地。有時亦稱兩河之地。

[9]起復遷授：重新起用升遷和除授官職。

[10]小江寨：在今河南省潢川縣境内。

[11]王大蓬：生平不詳。

[12]武休關：關隘名。地在今陝西省留壩縣南。

[13]元帥右都監承立：中華點校本據本書卷一一六《承立傳》，改“右都監”爲“左都監”。承立，女真人。即完顏承立，

本名慶山奴。本書卷一一六有傳。

[14]綏德：州名。治所在今陝西省綏德縣。　保安：州名。治所在今陝西省志丹縣。

[15]統軍司：官署名。西夏國管理兵馬軍事的機構。　文移：文書，文牒。

[16]鎮戎：州名。治所在今寧夏回族自治區固原市。　靈平：寨堡名。舊址在今寧夏固原市西北。

[17]近侍：皇帝身邊的親信近臣。

[18]白撒：女真人。即完顏承裔，本名白撒，時爲元帥左都監，行帥府事於鳳翔。本書卷一一三有傳。　鳳州：治所在今陝西省鳳縣，時爲南宋轄境。

[19]蜀：指四川地區。

[20]渝盟：破壞盟約。

[21]致事：事與“仕”通。致事即“致仕”。離職退休之意。

[22]優詔：褒美嘉獎的詔書。

[23]注擬：注册擬定任職。

[24]徒以上罪：判處徒刑以上的罪行。

[25]巡按御史：指出巡各地方州縣、糾察地方貪官污吏的御史臺官員。

[26]安貞：女真人。即僕散安貞，時爲左副元帥、權參知政事，行尚書省元帥府，統領唐、息、壽、泗等四行元帥府兵分道伐宋。本書卷一〇二有傳。

[27]梁縣：治所在今安徽省肥東縣東北，時爲南宋轄境。

[28]李申之：劉祁《歸潛志》卷八記：“貞祐南征，獲一統制官李伸之者，帥府經歷官劉逵卿輩召而飯之，且誘以降。將宥焉，伸之獻詩曰：‘一飯感恩無地報，此心許國已天知。胸中千古蟠鐘阜，一死鴻毛斷不移。’竟就死。”“李伸之”應即李申之其人。

[29]白石關：關隘名。今地不詳。　平山砦：安徽省泗縣北有屏山鎮，是否即此，待考。

三月丁卯朔，陝西兵破宋虎頭關，[1]取興元、洋州。[2]捷至，上大悦。庚午，破宋人于七口倉。[3]甲戌，高麗先請朝貢，因遣使撫諭之，使還，表言道路不通，俟平定後議通款。命行省姑示羈縻，勿絶其好。戊寅，蔡州行元帥府右都監完顔合達破宋人于海林關，[4]擒統制張時。[5]己卯，長春節，免朝賀。提控奥屯吾里不敗宋人于上津縣，[6]軍還至濠州，宋人來拒，牙吾塔擊走之。乙酉，河南路節鎮以上立軍器庫，[7]設使、副各一員，[8]防刺郡設都監、同監各一員。[9]完顔合達敗宋人于馬嶺堡。[10]丙戌，行省安貞破宋人于石堌山。[11]己丑，追賜皇后父太尉汴國公彦昌姓温敦。[12]庚寅，攻宋麻城縣，[13]拔之，獲其令張倜等。[14]辛卯，行省安貞破宋兵于塗山。[15]壬辰，賽不敗宋兵于老口鎮，[16]又敗宋人于石鶻崖。[17]甲午，録用罪廢官副元帥蒲察阿里不孫、御史大夫永錫等七十人。[18]詔太原等路，州縣闕正授官，令民推其所愛爲長，從行省量與職任。及運解鹽入陝西，[19]以濟調度，命胥鼎兼領其事。

[1]虎頭關：在今河南省新縣東南。

[2]興元：府名。治所在今陝西省漢中市，時爲南宋轄境。洋州：治所在今陝西省洋縣，時亦爲南宋所轄。

[3]七口倉：地名。地點不詳。

[4]蔡州行元帥府右都監完顔合達破宋人于海林關：中華點校本據本書卷一一二《完顔合達傳》、卷一〇二《僕散安貞傳》的相關記載，改“海林關”爲“梅林關”。梅林關，在嵩縣南。蔡州，

治所在今河南省汝南縣。完顔合達，女真人。金末名將，統兵行省於陝西。哀宗正大九年（1232），金兩行省軍慘敗於鈞州三峰山，合達逃至鈞州，城破被殺。本書卷一一二有傳。

[5]張時：生平不詳。

[6]奧屯吾里不：女真人，又作奧屯阿里不、奧屯兀里不等。上津縣：治所在今湖北省鄖西縣西北，時爲南宋轄境。

[7]軍器庫：官署名。掌甲胄兵仗。

[8]設使、副各一員：有的軍器庫兼作院，兼製造兵器（詳見本書卷五七《百官志三》）。即置軍器庫使和軍器庫副使各一名。軍器庫使爲正八品，副使爲從九品。

[9]防刺郡設都監、同監各一員：防刺郡，指防禦州和刺史州。都監、同監爲防刺郡軍器庫的官名，官品不詳。

[10]馬嶺堡：地點不詳。

[11]石堌山：所在地不詳。

[12]追賜皇后父太尉汴國公彦昌姓温敦：宣宗皇后之父彦昌，本中都漢人，姓王氏。因金代皇帝娶后，必須在固定的幾個女真貴姓中選擇，即所謂“后不娶庶族”，故立王氏之女爲皇后時已賜其姓温敦氏。至此，又追賜皇后之父女真姓氏。太尉，爲“三公”之一，正一品。一般都把它作爲一種榮譽官銜賞賜給外戚和勳臣。汴國公，封爵名，明昌格，爲大國封號第三。

[13]麻城縣：治所在今湖北省麻城市。時爲南宋轄境。

[14]令：這裏指麻城縣令。掌勸課農桑，平理獄訟，宣導風化，通檢推排等事。正七品。　張倜（tì）：生平不詳。

[15]塗山：在今安徽省蚌埠市西。

[16]老口鎮：今地不詳。

[17]石鶻崖：地名。今地不詳。

[18]罪廢官副元帥蒲察阿里不孫：本書卷一〇〇《完顔伯嘉傳》記，貞祐四年（1216）十月蒲察阿里不孫以兵部尚書、簽樞密院事，兼右副元帥，領兵防禦潼關和陝州，在河南澠池縣土壕村遇

敵，不戰而潰。丟失兵符，乃變易姓名，與其妻妹之兒婦紇石烈氏租民房私混，因而受到監察御史完顏藥師的彈劾，後宣宗免其死罪，罷職除名。

[19]解：州名。治所在今山西省運城市西南。

閏三月丙申朔，申明屠宰牛罪律。[1]以雄、霸以東付權中都經略李瘸驢，[2]易州以西付權中都西路經略靖安民治之。[3]遥授金安軍節度使完顔和尚、故行軍副提控夾古吾典皆除名。[4]庚子，皇子平章政事濮王守純進封英王。[5]壬寅，叛賊王公喜構宋人取沂州。[6]甲辰，以沂國公主薨，[7]輟朝。丙午，給空名宣勅及金銀符，[8]付嵐州帥古里甲，[9]許便宜遷注，以招脅從。丁未，諭樞密院議晋安、東平、河中諸郡備兵之策。[10]庚戌，行省左副元帥僕散安貞至自軍前，入見于仁安殿。[11]辛亥，少府少監粘割梭失言利害七事。[12]甲寅，以南伐師還，罷南邊州郡籍民爲兵者。戊午，夏人破葭州之通泰砦，[13]刺史紇石烈王家奴戰没。[14]壬戌，治書侍御史蒲魯虎上書，[15]請選太子師傅。[16]甲子，胥鼎等各遷官，賞南伐之功。

[1]屠宰牛罪律：有關處罰屠宰耕牛的法律條文。

[2]雄：州名。治所在今河北省雄縣。　中都經略：官名。即中都經略使。

[3]易州：治所在今河北省易縣。　靖安民：宣宗時河北地主武裝的首領，官中都西路經略使，封易水公，爲宣宗所封河北九公之一。本書卷一一八有傳。

[4]遥授：授其官而因故不能到職者叫作遥授。　金安軍：軍

州名，治所在今陝西省華縣。　完顏和尚：女真人，事迹不詳。行軍副提控：副提控即副總領，爲提控官的副佐，從六品。前加“行軍”二字，應是有軍事行動時臨時除授的官職。出土的金代末期官印中有“副提控印”和“副提控宙字印”（參見景愛《金代官印集》，第206、208頁）。　夾古吾典：女真人。其他事迹不詳。

［5］英王：封爵名。明昌格，爲次國封號第二十八。

［6］王公喜：生平不詳。

［7］沂國公主：封爵名。公主封號。

［8］空頭宣勅：任命官職的空白委任狀。朝廷把空頭宣勅發給地方高級官員，他們可以直接任命官吏。　金銀符：即金製和銀製的兵符。金代建國之前的兵符叫信牌，多爲木製。建國之後開始製金、銀牌，金牌授萬户，銀牌授猛安，木牌授謀克、蒲輦。金熙宗皇統年間也曾製造過金銀牌，金末仍實行金銀牌制度（參見本書卷五八《百官志四》）。

［9］付嵐州帥古里甲：中華點校本據本書卷一一一《古里甲石倫傳》於“古里甲”下補“石倫”二字。

［10］晉安：府名。原名絳州，宣宗興定二年（1218）十二月升爲晉安府，治所在今山西省新絳縣。

［11］仁安殿：金朝南京皇城内宮殿名。

［12］少府少監：少府監屬官。爲少府監副佐，掌邦國百工營造之事。從五品。

［13］通泰砦：本書本卷下文和卷一三四《外國傳上》作“通秦寨”。中華點校本據以改爲“通秦寨”。通秦寨，舊址在今陝西省佳縣西北。

［14］紇石烈王家奴：女真人。生平不詳。

［15］治書侍御史：御史臺屬官。掌奏事、判臺事。正員二人，從六品。　蒲魯虎：女真人。其他事迹不詳。

［16］太子師傅：指東宫的六員屬官，即太子太師、太子太傅、太子太保（合稱三師）；太子少師、太子少傅、太子少保（合稱三

少）。掌保護東宫，導以德義。

夏四月丙寅朔，裕、宿等州置元帥府，[1] 選陝西步騎精鋭六千人實京兆。[2] 戊辰，選精鋭六萬分屯平凉、涇、邠、乾、耀等州。[3] 庚午，以秦州防禦使女奚烈古里間行元帥府于平凉。[4] 罷募民運解鹽。築京師裏城，[5] 命侯摯董役，高琪總監之。甲戌，以知臨洮府事石盞合喜爲元帥左都監，[6] 行元帥府事于鞏州。壬午，遣近侍四人巡視築城丁夫，時其飲食，聽其更休，督吏慘酷悉禁止之。癸未，陝西黑風晝起，有聲如雷，地大震。甲申，詔河北州縣官止令土著推其所愛者充，朝廷已授者别議任使。乙酉，夏人據通秦寨，提控納合買住擊敗之。[7] 己丑，林州都統霍成以疑貳誣殺降人，[8] 論罪當死，元帥惟良不欲以殺敵誅邊將，[9] 請寬其罰，仍請立護送降民賞格，以杜後患。上爲之赦成，而命有司班賞格焉：[10] 護送十人以上至者遷一官，[11] 不及者每名賞錢二百緡，五十人以上兩官，百人以上兩官雜班任使。庚寅，以時暑，詔朝臣四日一奏事。高汝礪請備防秋之粮，宜及年豐於河南州郡驗直立式，[12] 募民入粟。上與議定其法而行之。同提舉榷貨司王三錫請榷油，[13] 歲可入銀數萬兩，高琪主之，衆以爲不便，遂止。辛卯，夏人犯通秦砦，元帥完顔合達出兵安塞堡以擣其巢。[14] 至隆州，[15] 夏人逆戰，官軍擊之，衆潰，進薄城，俄陷其西南隅，會日暮，還。壬辰，以同知平陽府事胡天作充便宜招撫使。[16]

[1]裕、宿：州名。裕州，原名方城縣，章宗泰和八年（1208）升爲裕州，治所在今河南省方城縣。宿州，治所在今安徽省宿州市。

[2]京兆：府、路名。治所在今陝西省西安市。

[3]平凉：府名。治所在今甘肅省平凉市。　涇、邠、乾、耀：州名。涇州，治所在今甘肅省涇川縣。邠州，治所在今陝西省彬縣。乾州，治所在今陝西省乾縣。耀州，治所在今陝西省耀縣。

[4]女奚烈古里間：女真人。生平不詳。

[5]築京師裏城：修京師裏城之議，最早於貞祐四年（1216）由术虎高琪提出，宣宗當時不同意，説："此役一興，民滋病矣。城雖完固，能獨安乎?"但最後還是曲從於术虎高琪的意見，至此開始動工修築。劉祁《歸潛志》卷七記："興定初，术虎高琪爲相，建議南京城方八十里，極大，難守。於内再築子城，周方四十里，壞民屋舍甚衆。"

[6]石盞合喜：女真人。金末爲樞密使，掌兵權。因跋扈不法，被罷職，後被叛賊崔立所殺。本書卷一一三有傳。

[7]納合買住：女真人。後守盱眙，降宣宗於南宋。

[8]林州：原爲彰德府所轄的林慮縣，宣宗貞祐三年（1215）十月升爲林州，治所在今河南省林州市。　霍成：生平不詳。　以疑貳誣殺降人：因懷疑投降者懷有二心而誣以罪名殺之。

[9]惟良：女真人。本書所記完顏宗室成員有惟功、惟弼、惟中等，此惟良亦應爲宗室出身。惟良於元光元年（1222）因故被削職。

[10]班：頒發。

[11]遷一官：指遷升散官階一級。

[12]驗直立式：直與"值"通。驗直立式的意思是核實價值、確立具體的規定。

[13]同提舉榷貨司：宣宗貞祐四年（1216），在都城開封府置提舉南京榷貨司，主管重要物資的買賣和平易價格。同提舉榷貨司

又稱榷貨司同提舉，是榷貨司提舉的副佐，從六品。　王三錫：生平不詳。　榷油：油類專賣。

[14]安塞堡：舊址在今陝西省安塞縣西北。　擣：“搗”的異體字。

[15]隆州：此隆州爲西夏國轄地，具體地點不詳。

[16]同知平陽府事：平陽府屬官。爲平陽府尹的副佐。正四品。　胡天作：宣宗時所封河北九公之一。爲河北地主武裝的首領。本書卷一一八有傳。　便宜招撫使：本書卷四四《兵志》記：“及南遷，河北封九公，因其兵假以便宜從事，沿河諸城置行樞密院元帥府，大者有‘便宜’之號，小者有‘從宜’之名。”便宜，即行府、行院全權處理事務的權力，不必申奏朝廷。招撫使，招撫司長官。

五月乙未朔，鳳翔元帥府遣兵敗宋人于黄牛等堡。[1]壬子，太白晝見于參。[2]

[1]黄牛等堡：即黄牛堡等寨堡。舊址在今寧夏回族自治區固原縣西北。

[2]太白晝見於參（shēn）：金星白天出現在參宿的天區内。參，星宿名，二十八宿之一。

六月甲子朔，時暑，給修城夫病者藥餌。遣諭元帥合達曰：“以卿幹局，[1]故有唐、鄧之委。或有侵軼，[2]戰退不宜遠追，第固吾圉。”[3]以驃騎上將軍河南路統軍使石盞女魯懽爲元帥右都監，[4]行平凉元帥府事。詔付遼東等處行省金銀符及空名宣勅，聽便宜處置。壬申，制沿河戍兵逃亡罪並同征行軍人例。詔御史中丞完顏伯嘉行樞密院于許州。甲戌，定防秋將校擊毬飲燕之罰。[5]李全寇日照、博興，[6]紇石烈萬奴敗之；[7]寇即墨，[8]完顔僧壽又敗之，[9]復萊州。戊寅，詔陝西簽軍如河南例，[10]曲赦河東南、北路。丁亥，命防禦使徒單福定等帥所部義軍，[11]與沂州民老幼盡徙于邳。戊子，遼州總領提控唐括狗兒帥師復太原府。[12]平凉等處地震，詔右司諫郭著撫諭其軍民。[13]

[1]幹局：幹練而又有統籌全局之才。

[2]侵軼：侵占或丢失。

[3]圉（yǔ）：邊疆。

[4]驃騎上將軍：本書卷五五《百官志一》作“驃騎衛上將軍”，爲金代武官散階正三品下。　河南路統軍使：河南統軍司長官。掌督領軍馬、鎮攝封陲、分營衛、視察奸。正三品。治所在今河南省開封市。　石盞女魯懽：女真人。石盞亦作“赤盞”。本書卷一一六有傳。

[5]擊毬：女真人的一種體育運動，即打馬毬。

[6]博興：縣名。治所在今山東省博興縣。

[7]紇石烈萬奴：女真人。生平不詳。

[8]即墨：縣名。治所在今山東省即墨市。

[9]完顔僧壽：女真人。生平不詳。

[10]簽軍：徵兵。

[11]徒單福定：女真人。生平不詳。

[12]遼州：治所在今山西省左權縣。　唐括狗兒：女真人。事迹不詳。

[13]右司諫：諫院屬官。從五品，位在左司諫之下。　郭著：生平不詳。

秋七月丁酉，籍邳、海等州義軍及脅從歸國而充軍者，人給地三十畝，有力者五十畝，仍蠲差税，日支粮二升，號“决勝軍”。戊戌，上進樞密臣僚，諭之曰：“裹城久未畢功，尚書欲增調民，朕慮妨農。况粮儲不繼，將若之何，盍改圖之。”樞臣言：“是役之興，實爲大計，今功已過半，偶值霖潦，成功差遲。[1]尚書議增丁夫，勢必驗口，[2]不令妨業。比及防秋，當告成矣。”上曰：“卿等善爲計畫，[3]無貽朕憂。”庚子，以地震，曲赦陝西路。甲辰，置東、西、南三路行三司。[4]乙卯，曲赦山東西路。[5]丁巳，遣徒單思忠以地震祭地祇於上清宫。[6]

[1]成功差遲：不能按期完工。

[2]驗口：核實人丁和户口。

[3]計畫：即“計劃”。

[4]置東、西、南三路行三司：中華點校本據本書卷一〇〇《李復亨傳》的相關記載，於“置”字下補“京”字。行三司，官署名。即在地方設立代行三司的權力機構。

[5]山東西路：治所在今山東省東平縣。

[6]地祇：土地之神。　上清宫：南京宫殿名。

八月丙寅，補闕許古等削官解職。[1]丁卯，木星犯輿鬼東南星。[2]戊辰，遣禮部尚書楊雲翼祭社稷，翰林侍讀學士趙秉文祭后土於河中府。[3]京西行三司李復亨言汝、鄧冶鐵，[4]河南、北食鹽之利。木星晝見于柳，[5]百有九日乃滅。壬申，上勑臺臣：[6]“朕處分尚書事，或至數日不奉行，及再問則巧飾次第以對。大臣容有遺忘，左右司玩弛，[7]臺臣當糾。今後復爾，並罪卿等。”乃定御史上下半月勾檢省中制勑文字。[8]大元兵下武州，[9]軍事判官郭秀死之。[10]丁丑，緩在京差徭。中山治中王善殺權知府事李仲等以叛。[11]大元兵下合河縣，[12]縣令喬天翼等死之。[13]乙酉，命樞密遣官簡嶺外諸軍之武健者，養之彰德、邢、洺、衛、濬、懷、孟等城，[14]弱者罷遣。戊子，勑侯摯諭三司行部官勸民種麥，無種粒者貸之。

[1]補闕許古：補闕，諫院屬官，有左補闕、右補闕，皆爲正七品。許古，據《許古傳》記，許古當時任左補闕。本書卷一〇九有傳。

[2]木星犯輿鬼東南星：天文現象。木星侵入鬼宿天區，遮住了鬼宿東南的一顆小星。木星，星宿名。我國古代又叫作“歲星”，是太陽系的八大行星之一。輿鬼，星宿名，即鬼宿，二十八宿之一。

[3]翰林侍讀學士：翰林院屬官。從三品。　趙秉文：磁州滏陽縣人。金代著名的文學家。世宗大定二十五年（1185）進士，金末官至禮部尚書。本書卷一一〇有傳。　后土：土地神。

[4]李復亨：榮州河津縣（今山西省河津市）人。年十八中進士，有文名，宣宗時官至參知政事。本書卷一〇〇有傳。

[5]木星晝見于柳：天文現象。木星白天出現在柳宿的天區内。柳，星宿名，即柳宿，二十八宿之一。

[6]臺臣：指御史臺的官員。

[7]左右司：官署名。金制，尚書省下置左司和右司，左司總察吏、户、禮三部受事付事。右司總察兵、工、刑三部受事付事。

玩弛：玩忽職守，松懈，不認真負責。

[8]勾檢：核實檢查。

[9]武州：治所在今山西省五寨縣北。

[10]軍事判官：掌簽判州事，專掌通檢推排薄籍。從八品。郭秀：生平不詳。

[11]中山治中：即中山府少尹，中山府屬官。正五品。　王善：生平不詳。　李仲：生平不詳。

[12]合河縣：治所在今山西省興縣。

[13]喬天翼：生平不詳。

[14]彰德：府名。治所在今河南省安陽市。　邢、洺、衛、濬、懷、孟：州名。邢州，治所在今河北省邢臺市。洺州，治所在今河北省肥鄉縣西北。衛州，治所在今河南省衛輝市。濬州，治所在今河南省浚縣。懷州，治所在今河南省沁陽市。孟州，治所在今河南省孟縣。

九月甲午，詔單州經略使完顏仲屯宿州，[1]與右都監紇石烈德同行帥府事。[2]丙申，唐州從宜夾谷天成敗宋人于桐柏。[3]丁酉，尚書省請申命侯摯廣營積貯，上不許，曰："徵斂已多。今更規畫，不過復取於民耳。防秋稍緩，當量減戍兵，用度幸足。何至是耶。"甲辰，大元兵徇東勝州，節度使伯德窊哥死之。[4]庚戌，命行省胥鼎領兵赴河中。壬子，真定招撫使武仙請給金銀符賞有功，從之。沿河造戰艦，付行院帥府。

[1]詔單州經略使完顏仲屯宿州：中華點校本據本書卷一〇三《完顏仲元傳》的相關記載，於"完顏仲"下補"元"字。

[2]紇石烈德：女真人。生平不詳。

[3]唐州從宜：從宜，與"便宜"之意同，即有相對的自決

權。唐州爲刺史州，故其長官僅有“從宜”之號。唐州從宜，全稱應爲從宜唐州刺史。治所在今河南省唐河縣。　夾谷天成：女真人。生平不詳。　桐柏：縣名。治所在今河南省桐柏縣。

[4]伯德窊哥：西南路咩乣奚族人。宣宗興定三年（1219），窊哥任東勝軍節度使。九月，城中粮盡，窊哥率衆突圍，戰死。本書卷一二二有傳。

冬十月癸亥朔，定保舉縣令能否升黜舉主制。乙丑，用蒙古綱言，[1]招集義軍各置都統、副統等官，如貞祐三年制。平凉府先以地震被命醮祭，[2]方行事，慶雲見，[3]以圖來上。遣官覆驗得實，是日，百官奉表稱賀。丁卯，以完顏開權元帥左都監，[4]郭文振權右都監，並行元帥府事，謀復太原。壬申，定贓吏計罪以銀爲則。[5]癸酉，以慶雲遣官告太廟。甲戌，以慶雲詔國内。己卯，大元兵次單州境，詔諸路民應遷避兵而不欲者，亟遣人以利害曉之。癸未，裹城畢工，百官稱賀。宴宰臣便殿。遷右丞摯官一階，[6]賜右丞相琪、左丞汝礪、參知政事思忠金鼎各一，[7]重幣三。[8]是役，上慮擾民，募人能致甓五十萬者遷一官，百萬仍升一等。平陽判官完顏阿剌、左厢譏察霍定和發宋蔡京故居，[9]得二百萬有奇，准格遷賞。甲申，宰臣請以裹城之功建碑會朝門，[10]從之。丁亥，大元兵屯綿上。[11]壬辰，命有司葺閑舍，給薪米，以濟貧民，期明年二月罷，俟時平則贍之以爲常。

[1]蒙古綱：咸平府猛安女真人。章宗承安五年（1200）進

士。宣宗時，蒙古綱領兵行省於邳州，死於兵變之亂。本書卷一〇二有傳。

[2]醮（jiào）祭：古代祭名。宋玉《高唐賦》："醮諸神，禮太一。"後來專指僧道爲禳除灾祟而設的道場。

[3]慶雲：祥雲，瑞雲。古人迷信，認爲天上出現的雲靄也與人世間的吉凶禍福有關。　見：與"現"通。

[4]完顔開：即漢人張開，賜姓完顔。金末地方武裝頭目，宣宗所封河北九公之一。本書卷一一八有傳。

[5]定贓吏計罪以銀爲則：給貪官污吏定罪時以白銀爲尺度。

[6]右丞摯：即尚書右丞侯摯。

[7]右丞相琪：即尚書右丞相術虎高琪。

[8]重幣：精美的布帛。重，錦之熟細者，引申爲精美之意。幣，古指布帛。

[9]平陽判官：即平陽府總管判官，爲平陽總管府屬官。掌紀綱總管府衆務，分判兵案之事。從六品。　完顔阿剌：女真人。生平不詳。　左厢譏察：官名。本書卷五七《百官志三》記，各關津渡口設有譏察官和譏察使。此左厢譏察不詳其所屬機構，待考。　霍定和：生平不詳。　蔡京：宋徽宗時期的奸相。《宋史》卷四七二有傳。

[10]會朝門：南京皇城城門名。

[11]綿上：縣名。治所在今山西省沁源縣西北。

十一月癸巳朔，前嵐州倉使張祐自夏國來歸。[1]以樞密副使僕散安貞、同簽院事訛可行院事于河北。乙未，以官驢借朝士之無馬者乘之，仍給芻豆。[2]己亥，大元兵徇彰德府。辛丑，詔朝官七品、外路六品以上官，二歲舉縣令一人。户部令史蘇唐催租封丘，[3]期限迫促，民有生刈禾輸租者。[4]上聞之，遣吏按問，杖唐五十，縣令高希隆減二等。[5]尚書以希隆罰輕，上曰："使臣至外路，自非至剛者孰能不從。其依前詔。”甲寅，徐州總領納合六哥大破紅襖賊于狄山。[6]禮部郎中抹撚胡魯剌上疏言時事。丁巳，右丞相高琪下獄。泰安軍副使張天翼爲賊張林所執以歸宋，[7]縶之楚州。至是逃歸，授睢州刺史，超兩官，進職一等。戊午，大元兵平晋安府，行元帥府事、工部尚書粘割貞死之。[8]

[1]嵐州倉使：掌倉廩畜積、受納租税、支給禄廩之事。正九品。　張祐：生平不詳。

[2]芻豆：飼草和料豆。

[3]户部令史：户部屬吏。正員七十二人，其中女真十七人。　蘇唐：生平不詳。　封丘：縣名。治所在今河南省封丘縣。

[4]生刈禾輸租：割未成熟的莊稼交納官租。

[5]高希隆：生平不詳。　減二等：降官二級。

[6]納合六哥：女真人。生平不詳。　狄山：今地不詳。

[7]泰安軍副使：泰安州屬官。從五品。　張天翼：生平不詳。　張林：時有兩張林，一爲益都府治中，驅逐行六部尚書宣差便宜招撫使兼益都府尹田琢的張林；一爲益都桃林寨總領，綽號“張大刀”的張林。此處所記的張林是後者。

[8]工部尚書：工部長官。掌修造營建法式、諸作工匠、屯田、山林川澤之禁、江河堤岸、道路橋樑之事。正三品。

十二月，誅高琪。

金史　卷一六

本紀第十六

宣宗下

四年春正月壬辰朔，詔免朝。丙申，金安軍節度使行元帥府事古里甲石倫除名。[1]丁酉，大元兵下好義堡，[2]霍州刺史移剌阿里合等死之。[3]詔贈官有差。庚戌，宋步騎十餘萬圍鄧州，[4]聞援軍至，夜焚營去，招撫副使术虎移剌答追及之，[5]奪其俘還。壬子，晝晦，有頃大雷電，雨以風。癸丑，户部侍郎張師魯上書，[6]請遣騎兵數千，及春，淮、蜀並進，以撓宋。丙辰，以武仙遥領中京留守，[7]進官一階。[8]

[1]金安軍節度使：掌鎮撫諸軍防刺，總判本鎮兵馬之事，兼華州管内觀察使事，從三品。治所在今陝西省華縣。　行元帥府事：行元帥府是在地方上建立代行都元帥府職權的機構，簡稱行府。行元帥府事是行府的長官，掌征討之事。　古里甲石倫：隆安府女真人。哀宗正大八年（1231），石倫出任昌武軍節度使。三峰山戰役後，蒙古軍隊破昌武，石倫投井自殺。本書卷一一一有傳。

[2]大元：當時蒙古尚未改國號爲“元”，因《金史》是元朝人所修，故稱蒙古爲“大元”或“大朝”。　好義堡：舊址在今山西省霍州市境内。

[3]霍州刺史：霍州軍政長官。正五品。霍州原爲平陽府霍邑縣，宣宗貞祐三年（1215）七月升爲霍州，治所在今山西省霍州市。　移剌阿里合：契丹人。時任霍州刺史，蒙古兵破霍州，移剌阿里合兵敗被執，誓死不降，遂遭殺害。本書卷一二二有傳。

[4]鄧州：治所在今河南省鄧州市。

[5]招撫副使：招撫司屬官。爲招撫使副佐。招撫司，本書《百官志》不載，出土的金代官印中有“招撫司印”（參見景愛《金代官印集》，文物出版社1991年版，第38頁）。　术虎移剌答：女真人。生平不詳。

[6]户部侍郎：尚書户部屬官。爲户部尚書副佐，協助户部尚書掌户口、錢糧、田土的政令及貢賦的出納、金幣轉通、府庫收藏等事。正員二人，正四品。　張師魯：本書卷四八《食貨志三》記，貞祐四年（1216）張師魯官户部員外郎，與此處所記異。

[7]武仙：金末地方武裝首領，宣宗所封河北九公之一。時爲真定府尹，兼經略使，封恒山公。本書卷一一八有傳。　遥領中京留守：遥領，授官而因故不能到職。中京留守，中京留守司長官，正三品。宣宗興定元年（1217）八月升河南府爲中京，改府名爲金昌，治所在今河南省洛陽市。

[8]進官一階：散官階晋升一級。散官制肇始於隋，是古代官員品級的一種稱號，與職官相對應，但階官和職官是有區别的，階官高者可以就低職，階官低者亦可以出任高職。宋代官員按階官發俸禄，故稱“寄禄官”，至明清階官和職官始相符合。

三月辛丑，議遷睢州，[1]治書侍御史蒲魯虎奉詔相視京東城池，[2]還言勿遷便，乃止。癸卯，長春節，[3]詔免朝。乙巳，林州元帥惟良擒叛人單仲、李俊，[4]誅之，降其黨盧廣。己酉，以吏部尚書李復亨參知政事，[5]南京兵馬使术甲賽也行懷、孟帥府事。[6]辛亥，進平章政事高汝礪爲尚書右丞相，[7]監修國史，[8]封壽國公。[9]參知政事李復亨兼修國史。平章政事、陝西行尚書省胥鼎進封温國公，[10]致仕。[11]壬子，紅襖賊于忙兒襲據海州，[12]經略使完顏陳兒以兵擊敗忙兒，[13]復取之。甲寅，木星犯鬼宿積尸氣。[14]

[1]睢州：治所在今河南省睢縣。

[2]治書侍御史：御史臺屬官。掌奏事、判臺事。正員二人，從六品。　蒲魯虎：女真人。生平不詳。　京東：地區名。泛指京師（南京）以東地區。

[3]長春節：疑是宣宗生日，稱長春節。

[4]林州：原爲彰德府林慮縣，宣宗貞祐三年（1215）十月升爲林州，治所在今河南省林州市。　惟良：女真人。完顏宗室成員。　單仲、李俊、盧廣：生平俱不詳。

[5]吏部尚書：吏部長官。掌文武官員選授、勳封、考課、出給制誥等事。正三品。　李復亨：榮州河津縣（今山西省河津市）人，年十八中進士。宣宗時官至參知政事。本書卷一〇〇有傳。參知政事：與尚書左丞、右丞並爲執政官，即副宰相。佐治尚書省事。正員二人，從二品。執政官與宰相并稱宰執。

[6]南京兵馬使：本書卷五七《百官志三》記："諸總管府節鎮兵馬司：都指揮使一員，正五品，巡捕盜賊，提控禁夜，糾察諸博徒、屠宰牛馬，總判司事。"　术甲賽也：女真人。生平不詳。懷、孟：州名。懷州，治所在今河南省沁陽市。孟州，治所在今河南省孟州市。

[7]平章政事：與尚書左丞相、右丞相並爲宰相，掌丞天子，平章萬機。正員二人，從一品。　高汝礪：應州金城縣（今山西省應縣）人。世宗大定十九年（1179）進士，宣宗時官至尚書右丞相。本書卷一〇七有傳。　尚書右丞相：尚書省宰相，位在左丞相之下、平章政事之上。從一品。

[8]監修國史：國史院長官。掌監修國史事，多爲兼職。

[9]壽國公：封爵名。明昌格，爲次國封號第二十九。

[10]陝西行尚書省：官署名。即在陝西設立的代行尚書省職權的機構，簡稱陝西行省，治所在今陝西省西安市。　胥鼎：代州繁畤（今山西省繁峙縣）人。尚書右丞胥持國之子，世宗大定二十八年（1188）進士，爲金朝中後期一代名相。本書卷一〇八有傳。　温國公：封爵名。國公封號，從一品。

[11]致仕：亦作"致政"，交還官職、還政於君之意，即離職退休。

[12]紅襖賊：金代統治者對紅襖軍的污稱。從金朝衛紹王統治時期開始，在今山東、河北一帶爆發了大規模的農民起義，因起義軍將士皆衣紅襖，故稱紅襖軍。　于忙兒：紅襖軍首領。　海州：治所在今江蘇省連雲港市西南。

[13]經略使：經略司長官。經略司，本書《百官志》不載。本書卷一四《宣宗紀上》記，貞祐四年（1216）六月，罷河北諸路宣撫司，更置經略司，但經略使官品不詳。出土的金代晚期官印中有"經略使司之印"（參見景愛《金代官印集》，第34頁）。　完顏陳兒：女真人。生平不詳。

[14]木星犯鬼宿積尸氣：一種天文現象。木星，亦稱"歲星"，太陽系八大行星之一。鬼宿，星宿名，二十八宿之一。積尸氣，星官名，在鬼宿中央。據古人解釋，二十八宿各主一個天區。此句的意思是，木星侵入了鬼宿天區內積尸氣的位置。

夏四月庚申朔，詔御史中丞完顔伯嘉提控防城事。[1]癸亥，安武軍節度使柴茂破紅襖賊于棗强。[2]祁州經略使段增順破叛賊甄全于唐縣。[3]夏人犯邊，元帥石盞合喜破之。[4]乙丑，以彰德、衛、輝、滑、濬諸州隸河南路轉運司。[5]以河南路轉運司爲都轉運，[6]視中都，[7]增置官吏。戊辰，禘于太廟。[8]大元遣趙瑞以兵攻孟州。[9]提控魯德、王安復大名府。[10]以參知政事把胡魯權尚書右丞、左副元帥，[11]元帥左都監承立爲右監軍權參知政事，[12]同行尚書省元帥府于京兆。[13]庚辰，東平元帥府總領提控蒲察山兒破紅襖賊于聊城。[14]壬午，命六部檢法以法狀親白部官，[15]聽其面議，大理寺如之。[16]

[1]御史中丞：御史臺屬官。爲御史大夫的副佐，掌糾察朝儀，彈劾官邪，審斷刑獄等事，從三品。　完顔伯嘉：北京路訛魯古必剌猛安女真人。亦作"完顔百家"。章宗明昌二年（1191）進士。宣宗時，伯嘉官至權參知政事，行尚書省於河中府。本書卷一〇〇有傳。

[2]安武軍節度使：掌諸軍防刺，總判本鎮兵馬之事，兼冀州管内觀察使事。從三品。治所在今河北省冀州市。　柴茂：生平不詳。　棗强、祁州：棗强爲縣名，治所在今河北省棗强縣；祁州治所在今河北省安國市。

[3]段增順、甄（zhēn）全：二人生平俱不詳。　唐縣：治所在今河北省唐縣。

[4]赤盞合喜：女真人。時爲元帥左都監，行元帥府事於鞏州。本書卷一一三有傳。

[5]彰德、衛、輝、滑、濬：府州名。彰德府，金初置彰德軍

節度使，章宗明昌三年（1192）升爲府，治所在今河南省安陽市。衛州，治所在今河南省衛輝市。輝州，原是衛州共城縣，章宗大定二十九年（1189）爲避顯宗允恭嫌名改爲河平縣，章宗明昌三年再改稱蘇門縣，宣宗貞祐三年（1215）九月升爲輝州，治所在今河南省輝縣市。滑州，治所在今河南省滑縣。濬州，治所在今河南省浚縣。　河南路轉運司：官署名。掌税賦錢穀、倉庫出納、權衡度量之制。治所在今河南省開封市。

［6］都轉運：官署名。即都轉運司，金代中期以前，唯有中都路置都轉運司，其餘各路置轉運司。國都南遷開封府後，至此升南京路轉運司爲都轉運司。

［7］中都：都城名。古名燕京，遼稱南京析津府，金海陵王貞元元年（1153），遷都於此，改名中都，同時置中都路。治所在今北京市。

［8］禘于太廟：禘，祭祖。太廟，天子祖廟。“禘于太廟”即天子到太廟舉行祭祖儀式。

［9］趙瑞：時爲蒙古軍將領。

［10］提控：金末招募義軍，以四萬户爲一副統，兩副統爲一都統，置都統官一員，又外設一總領提控，故又稱總領官爲提控。提控官原爲從五品，後升爲正四品。出土的金代官印中有“提控印”“提控之印”和“總領提控印”（參見景愛《金代官印集》，第192、195、196頁）。　魯德、王安：生平俱不詳。　大名府：治所在今河北省大名縣。時亦爲大名府路治所。

［11］把胡魯：女真人。哀宗時官至平章政事。本書卷一〇八有傳。　權尚書右丞：權，代理。尚書右丞，尚書省屬官，與尚書左丞、參知政事並爲執政官，位在左丞之下、參知政事之上，正二品。　左副元帥：都元帥府屬官。掌征討之事。正二品。

［12］元帥左都監：元帥府屬官。從三品。　承立：女真人。宗室成員，本名慶山奴。本書卷一一六有傳。　右監軍：即元帥右監軍，都元帥府屬官。正三品。

[13]京兆：府名。治所在今陝西省西安市，京兆府時爲京兆府路治所。

[14]東平：府名。治所在今山東省東平縣，時亦爲山東西路治所。　蒲察山兒：女真人。生平不詳。　聊城：縣名。治所在今山東省聊城市。

[15]六部檢法：官署名。即尚書省右三部檢法司。

[16]大理寺：官署名。掌審斷天下奏案、詳讞疑獄。

五月壬辰，定二品至三品立功遷官格。[1]癸巳，紅襖賊寇樂陵、監山，[2]横海節度使王福連擊敗之，[3]張聚來寇，[4]又敗之。甲午，上擊鞠于臨武殿。[5]丙申，以時暑，免常朝，四日一奏事。丁酉，諭工部暑月停工役。[6]癸卯，大元兵徇陝州。[7]丙辰，大元兵徇兖州，[8]泰定軍節度使兀顔畏可死之。[9]

[1]格：法律條文規定。

[2]樂陵、監山：縣名。中華點校本據本書卷一一八《王福傳》的記載，改"監山"爲"鹽山"。樂陵，治所在今山東省樂陵市。鹽山，治所在今河北省鹽山縣東北。

[3]横海節度使：中華點校本據本書卷二五《地理志中》的記載，改爲"横海軍節度使"。横海軍，軍州名。治所在今河北省滄州市東南。　王福：金末地方武裝首領，宣宗所封河北九公之一。本書卷一一八有傳。

[4]張聚：本爲横海軍節度使王福部將。嘗官棣州防禦使，後依附益都張林爲亂。

[5]擊鞠：即打馬毬，爲女真傳統的體育項目。　臨武殿：宫殿名。在南京開封府皇城内。

[6]工部：官署名。尚書省六部之一。掌修造營建法式、諸作

工匠、屯田、山林川澤之禁、江河堤岸、道路橋樑之事。

[7]徇：奪取。　隩（ào，亦讀yǔ）州：治所在今山西省河曲縣南。

[8]兖州：治所在今山東省兖州市。

[9]泰定軍：軍州名。治所在今山東省兖州市。　兀顔畏可：隆安府猛安女真人。世宗大定二十八年（1188）進士。官至汾陽軍節度使，兼經略使。宣宗興定二年（1218），城破殉國。本書卷一二二有傳。

六月丙寅，遣人招張柔。[1]丁卯，詔減監察御史四員。[2]戊辰，山東民僑居者募壯士五百人，益東莒公燕寧軍。[3]月犯土星。[4]己巳，太白晝見于張，[5]百八十有四日乃伏。甲戌，制諸倉場庫院巡護軍，受提舉倉場司及監支納官彈壓。[6]京畿不雨，[7]勑有司閲獄，[8]雜犯死罪以下皆釋之。丁丑，大元遣楊在攻下大名，[9]又攻開州及東明、長垣等縣。[10]己卯，祈雨。庚辰，宋人方子忻來歸，[11]有司處之鄭州。[12]上曰："吾民奔宋者，彼例衣食之。彼來歸者，不善視之，或復逃歸，漏泄機事。"命增子忻廩給，[13]有司優遇之。元帥右監軍、權參知政事承立上封事。

[1]張柔：原爲河北地方武裝首領苗道潤的部下，後投降蒙古。《元史》卷一四七有傳。

[2]監察御史：御史臺屬官。掌糾察内外百官，檢查諸官署賬目案牘，並監祭禮及出使之事。正七品。世宗大定二年（1162）定員八人，章宗承安四年（1199）增至十人，承安五年增至十二人。

[3]東莒公：封爵名。郡公封號，正從二品。宣宗封河北九個

地方武裝首領爲郡公，時稱“九公封建”。東莒公是“九公”之一。　燕寧：原爲莒州提控，以軍功得封東莒公，宣宗興定五年（1221）戰死。本書卷一一八有傳。

［4］月犯土星：土星，星宿名，我國古代亦稱“填星”“鎮星”，太陽系八大行星之一。月犯土星即月亮遮住了土星。

［5］太白晝見于張：太白，星名，又稱“金星”，太陽系八大行星之一。張，星宿名，二十八宿之一。太白晝見於張，即金星白天出現在張宿的天區内。

［6］提舉倉場司：官署名。宣宗貞祐五年（1217）置，掌出納公平及勿致虧敗。　監支納官：指宫廷内各監司的官員。　彈壓：指揮，統領。

［7］京畿：京師附近地區。

［8］閱獄：視察、檢查監獄。古人迷信，認爲訴訟不公，獄有冤情，就會導致天不下雨，所以皇帝命有司閱獄。

［9］楊在：時爲蒙古軍將領。

［10］開州：治所在今河南省濮陽市。　東明、長垣：縣名。東明縣，治所在今山東省東明縣南。長垣縣，治所在今河南省長垣縣東。

［11］方子忻：生平不詳。

［12］鄭州：治所在今河南省鄭州市。

［13］廩給：朝廷給予的糧食等生活用品。

秋七月辛卯，宋人及紅襖賊犯河朔，[1]諸郡皆降，獨滄州經略使王福固守。[2]會益都賊張林來攻，[3]福乃叛降林，帥府請討之。是日，雨。癸丑，林州行元帥府遣總領嚴禄等討紅襖賊于彰德府，[4]生擒僞安撫使王九詔。[5]詔參知政事李復亨爲宣慰使，[6]御史中丞完顔伯嘉副之，循行郡縣劭農。[7]以烏古論仲端等使大元。[8]

[1]河朔：地區名。泛指黄河大曲折以東的今山西省中南部及河北之地。

[2]滄州：治所在今河北省滄州市東南。

[3]益都：府名。治所在今山東省青州市，時亦爲山東東路治所。　張林：益都府治中，曾驅逐權知益都府事田琢。

[4]總領：金末招募義軍所設之職。亦稱總領使，有時亦稱提控，原爲從五品，哀宗正大二年（1225）改稱都尉，升爲正四品。正大四年，又升爲從三品。　嚴禄：生平不詳。

[5]安撫使：安撫司長官。掌鎮撫人民、譏察邊防軍旅、審録重刑事。正三品。僞安撫使指紅襖軍政權所任命的官員。　王九詔：生平不詳。

[6]宣慰使：官名。本書《百官志》不載，應是臨時設置的官職。

[7]劭農：劭，勸勉。劭農即勸農。

[8]烏古論仲端：按，此處人名有誤，本卷下文興定五年（1218）十二月，“禮部侍郎烏古孫仲端，翰林待制安庭珍使北還”。本書卷一二四《烏古孫仲端傳》亦記，仲端與安庭珍奉使乞和於蒙古，“自興定四年七月啓行，明年十二月還至”。故此處“烏古論仲端”當爲烏古孫仲端。烏古孫仲端，女真人，時爲禮部侍郎。

八月戊午朔，嚴實、成江、王贇據濟南，[1]山東招撫高居實遣人招嚴實于青崖砦，[2]獲其款以聞。李全犯東平府，[3]監軍王庭玉敗之，[4]擒其僞安化軍節度使張林。[5]庚申，高陽公張甫請增兵守冀州。[6]上諭樞密，[7]潁州民渡淮爲宋軍者凡十村，[8]可追索主者，懲一二以誡其餘。庚午，敕掌兵官不聽舉縣令。夏人陷會州，[9]

刺史烏古論世顯降。[10]甲戌，陝西行省報龕谷敗夏人之捷。[11]乙亥，上諭宰臣，河南水灾，唐、鄧尤甚。[12]其被灾州縣，已除其租。餘順成之方，止責正供，[13]和糴、雜徵並免。[14]仍自今歲九月始，停周歲桑皮故紙折輸。[15]流民佃荒田者如上優免。丙子，陝西行省與夏人議和。戊寅，定選補親軍法。[16]己卯，罷葭州招撫司。[17]壬午，陝西路行省承裔報定西州之捷。[18]丙戌，以隨路諸軍户徙河南、京東、西、南路，[19]各設檢察使、副。恒山公武仙降大元。[20]

[1]嚴實、成江、王贇（yūn）：嚴實，泰安州人，山東地方武裝首領，宣宗時權長清縣令，先降宋，後降蒙古，《元史》卷一四八有傳。成江、王贇，生平俱不詳。　濟南：府名，治所在今山東省濟南市。

[2]高居實：生平不詳。　青崖砦：舊址在今山東省長清縣東南。

[3]李全：金朝濰州北海縣（今山東省濰坊市）人，紅襖軍首領。先附宋，再降蒙古，後敗死。《宋史》卷四七六、卷四七七有傳。

[4]王庭玉：時爲元帥右監軍，行樞密院事。

[5]僞安化軍節度使張林：金朝安化軍節度使治所設在密州，即今山東省諸城市。因當時張林已叛金，自稱安化軍節度使，故前加“僞”字。此張林是桃林寨總管、綽號叫“張大刀”的張林。

[6]高陽公：封爵名。郡公封號，是宣宗時所封的“河北九公”之一。正從二品。

[7]樞密：官署名。即樞密院。掌國家軍務機密之事。

[8]潁州：治所在今安徽省阜陽市。

[9]會州：又稱新會州，治所在今甘肅省靖遠縣南。

[10]刺史：此處指會州刺史，會州長官。正五品。　烏古論世顯：金朝臨洮路第五將城突門族人。本姓包氏，賜姓烏古論氏。本書卷一一三《赤盞合喜傳》作“烏古論世鮮”。

[11]龕谷：縣名。治所在今甘肅省榆中縣南。

[12]唐：州名。治所在今河南省唐河縣。

[13]正供：朝廷法定的賦税。

[14]和糴（dí）：金朝實行的一種糧食購買政策。即遇豐收之年，國家以市價或高於市價的價格購買民間糧食，儲於官倉，充軍糧或備荒。　雜征：指國家的雜税。

[15]桑皮故紙折輸：税名。即桑皮故紙錢。時用桑皮故紙印製交鈔，因這種紙很不容易弄到，所以國家就將其折價，作爲一種税賦攤派給百姓，叫作“桑皮故紙錢”。

[16]親軍：皇帝的侍衛親軍。

[17]葭州：治所在今陝西省佳縣。

[18]承裔：女真人。宗室成員，本名白撒。本書卷一一三有傳。　定西州：原爲鞏州定西縣，貞祐四年（1216）六月升爲州，治所在今甘肅省定西市南。

[19]以隨路諸軍户徙河南、京東、西、南路，各設檢察使、副：按，此處斷句有誤。本書卷五六《百官志二》記，“京東、西、南三路檢察司”，下注“興定四年置”。據此，以上應斷爲“以隨路諸軍户徙河南，京東、西、南路各設檢察使、副”。檢察使、副，即檢察使和檢察副使。爲檢察司的長官和副佐，掌檢察支散軍糧，驗軍户實給，均軍户差役，勸農種，勿犯私殺馬牛、私鹽私酒之罪。檢察使爲從六品，副使爲正七品。

[20]恒山公：封爵名。郡公封號，正從二品，爲宣宗所封的“河北九公”之一。

九月戊子，詔遣官于河南、陝西選親軍。辛卯，進《章宗實録》。[1]戊戌，大元木華里屯軍真定。[2]置總領元帥府于歸德，[3]以壽州、陳留兩鎮兵屬之。[4]庚子，夏人入定西州。壬寅，宋人屯皂郊堡，[5]行軍提控完顔益都擊敗之。[6]大元遣塔忽等來。[7]癸卯，夏人來侵。甲辰，滕州招捕提控夏義勇討紅襖賊，[8]敗之。乙巳，詔參知政事李復亨提控芻粮事。[9]己酉，夏人陷西寧州，[10]尚書省都事僕散奴失不坐誅，[11]駙馬都尉徒單壽春奪官一階，[12]杖六十。癸丑，更定安泊逃亡出征軍人罪及捕獲賞格。甲寅，宋人出秦州，[13]及夏人來侵。丙辰，鞏州行元帥府事石盞合喜報定西州之捷。[14]

[1]《章宗實録》：史書名。金宣宗時官修而成，先後由高汝礪、張行簡、張行信等人主修。

[2]木華里：蒙古人。《元史》作“木華黎”，姓札剌兒氏。率蒙古軍隊攻金，被元太祖封爲太師、國王。因其後裔的封地在遼西，故傳説木華黎的墓在今遼西錦州市境内。《元史》卷一一九有傳。　真定：府名。治所在今河北省正定縣。時亦爲河北西路治所。

[3]歸德：府名。治所在今河南省商丘市南。

[4]壽州：治所在今安徽省鳳臺縣。　陳留：縣名。治所在今河南省開封市東南的古陳留城。

[5]皂郊堡：寨堡名。亦作“皂角堡”，舊址在今甘肅省天水市南。

[6]行軍提控：官名。應是行軍作戰時臨時委任的提控官。完顔益都：女真人。生平不詳。

[7]塔忽：蒙古人。時爲蒙古軍將領。

[8]滕州：治所在今山東省滕州市。　招捕提控：官名。應是爲鎮壓農民起義軍而委任的提控官。　夏義勇：生平不詳。

[9]芻粮：糧草。

[10]西寧州：治所在今甘肅省寧縣。

[11]尚書省都事：尚書省屬官。尚書省左、右司各有都事二員。正七品。　僕散奴失不：女真人。生平不詳。

[12]駙馬都尉：魏晋以後成爲封賞給皇帝女婿的榮譽官銜。徒單壽春：女真人。生平不詳。

[13]秦州：治所在今甘肅省天水市。

[14]鞏州：治所在今甘肅省隴西縣。

冬十月壬戌，大元遣蒙古塔忽、訛里剌等來。[1]己卯，陝西東路行省報綏德州之捷。[2]泗州元帥府言，[3]紅襖賊一月四入寇，掠人畜而去。庚辰，上擊鞠于臨武殿。辛巳，授紅襖賊時青滕陽公、本處兵馬總領、元帥兼宣撫。[4]癸未，京西山寨各設守禦使、副，[5]令本路帥府總之。論陝西行省圖復會州。上擊鞠于臨武殿。

[1]蒙古塔忽、訛里剌：俱蒙古人。蒙古塔忽即前文所記的塔忽。訛里剌，生平不詳。

[2]陝西東路：即京兆府路，治所在今陝西省西安市。　綏德州：治所在今陝西省綏德縣。

[3]泗州：治所在今江蘇省盱眙縣北的淮河左岸，舊址已沉入洪澤湖中。

[4]時青：滕陽人，紅襖軍首領。失敗後歸附金，又降宋，此時又由宋來歸。本書卷一一七有傳。　滕陽公：封爵名。郡公封號。正從二品。

[5]守禦使、副：即各山寨的守禦使和守禦副使。

十一月丁亥朔，免越王永功朔望朝參。[1]易水公靖安民爲其下所殺。[2]戊子，黄陵堈經略使烏古論石虎等以戰陣失律，[3]伏誅。壬辰，木星晝見于翼，[4]積六十有七日伏，夜又犯靈臺第一星。[5]甲午，河南水，遣官勸課。更浮山縣名忠孝。[6]戊戌，詔復衛紹王王爵，仍加開府儀同三司。[7]壬寅，山東東路軍户徙許州，[8]命行東平總管府治之，[9]判官一人分司臨潁。[10]乙巳，詔柴茂權元帥左都監，[11]蓋仁貴攝右都監，[12]同行元帥府于真定。是月，大元木華里國王以兵圍東平。

[1]越王：封爵名。明昌格，爲大國封號第九。　永功：女真人。即完顔永功，世宗之子，本書卷八五有傳。　朔望：農曆每月初一日和十五日。

[2]易水公：封爵名。郡公封號，爲宣宗時所封的“河北九公”之一。正從二品。　靖安民：本書卷一一八有傳。

[3]黄陵堈：地名。亦作“黄陵崗”，舊址在今山東省曹縣西南的黄河故道上。　烏古論石虎：女真人。生平不詳。　戰陣失律：在戰場上違犯軍令。

[4]木星晝見于翼：天文現象。翼，星宿名，二十八宿之一。此句的意思是，木星白天出現在翼宿的天區内。

[5]夜又犯靈臺第一星：中華點校本據本書卷二〇《天文志》的記載，於“靈臺”下補“北”字。靈臺，星名。《晋書·天文志上》載，“明堂西三星曰靈臺，觀台也，主觀雲物、察符瑞、候灾變也”。

[6]浮山縣：治所在今山西省浮山縣。

[7]開府儀同三司：文官散階，從一品上。

[8]山東東路：治所在今山東省青州市。　許州：治所在今河南省許昌市。

[9]東平總管府：官署名。即山東西路總管府，治所在今山東省東平縣。

[10]判官：山東西路總管府屬官。掌綱紀總府衆務，分判兵案之事。從六品。　分司臨潁：在臨潁設置總管府的派出機構。臨潁是縣名，治所在今河南省臨潁縣。

[11]元帥左都監：都元帥府屬官。從三品。1954 年，在河北保定征集到一方金代"元帥左都監印"（參見鄭紹宗《河北古代官印集釋》，《文物》1984 年第 9 期）。

[12]蓋仁貴：生平不詳。　攝：以低官階出任高職。

十二月甲戌，祈雪。禮部郎中權左司諫抹撚胡魯剌上封事。[1]戊寅，詔軍官許月擊鞠者三次，以習武事。庚辰，臘，享于太廟。乙酉，鎮南軍節度使温迪罕思敬上書言錢幣、税賦二事。[2]

[1]禮部郎中：禮部屬官。佐掌禮樂、祭祀、學校、貢舉諸事。從五品。　左司諫：諫院屬官。掌正百官非違，糾正官邪。從五品。　抹撚胡魯剌：女真人。本書卷一五《宣宗紀中》記，興定二年（1218）有以禮部侍郎爲汾陽軍節度使、權元帥左都監的抹撚胡魯剌。本書卷一一一《古里甲石倫傳》、《金文最》卷九《古里甲清臣疏》皆作"抹撚胡剌"，與此處所記抹撚胡魯剌似係二人（參見陳述《金史拾補五種》，科學出版社 1960 年版，第 103 頁）。　上封事：上秘章奏事。

[2]鎮南軍節度使：掌鎮撫諸軍防刺，總判本鎮兵馬之事，兼蔡州管内觀察使事。從三品。治所在今河南省汝南縣。　温迪罕思敬：女真人。章宗泰和年間曾任尚書左司郎中。

五年春正月丙戌朔，免朝。丁亥，世宗忌日，謁奠于啓慶宮。[1]戊子，括南京諸州逋户舊耕官田，[2]給軍户。壬辰，議禦西夏及征南事。諭皇太子以東平禦敵方略。甲午，諭樞密院，南伐事重，當詳議其便。撰故衛王事迹，如海陵庶人例。[3]丁酉，大元兵攻天井關。[4]戊戌，宋人襲泗州西城，[5]提控王禄死之。[6]辛丑，太白晝見于牛，[7]二百三十有二日伏。乙巳，詔諸道兵集蔡州。[8]己酉，伐宋。庚戌，山東行省報東平之捷。

[1]啓慶宮：宮殿名。在金代南京皇城内。

[2]逋户：流亡、外逃的人户。

[3]海陵庶人：指金朝第四代皇帝完顏亮，本名迪古迺，1149年至1162年在位。世宗即位，於大定二年（1162）降封完顏亮爲海陵郡王，至大定二十年（1180）又廢除其王爵封號，降封爲海陵庶人。本書卷五有紀。

[4]天井關：舊址在今山西省晋城市南。

[5]泗州西城：時泗州有東、西兩城。

[6]王禄：生平不詳。

[7]太白晝見于牛：天文現象。即金星白天出現在牛宿的天區内。牛，星宿名，二十八宿之一。

[8]蔡州：治所在今河南省汝南縣。

二月丙辰朔，置招撫司于單州。[1]曲赦東平府。庚申，下詔伐宋。以内族惟弼權同簽樞密院事，[2]行院于中京；[3]斡勒合打權元帥府右都監，[4]行元帥府于蔡、息；[5]納合降福權簽樞密院事，[6]行院于宿州；[7]孛术魯達阿權元帥右都監，[8]完顏訛論副右都監，行元帥府于唐、鄧。戊辰，罷懷州行元帥府，復置招撫司，與孟州經略司並受中京行樞密院節制。辛未，僕散安貞以兵出息州，[9]破宋人于浄居山寺，[10]拔黄土關。[11]癸酉，以旱灾，曲赦河南路。丙子，禁京城兵器。元帥紇石烈牙吾塔破宋兵，[12]復泗州。進逼濠州，[13]至渦口，[14]乏粮而還西城。癸未，以旱灾，詔中外。

[1]單州：治所在今山東省單縣。

[2]惟弼：女真人。即完顔惟弼。　内族：金代前期稱完顔氏皇族成員爲宗室，章宗明昌年間，因避世宗父宗輔（一名宗堯）名諱，改稱“内族”。　同簽樞密院事：樞密院屬官。正四品。

[3]中京：陪都名。宣宗興定元年（1217）升河南府爲中京，治所在今河南省洛陽市。

[4]斡勒合打：蓋州本得山猛安女真人。宣宗時出知河間府，權元帥右都監，行元帥府事。本書卷一〇四有傳。

[5]息：州名。治所在今河南省息縣。

[6]納合降福：女真人。生平不詳。

[7]宿州：治所在今安徽省宿州市。

[8]孛术魯達阿：女真人。生平不詳。

[9]僕散安貞：女真人。世宗外孫，尚邢國長公主。時爲左副元帥、權參知政事，後以謀反罪遭誅。本書卷一〇二有傳。

[10]浄居山：在今河南省新縣境内，時爲南宋轄境。

[11]黄土關：關隘名。舊址在今河南省新縣東南，時爲南宋光州轄境。

[12]紇石烈牙吾塔：女真人。時爲元帥左都監，行山東西路兵馬都總管府事，兼武寧軍節度使。本書卷一一一有傳。

[13]濠州：治所在今安徽省鳳陽縣東北，時爲南宋轄境。

[14]渦口：地名。在安徽懷遠縣渦河入淮河處。

三月丙戌朔，上御仁安殿，[1]祈雨，仍望祭于北郊。庚寅，宋人圍唐、鄧，行元帥府事完顔訛論力戰卻之。前鄧州千户孛术魯毛良虎自拔歸國，[2]訛論便宜遷其官三階，[3]授同知唐州事，[4]乞正授以示信，[5]從之。乙未，罷河南路行三司。[6]丙申，參知政事徒單思忠進尚書右丞、兼修國史，[7]以太子詹事僕散毅夫爲參知政事。[8]諭宰臣曰："今奉御、奉職多不留心采訪外事。[9]聞章宗時近侍人秩滿，以所采事定升降。今亦宜預爲考覈之法，[10]以激勸之。"戊戌，長春節，免朝。己亥，夏因叛人竇趙兒之招，[11]入據來羌城，[12]孛术魯合住以重賞誘脅從人爲内應，[13]督兵急攻城，拔之。省試經義進士，[14]考官于常額外多放喬松等十餘人。[15]有司奏請駁放，上已允，尋復遣諭松等曰："汝等中選而復黜，[16]不能無動于心。方今久旱，恐傷和氣，今特恩放汝矣。"庚子，賜林州行元帥府經歷官康瑶進士及第。[17]瑶以武階乞赴廷試，[18]故有是命。丙午，以旱築壇祀雷雨師。壬子，雨。

[1]仁安殿：宫殿名。在南京皇城内。

[2]千户：即猛安，亦稱千夫長。金初千户官四品，金末千户已成爲不入流的低級軍官。　孛术魯毛良虎：女真人。其他事迹不詳。　自拔歸國：從敵占區逃出歸順朝廷。

[3]便宜：一種相對的自决權。本書卷四四《兵志》："及南遷，河北封九公，因其兵假以便宜從事，沿河諸城置行樞密院元帥

府，大者有‘便宜’之號，小者有‘從宜’之名。”即不用申奏朝廷，由地方官自行决定的權力。

[4]同知唐州事：爲唐州刺史副佐，掌通判州事。正七品。治所在今河南省唐河縣。

[5]正授：正式任命。

[6]行三司：官署名。在地方所設代行三司職權的機構。三司指鹽鐵、度支、户部三科，兼勸農事。

[7]徒單思忠：女真人。本書有兩徒單思忠，一是卷一二〇《世戚傳》所記者，一是劉祁《歸潛志》卷七所記綽號爲“麻椎相公”者。此處所記徒單思忠是後者。

[8]太子詹事：東宫屬官。掌總統東宫内外庶務。從三品。　僕散毅夫：女真人。宣宗興定元年（1217）曾任左司諫。

[9]奉御、奉職：皆爲近侍局屬官，本書卷五六《百官志二》記云：“奉御十六人，舊名入寢殿小底。奉職三十人，舊名不入寢殿小底，又名外帳小底。”

[10]考覈之法：考察官吏的辦法。“覈”是核的異體字。

[11]竇趙兒：生平不詳。

[12]來羌城：城堡名。舊址在今甘肅省臨夏縣境内。

[13]孛术魯合住：女真人。時爲通遠軍節度使。

[14]省試：是由尚書省禮部主持的科舉考試，故又稱禮部試，亦稱會試。　經義進士：科舉科目名，是金代漢進士科之一。

[15]喬松：本書僅此一見，生平不詳。

[16]黜：除名，斥落榜外。

[17]林州行元帥府經歷官：林州行府屬官。本書卷五五《百官志一》記，“行臺官品皆下中臺一等”。都元帥府經歷官爲正七品，故行府經歷官應爲從七品。　康琚：生平不詳。

[18]武階：即武職散官階。金代武官從二品以上至從一品用文官階，自正三品以下用武官階，從龍虎衛上將軍到進義副尉共四十二階。　廷試：科舉最高級考試。因在殿廷上舉行，故稱廷試，又

稱殿試，亦稱御試。

四月己未，山東行省蒙古綱言："東莒公燕寧戰敗而死。寧所居天勝砦據險，[1]寧亡，衆無所歸，變在朝夕。權署其提控孫邦佐爲招撫使，[2]黄摑兀也爲總領，[3]以撫其衆。"遣使請命，勑有司議之。辛酉，禱雨于太廟。丙寅，僕散安貞破宋黄、蘄等州。[4]壬申，俘宋宗室男女七十餘口獻于京師。癸酉，詔親軍中武舉第而授職需次者，[5]仍執舊役，廩給循常，闕至發遣。[6]辛巳，監察御史劉從益以彈劾失當，[7]奪官一階，[8]罷之。詔定進士中下甲及監官散階至明威者舉充縣令法。[9]

[1]天勝砦：本書卷一一八《燕寧傳》作"天勝寨"，舊址在今山東省莒縣境内。

[2]孫邦佐：原爲紅襖軍將領，此時已歸降朝廷。

[3]黄摑兀也：女真人。生平不詳。

[4]黄、蘄（qí）：州名。黄州，治所在今湖北省黄岡市。蘄州，治所在今湖北省蘄春縣東北。時兩州皆爲南宋所轄。

[5]中武舉第：即中武進士。

[6]闕：義同"缺"。

[7]劉從益：渾源縣（今山西省渾源縣）人，衛紹王大安元年（1209）進士。官至監察御史。本書卷一二六有傳。

[8]奪官一階：降散官階一級。

[9]進士中下甲：時進士科録取分爲一、二、三甲，二、三甲又稱中甲和下甲。　明威：階官名。即明威將軍，爲金代武官散階正五品下。

五月甲申朔，日有食之。戊戌，宋人據楚丘，[1]官軍復之。庚子，納蘭記僧伏誅，[2]告人趙鋭升職四等。[3]壬寅，陜西元帥完顔賽不遣使來獻晋安、平陽之捷，[4]方議其賞，御史烏古論胡魯劾其縱將士鹵掠，[5]不副主上除亂捄民之意，[6]乞正其罪。上以賽不有功，詔勿問，賞議亦寢。癸卯，唐州守將訛論爲元帥賽不猶子，[7]與宋人戰唐州境上，爲宋人所敗，死者七百餘人，匿之而以捷聞。御史納蘭發其事。[8]上以賽不故，亦不之罪，而以是意諭之。乃稱納蘭敢言，録其功付有司，秩滿考最。[9]癸丑，東平内徙，命蒙古綱行省于邳州，[10]王庭玉行帥府于黄陵堈。

[1]楚丘：縣名。治所在今山東省曹縣東南。

[2]納蘭記僧：女真人。生平不詳。

[3]趙鋭：生平不詳。

[4]晋安、平陽：府名。晋安府，原名絳州，宣宗興定二年（1218）升爲晋安府，治所在今山西省新絳縣。平陽府，治所在今山西省臨汾市，時亦爲河東南路治所。

[5]烏古論胡魯：女真人。生平不詳。　鹵掠：即擄掠。鹵與“擄”通。

[6]捄（jiù）：同“救”。

[7]猶子：侄子。

[8]納蘭：女真人姓氏。不能確指爲誰。

[9]秩滿考最：古代官制術語。任官期滿考核時列爲一等。

[10]邳州：治所在今江蘇省邳州市西南的古下邳城。

六月甲寅朔，尚書省奏駙馬都尉安貞反狀，[1]上閔奏慮其不實，謂平章政事英王守純曰：[2]“國家誅一大臣，必合天下後世公議。其令覆按之。”[3]乙丑，遣使諭晉陽公郭文振、上黨公完顔開各守疆土，[4]同心濟難，毋以細故啓釁端，誤國事。戊寅，僕散安貞坐謀反，并其三子，皆伏誅。己卯，越王永功薨。[5]庚辰，輟朝。壬午，上親奠于殯所。

[1]尚書省：行政官署名。金熙宗時中央置三省，至海陵王即位後，實行官制改革，罷中書、門下二省，祇置尚書省。是金朝最高政務機關。

[2]英王：封爵名。明昌格，爲次國封號第二十八。　守純：女真人。即完顔守純，宣宗第二子。本書卷九三有傳。

[3]覆按：重新審核。

[4]晉陽公：封爵名。郡公封號，正從二品，宣宗所封“河北九公”之一。　郭文振：本書卷一一八有傳。　上黨公：封爵名。郡公封號，宣宗所封“河北九公”之一。正從二品。　完顔開：本漢人張開，賜姓完顔。本書卷一一八有傳。

[5]薨（hōng）：古以諸侯死謂之“薨”。

秋七月己亥，義勇軍叛，[1]據碭山縣。[2]庚子，詔增給徐州、清口等處戍兵衣粮。[3]己酉，碭山賊夜襲永城縣，[4]行軍副總領高琬敗之，[5]命蒙古綱並力討捕。辛亥，單州招撫劉瓊乞移河南粮濟其軍，[6]詔給之。

[1]義勇軍：軍名。金末義軍的一支。

[2]碭山縣：治所在今安徽省碭山縣。

[3]徐州：治所在今江蘇省徐州市。　清口：地名。即清河口，

在山東省東平縣西。

[4]永城縣：治所在今河南省永城縣。

[5]副總領：總領官副佐。從六品。　高琬：生平不詳。

[6]劉瓊：生平不詳。

八月壬子朔，罷黃陵堈招撫司。上諭尚書省，碭山叛軍家屬囚歸德，旬餘不給粮，恐傷其生。宰臣奏，已給之矣。又諭樞密，河北艱食，[1]民欲南來者日益多，速令渡之，毋致殍死。[2]癸亥，林、懷帥府邀擊紅襖賊于伏恩村，[3]敗之。甲子，詔南征潰軍復歸而能力戰者，依出界立功格賞之。乙丑，宋人掠沈丘，[4]殺縣令。甲戌，命有司除逋户負租，毋徵見户。[5]

[1]艱食：缺糧，鬧饑荒。

[2]殍（piǎo）死：餓死。

[3]伏恩村：地名。今地不詳。

[4]沈丘：縣名。治所在今安徽省臨泉縣。

[5]見户：現有住户。見與“現”通。

九月甲申，以京東歲饑多盗，遣御史大夫紇石烈胡失門爲宣慰使，[1]往撫安之。更定監察御史違犯的决法。[2]丁亥，詔州府及軍官捕盗慢職，四品以下宣慰使决之，三品以上奏裁。戊子，增授隰州招撫使軒成官，[3]改受西省節制。[4]乙巳，崇進、駙馬都尉定國公徒單公弼薨。[5]庚戌，歲星犯左執法。[6]右丞相高汝礪表乞致仕，詔温留之。[7]

[1]御史大夫：御史臺長官。掌糾察朝儀、彈劾官邪、勘鞫官府公事，審斷内外重大獄案。金初爲正三品，世宗大定十二年（1172）升爲從二品。　紇石烈胡失門：上京路猛安女真人。章宗明昌五年（1194）進士，宣宗時官至吏部尚書。本書卷一〇四有傳。

[2]的决法：犯人受杖刑，按判定的杖數施行叫“的决”，施行的相關規定，即“的决法”。

[3]隰（xí）州：治所在今山西省隰縣。　軒成：原爲河東義軍程琢部下，程琢死，軒成率衆保隰州，朝廷任命他爲隰州同知、兼提控軍馬。

[4]改受西省節制：中華點校本據本書卷一一八《胡天作傳》和《郭文振傳》的相關記載，於“改授”下補“陝”字。

[5]崇進：文官散階，從一品下。　定國公：封爵名。國公封號。從一品。　徒單公弼：女真人。尚世宗女息國公主。本書卷一二〇有傳。

[6]歲星犯左執法：歲星，即木星。左執法，星名，屬太微垣。即木星侵入太微垣左執法的位置。

[7]詔温留之：降詔好言挽留。

冬十月癸丑，進汝礪官榮禄大夫。[1]命僕散毅夫行尚書省于京東，督諸軍芻粮。乙卯，太醫侯濟、張子英治皇孫疾，[2]用藥瞑眩，[3]皇孫不能任，遂不療，罪當死。上曰：“濟等所犯誠宜死，然在諸叔及弟兄之子，便應准法行之，以朕孫故殺人，所不忍也。”命杖七十，除名。尚書省言：“司、縣官貪暴不法，部民逃亡，既有决罰，他縣停匿亦宜定罪。隨處土民久困徭役，客户販鬻坐獲厚利，官無所斂，亦宜稍及客户，以寬土民。

行院帥府幕職，雖無部衆，亦嘗贊畫戎功，而推賞止進官一階，宜聽主將保奏，第功行賞。”[4]上皆從其請。戊午，遣親軍討河南群盜。辛酉，大元兵攻綏德州。壬戌，夏人復侵龕谷。甲子，勑監察所彈事，同列不可預聞，著爲令。丁卯，夏人犯定西、積石之境。[5]戊寅，分京畿戍卒萬二千，河中民兵八千，以許州元帥紇石烈鶴壽將之，[6]屯潼關西。[7]

[1]榮禄大夫：文官散階，從二品下。

[2]太醫：太醫院屬官。有正奉上太醫、副奉上太醫、長行太醫之分，是專門爲皇帝和宫内服務的御醫。　侯濟、張子英：生平俱不詳。

[3]瞑眩：一種中醫治病方法。《孟子・滕文公上》記：“若藥不瞑眩，厥疾不瘳。”趙岐注：“瞑眩，藥攻人疾，先使瞑眩憒亂，乃得瘳愈也。”

[4]第功行賞：論功勞大小按等行賞。

[5]積石：州名。治所在今青海省循化撒拉族自治縣。

[6]紇石烈鶴壽：西北路山春猛安女真人。章宗泰和三年(1203) 武舉進士，宣宗時，官至權元帥左都監，行元帥府於鄜州。鄜州城破，力戰而死。本書卷一二二有傳。

[7]潼關：地在今陝西省潼關市北。

十一月癸未，陝西東路行省報安塞堡敗夏人之捷。[1]甲申，諭太府減損食品。[2]庚寅，募民興南陽水田。[3]壬辰，太子、親王、百官表賀安塞堡之捷，卻之。乙未，夏人攻龕谷。宋人攻蘄縣。[4]紅襖賊掠宿州。辛丑，詔蠲徐、邳、宿、泗等州逋租，[5]官民有能墾闢閒田，[6]除來年科徵。[7]歸德、亳、壽、潁停閣逋户租外，[8]仍蠲三之一。[9]逋户田廬有司募民承業，禁其毀損，以俟來復。蒲城縣民李文秀等謀反，[10]伏誅。壬寅，宋人焚潁州，執防禦判官而去。[11]是日，相國寺火。[12]大元兵攻延安。[13]

[1]安塞堡：舊址在今陝西省安塞縣西北。

[2]太府：官署名。即太府監，掌出納邦國財用錢穀之事。

[3]南陽：縣名。治所在今河南省南陽市。

[4]蘄縣：治所在今安徽省宿州市南。

[5]逋租：逃欠的官租。

[6]闢：開墾。

[7]除來年科徵：免除來年租税。

[8]亳：州名。治所在今安徽省亳州市。

[9]蠲（juān）：減免，免除。

[10]蒲城縣：治所在今陝西省蒲城縣。　李文秀：生平不詳。

[11]防禦判官：潁州屬官。此處指潁州防禦判官，掌簽判州事，通檢推排簿籍。正八品。

[12]相國寺：佛寺名。即大相國寺，在今河南省開封市。

[13]延安：府名。治所在今陝西省延安市。時亦爲鄜延路治所。

十二月辛亥朔，以大元兵下潼關、京兆，詔省院議之。[1]壬子，罷辟舉縣令法。丁巳，禮部侍郎烏古孫仲端，[2]翰林待制安庭珍使北還，[3]各遷一階。庚申，罷河南義軍。[4]丁卯，詔罷新簽民軍，減樞密院掌兵官及京城戍兵，仍諭行院帥府，毋擅增設補簽。辛未，罷行總管府及招討統軍檢察等司。[5]定宋人來歸賞格及詐誘征防軍人逃亡罪法。癸酉，元帥合達、買住及其將士以延安功特賞賚之，[6]仍下詔獎諭。

[1]省院：指尚書省和樞密院。

[2]禮部侍郎：禮部尚書副佐。正四品。　烏古孫仲端：女真人。章宗承安二年（1197）女真進士，哀宗時官至權參知政事。哀宗東狩，仲端留守汴京，崔立之變前一日，自縊殉國。本書卷一二四有傳。

[3]翰林待制：翰林院屬官。分掌詞命文字、分判院事。正五品。　安庭珍：生平不詳。

[4]義軍：軍名。是金末以河北逃亡者爲主體所組織的軍隊。宣宗南遷，於貞祐三年（1215）始由古里甲石倫招募義軍，以三十人爲一謀克，五謀克爲一千户，四千户爲一萬户。萬户官僅爲正九品（詳見本書卷一〇二《蒙古綱傳》）。

[5]行總管府：官署名。即代行總管府職權的機構。　招討統軍檢察等司：官署名。即招討司、統軍司、檢察司。

[6]合達、買住：女真人。合達即完顏合達，時爲元帥右都監，兼知延安府事。本書卷一一二有傳。買住即納合買住，時爲征行元帥。

閏月辛巳朔，大元兵徇鄜州，[1]保大軍節度使完顏六斤、權元帥左都監紇石烈鶴壽、右都監蒲察婁室、遥授金安軍節度使女奚烈資禄皆死之。[2]乙酉，提控术甲咬住破沈丘賊于陳瓦。[3]丙戌，頒詔撫諭河南土寇。戊子，熒惑犯軒轅。[4]己丑，孫瑀及捕盜官吾古出招降泰和縣賊二千人，[5]詔斬其首惡，餘皆釋之。同知保静軍節度使郭澍以徵粮失期，[6]誣殺平民，坐誅。辛卯，官軍復葭州。癸巳，通遠軍節度使孛术魯合住削官。[7]甲午，月犯熒惑。丙申，紅襖賊夜入蒙城縣，[8]縣官失其符印，軍民死者甚衆，賊大掠而去。戊戌，鎮星晝見于軫。[9]己亥，發兵捕京東盗。太白晝見于室。[10]壬寅，發上林署粟賑貧民。[11]陳、亳等州，鹿邑、城父諸縣，[12]盗蜂起，趣樞府遣官討之。捕盗軍所過殘民，遣御史一人按視。軍所獲牛，有司以官錢收贖。戊申，詔定招捕土寇官賞格。己酉，更造"興定寶泉"，[13]每一貫當"通寶"四百貫。

[1]鄜（fū）州：州名。治所在今陝西省富縣。

[2]保大軍：軍州名。治所在今陝西省富縣。　完顔六斤：中都路胡土愛割蠻猛安女真人。以門蔭入仕。宣宗興定五年（1221），守鄜州，城破，投懸崖自殺。本書卷一二二有傳。　蒲察婁室：東北路按出虎割里罕猛安女真人。章宗泰和三年（1203）進士。宣宗時官至同知河中府事、權元帥右都監、河東路安撫使，領兵救鄜州，城破死之。本書卷一二二有傳。　女奚烈資禄：本咸平府漢人張姓，賜女真姓女奚烈。宣宗興定五年（1221），授金安軍節度使，領兵救鄜州，城破被執，不屈而死。本書卷一二二有傳。

[3]术甲咬住：女真人。其他事迹不詳。　陳瓦：地名。今地不詳。

[4]熒惑犯軒轅：天文現象。即火星侵入"權"星區内。熒惑，星名，即火星。軒轅，星宿名，亦稱"權"。共有十七顆小星組成，其中三星屬小獅座，十二星屬獅子座，二星屬天猫座。《史記·天官書》記："權爲軒轅。"《晋書·天文志》記："軒轅十七星，在七星北。"

[5]孫瑀（yǔ）：生平不詳。　捕盜官：掌巡捕盜賊。官品不詳。　烏古出：女真人。生平不詳。　泰和縣：治所在今安徽省太和縣。

[6]同知保静軍節度使：爲保静軍節度使副佐，掌通判節度使事。正五品。治所在今安徽省宿州市。　郭澍：生平不詳。

[7]通遠軍：軍州名。治所在今甘肅省隴西縣。

[8]蒙城縣：治所在今安徽省蒙城縣。

[9]鎮星晝見于軫：即土星白天出現在軫宿的天區内。鎮星，即土星。軫，星宿名，二十八宿之一。

[10]室：星宿名。二十八宿之一。

[11]上林署：官署名。掌諸苑園池沼、種植花木果蔬及承奉行幸舟船等。

[12]鹿邑、城父：兩縣名。鹿邑縣治所在今河南省鹿邑縣；城父縣治所在今安徽省亳州市東南。

[13]興定寶泉：金代紙幣名。即金宣宗興定年間所印行的交鈔。

元光元年春正月庚戌朔，免朝。辛亥，世宗忌辰，謁奠于啓慶宫。元帥惟弼破紅襖賊于張鶱店。[1]壬子，遣官墾種京東、西、南三路水田。甲寅，禁非邊關急速事無馳傳，[2]即濫乘者州縣徑白省部，四方館從御史臺，[3]外路從分按御史治之。[4]詔陝西西路行省徙京兆者，[5]兵退還治平凉。[6]防州刺史把移失剌以棄城，[7]伏誅。鄭州防禦使裴滿羊哥，[8]同知防禦使古里甲石倫除名。[9]平西節度使把古咬住奪官一階。[10]丁卯，詔撫諭京東百姓。

[1]張鶱（xiān）店：地點不詳。

[2]馳傳：各驛站用馬匹快速傳遞。

[3]御史臺：官署名。封建國家的監察機構。掌糾察内外百官善惡，凡内外刑獄所屬理斷不當，有陳述者付臺治之。

[4]分按御史：指出巡地方的御史臺官員。

[5]陝西西路：即鳳翔府路，治所在今陝西省鳳翔縣。

[6]平涼：府名。治所在今甘肅省平凉市。

[7]防州：中華點校本據本書卷二六《地理志下》的記載，改爲“坊州”。坊州，治所在今陝西省黄陵縣。　把移失刺：女真人。生平不詳。

[8]鄭州防禦使：鄭州行政長官。掌防捍不虞、禦制盗賊。從四品。　裴滿羊哥：女真人。其他事迹不詳。

[9]同知防禦使：此處爲鄭州防禦使副佐，掌通判防禦使事。正六品。

[10]平西節度使：掌鎮撫諸軍防刺，總判本鎮兵馬之事，兼河州管内觀察使事。從三品。治所在今甘肅省臨夏市。　把古咬住：女真人。生平不詳。

二月壬午，[1]詔徙中京、唐、鄧、商、虢、許、陝等州屯軍及諸軍家屬赴京兆、同、華就粮屯。[2]乙酉，陝西西路行省請以厚賞募河西諸蕃部族寺僧，圖復大通城，[3]命行省樞密院籌之。癸巳，上諭宰臣，宋人以重兵攻平輿、褒信，[4]我師力戰卻之，又偵知其事狀之詳。若俟帥府上功推賞，豈急於勸獎之道。其遣清望官，[5]齎空名宣勅，覈實給之。[6]乙未，詔諭河南、陝西。大元兵屯葭州。壬寅，權定行省、樞府、元帥府輒杖左右司、經歷司官罪法。[7]甲辰，上念鄜延被兵，又延安受圍，嘗發民粟給軍。詔除延安、鄜、坊、丹、葭、綏德稅租，[8]仍令有司償其粟直，[9]不足者許補官。戊申，恒州軍變，[10]萬户呼延棫等千餘人殺掠城中，[11]焚廬舍而去。己酉，遣元帥左監軍訛可行元帥府事，[12]節制三路軍馬伐宋，同簽樞密院事時全行院事，[13]副之。

[1]壬午：中華點校本將下文“二月”二字移至“壬午”之前。

[2]商、虢、陝、同、華：皆州名。商州，治所在今陝西省商洛市。虢州，治所在今河南省靈寶市。陝州，治所在今河南省三門峽市。同州，治所在今陝西省大荔縣。華州，治所在今陝西省華縣。

[3]大通城：城堡名。舊址在今青海省循化撒拉族自治縣西。

[4]平輿、褒信：縣名。平輿，治所在今河南省平輿縣。褒信，治所在今新蔡縣南。

[5]清望官：指有清正廉明聲望的官員。

[6]覈實：即“核實”。

[7]左右司：官署名。金尚書省下設左司和右司，左司總察吏、户、禮三部受事付事。右司總察兵、工、刑三部受事付事。這裏所記的左右司，應是指行省左右司。　經歷官：金代都元帥府和樞密院屬官中均有經歷，都元帥府經歷官爲正七品，樞密院經歷官爲從五品。這裏所記經歷應是指行府或行院經歷官。

[8]丹：州名。治所在今陝西省宜川縣。

[9]直：與“值”通。

[10]恒州：原爲鳳翔府盩厔縣，宣宗貞祐四年（1216）升爲恒州，治所在今陝西省周至縣。

[11]呼延棫（yù）：生平不詳。

[12]遣元帥左監軍訛可行帥府事：本書卷一一一《完顔訛可

傳》不載此事及對宋用兵事，《宋史》記訛可攻棗陽敗，訛可本傳亦不載。

[13]同簽樞密院事：樞密院屬官。正四品。　時全：山東滕陽縣（今山東省滕州市）人，與其侄時青原爲紅襖起義軍首領。楊安兒、劉二祖失敗後，時全歸附金朝。宣宗元光元年（1222），時全與完顏訛可領兵伐宋，潰敗後被處死。

三月辛酉，宋人掠確山縣之劉村。[1]丙寅，歲星犯太微左執法。[2]戊辰，樞密院委差官賈天安上書言利害。[3]壬申，尚書右丞徒單思忠以病馬輸官，冒取高價，御史劾之，[4]有司以監主自盜論死，[5]上顧惜大體，降授陳州防禦使。[6]癸酉，提控李師林敗夏人于永木嶺。[7]郭文振表，近得俘者言，南北合兵將攻河南、陝西。詔樞密備禦。

[1]確山縣：治所在今河南省確山縣。

[2]太微左執法：太微，星官名，亦稱太微垣，三垣之一，在北斗之南，軫宿和翼宿之北。左執法，星名，屬太微垣。

[3]樞密院委差官：本書《百官志》失載，職掌和官品不詳。賈天安：生平不詳。

[4]劾：上章揭露某人的罪狀。

[5]監主自盜：罪名。即“監守自盜”罪。

[6]陳州：治所在今河南省淮陽縣。

[7]李師林：生平不詳。　永木鎮：所在地不詳。

夏四月辛巳，以金吾衛上將軍、勸農使訛可簽樞密院事。[1]置大司農司，[2]設大司農卿、少卿、丞，京東、西、南三路置行司，[3]並兼采訪事。壬午，大元兵攻陵川縣。[4]丁酉，林懷路行元帥府事惟良削官西階，[5]罷之。更定辟舉縣令之法，而復行之。戊戌，籍丁憂待闕、追殿等官，[6]備防秋。[7]丁未，行樞密院報淮南之捷。

[1]金吾衛上將軍：武官散階，正三品中。　勸農使：勸農使司長官。掌勸課天下力田之事。正三品。

[2]大司農司：官署名。原名勸農使司，至此改置大司農司。掌勸課、天下少田之事，兼采訪公事。正二品。

[3]設大司農卿、少卿、丞：本書卷五五《百官志一》記，“大司農一員，正二品。卿三員，正四品。少卿三員，正五品”，與此處記載不同，疑此處有誤。　行司：官署名。即大司農司在地方設立的派出機構。

[4]陵川縣：治所在今山西省陵川縣。

[5]林懷路：是金末臨時設置的一個路，治所在今河南省林州市。　惟良：女真人。完顔宗室成員。　西階：中華點校本《金史》據殿本改爲“兩階”。

[6]籍丁憂待闕、追殿等官：籍，登記。丁憂待闕，指居父母之喪和等待補任官職者。追殿，考核居末可以追補爲官的。

[7]防秋：古代軍事術語。意即戰備。古人作戰多在秋收之後進行，故稱戰備爲“防秋”。

五月戊申朔，大元兵屯隰、吉、翼等州。[1]壬戌，訛可、時全軍大敗。甲子，訛可以敗績當死，上面數而責之，勉其後効命，朘官兩階。[2]丁卯，召致政胥鼎等赴省議利害。壬申，時全伏誅。

[1]吉、翼：州名。吉州，治在今山西省吉縣。翼州，原爲絳州翼城縣，宣宗興定四年（1220）七月升爲翼州，治所在今山西省翼城縣。

[2]朘（juān）官兩階：削降階官兩級。朘，意爲减少。

六月戊寅朔，造舟運陝西粮，由大慶關渡抵湖城。[1]癸未，大赦。陳州防禦使吕子羽坐乏軍興，[2]自盡。制諸監官及八品以下職事，丁憂、待闕、任滿、遥授者，試補侍衛親軍。命各路司農司設捕盗方略。丁酉，紅襖賊掠柳子鎮，[3]驅百姓及驛馬而去，提控張瑀追擊，[4]奪所掠還。僞監軍王二據黎陽縣，[5]提控王泉討之，[6]復其城。

[1]大慶關：關隘名。舊址在今陝西省大荔縣東的黄河西岸。湖城：縣名。治所在今河南省靈寶市西北的黄河南岸。

[2]吕子羽：大興府人。世宗大定末中進士。劉祁《歸潛志》卷四記，子羽任陳州防禦使，“時軍旅數興，户口逃竄，公因以實聞于朝，而小人李涣以爲不憂國、失軍儲，下吏當死。公恥之，縊于太康驛”。　軍興：古代徵集財物以供軍用。

[3]柳子鎮：舊址在今安徽省濉溪縣西南。

[4]張瑀：生平不詳。

[5]黎陽縣：治所在今河南省浚縣。

[6]王泉：生平不詳。

秋七月庚戌，大元將按察兒以其衆屯晋安、冀州之境。[1]丙辰，上黨公完顔開復澤州。[2]己未，歸德行樞密院王庭玉報曹州破紅襖賊之捷。庚申，定監當官選法。

河北群盗犯封丘、開封界，令樞密院禦捕。甲子，京東總帥紇石烈牙吾塔請自今行院帥府幕職，有過得自决之。不允。戊辰，紅襖賊襲徐州之十八里砦，[3]又襲古城、桃園，[4]官軍破之。乙亥，太白晝見經天，與日争光。

[1]按察兒：蒙古人。姓拓跋氏。《元史》作“按札兒”，時爲蒙古國王木華黎部前鋒總帥，率部攻金。《元史》卷一二二有傳。

[2]澤州：治所在今山西省晋城市。

[3]十八里砦：舊址在今江蘇省徐州市境内。

[4]古城、桃園：鎮名。古城，舊址在今江蘇省睢寧縣。桃園，舊址在今江蘇省泗陽縣的黄河南岸。

八月丁丑，定西征將士官賞有差。己卯，彗星見西方。[1]甲申，增定藏匿逃亡親軍罪及告捕賞格。積石州蕃族叛附于夏，鞏州提控尼厖古三郎討之，[2]獲羊千口，進尚膳，[3]詔卻之。以彗星見，改元，大赦。諭旨宰臣曰：“赦書已頒，時刻之間人命所係。其令將命者速往，計期而至。”以大司農把胡魯爲參知政事。[4]癸巳，河間公移剌衆家奴、高陽公張甫兵復河間府，[5]是日，報捷者始達。上以道途梗塞，報者艱虞，命厚賞之。夏人入德順。[6]壬寅，祈雨。

[1]彗星：我國古代稱“妖星”，俗稱“掃帚星”，是繞太陽運行的一種天體。

[2]尼厖古三郎：女真人。生平不詳。

[3]尚膳：官署名。即尚食局。掌總知御膳、進食先嘗，兼管

從官食。

[4]大司農：大司農司長官。正二品。　把胡魯：女真人。本書卷一〇八有傳。

[5]河間公：封爵名。郡公封號，爲宣宗時所封"河北九公"之一。正從二品。　移剌衆家奴：契丹人。賜完顔氏。本書卷一一八有傳。

[6]德順：州名。治所在今甘肅省静寧縣。

九月丙午朔，以左右警巡使兼彈壓。[1]諭陝西行省備邊。壬子，牙吾塔請以兵由壽州渡淮，擣宋人巢穴，[2]不從。乙卯，議經略淮南。[3]己巳，宋人掠遂平縣之石砦店，[4]復侵南陽，唐州提控夾谷九住敗之。[5]

[1]彈壓：官名。出土的金末官印中有"忠孝軍彈壓印""都彈壓所之印"（參見景愛《金代官印集》，第183、184頁）。又，世宗大定時有"彈壓謀克"。

[2]擣："搗"的異體字，攻打之意。

[3]淮南：地區名。泛指淮河以南地區。時爲南宋轄境。

[4]遂平縣：治所在今河南省遂平縣。　石砦店：地名。舊址在今遂平縣境内。

[5]夾谷九住：女真人。生平不詳。

冬十月丁丑，夏人掠德順之神林堡。[1]壬午，宋張惠攻零子鎮，[2]爲斡魯朵所敗，[3]虜其裨將二人。[4]河中府萬户孫仲威執其安撫使阿不罕胡魯剌據城叛，[5]陝西行省遣將討平之。癸未，復曹州。甲申，上獵于近郊，詔免百官送迎，且勿令治道，以勞百姓。庚寅，徙彰德招撫使杜先軍於衛州。[6]乙未，大元兵下榮州之胡壁堡及臨晋。[7]庚子，詔所司巡護避兵民資産。甲辰，以京兆官民避兵南山者多至百萬，詔兼同知府事完顏霆等安撫其衆。[8]

[1]神林堡：舊址在今甘肅省隆德縣西南。

[2]張惠：綽號“賽張飛”，燕地俠士，原爲金將完顏霆的部下，隨完顏霆到山東鎮壓紅襖軍。後又隨紇石烈牙吾塔戰泗州，降於宋。　零子鎮：所在地不詳。

[3]斡魯朵：女真人。生平不詳。

[4]裨將：副將。

[5]河中府：治所在今山西永濟市西南的黄河東岸。　孫仲威：生平不詳。　阿不罕胡魯剌：女真人。生平不詳。

[6]杜先：生平不詳。

[7]榮州：本河中府榮河縣，宣宗貞祐三年（1215）升爲榮州，治所在今山西省萬榮縣西南的黄河東岸。　胡壁堡：亦作“胡壁鎮”，舊址在今萬榮縣西南。　臨晋：縣名。治所在今山西省臨猗縣西南。

[8]完顏霆：漢人。金中都寶坻（今天津市寶坻區）人，本名李二措，賜姓名爲完顏霆。本書卷一〇三有傳。

十一月丁未，大元兵徇同州，[1]定國軍節度使李復亨、同知定國軍節度使訛可皆自盡。[2]甲寅，京東總帥牙吾塔報臨淮破宋兵之捷。[3]戊辰，大元蒙古蒲花攻鳳翔府。[4]

[1]徇：奪取。

［2］定國軍：軍州名。治所在今陝西省大荔縣。　同知定國軍節度使：定國軍節度使副佐。正五品。

［3］臨淮：縣名。治所在今江蘇省泗洪縣東南，舊址已沉入洪澤湖中。

［4］蒙古蒲花：蒙古人。爲木華黎麾下將領，元史卷一一九《木華黎傳》作“蒙古不花”。

十二月乙亥朔，上謂皇太子曰：“吾嘗夜思天下事，必索燭以記，明而即行，汝亦當然。”以河中治中侯小叔權元帥右都監便宜行事。[1]乙酉，遷同知平陽府事史詠龍虎衛上將軍，[2]賜號“守節忠臣”，權行平陽公府事。丁亥，疊州總管青宜可卒，[3]特命其子角襲職。詔諭近侍局官曰：“奉御、奉職皆少年，不知書。朕憶曩時置説書人，日爲講論自古君臣父子之教，使知所以事上者，其復置。”己丑，蘭州提控唐括昉敗夏人于質孤堡。[4]大元以大軍攻鳳翔。

［1］河中治中侯小叔權元帥右都監便宜行事：中華點校本據本書卷一二二《侯小叔傳》删重文“元帥”二字。河中治中，河中府屬官，正五品。侯小叔，河東縣人，宣宗元光二年（1223），河中府城破，小叔戰死。本書卷一二二有傳。

［2］同知平陽府事：爲知平陽府事副佐，兼平陽府同知都總管，掌通判府事。從四品。　史詠：生平不詳。　龍虎衛上將軍：武官散階，正三品上。

［3］疊州總管：官名。疊州，地名，北周置，在今青海東南部，番名拉理那城。　青宜可：吐蕃人首領。割據一方，其地鄰近金臨洮府境。章宗明昌年間伐宋，青宜可舉部附金。詳見本書卷九八

《完顔綱傳》。

[4]蘭州：治所在今甘肅省蘭州市。　唐括昉：女真人。其他事迹不詳。　質孤堡：舊址在今甘肅省榆中縣西北。

二年春正月甲辰朔，詔免朝賀。乙巳，世宗忌日，[1]謁奠于啓慶宮。右丞相汝礪乞致政，上面諭使留。大元兵下河中府，權元帥右都監侯小叔復之。壬子，壽州防禦使完顔乃剌奪官四階。[2]甲寅，上諭宰臣曰："向有人言便宜事，卿等屢奏乞作中旨行之。帝王從諫足矣，豈可掠人之美以爲己出哉。"戊午，四方館使李瘸驢以罪罷，[3]宰臣請以散地羈縻之，[4]上曰："此輩豪傑，正須誠待，若以術制，適使自疑。但不畀軍政，[5]外補何害？"授瘸驢恒州刺史。又謂："鬻爵恩例有丁憂官得起復者，[6]是教人以不孝也，何爲著此令哉？"丁卯，大元兵復下河中府。

[1]世宗：廟號，即完顔烏禄，漢名雍，1161年至1189年在位。本書卷六至八有紀。

[2]完顔乃剌：女真人。生平不詳。

[3]四方館使：四方館長官。掌提控諸路驛舍驛馬並陳設器皿等事。正五品。　李瘸驢：人名，或是綽號。

[4]羈縻：籠絡。

[5]畀：給予。

[6]丁憂：古人稱居父母之喪。

二月甲戌朔，皇后生辰，詔免賀禮。己卯，丞相汝礪朝會，免拜，設榻殿下，[1]久立賜休。壬午，詔軍官犯罪，舊制更不任用，今多故之秋，人才難得，朕欲除大罪外，徒刑追配有武藝善掌兵者，量才復用。其令尚書省議以聞。丁亥，大赦。己亥，鳳翔圍解。石盞合喜加金紫光禄大夫，[2]升左監軍，特授大名府海谷忽申猛安，[3]完顏仲元加光禄大夫，[4]升右監軍，特授河北東路洮委必剌猛安，[5]各賜金鞶帶有差。[6]

[1]設榻殿下：在宫殿下設置坐位。

[2]金紫光禄大夫：文官散階。從二品上。

[3]海谷忽申猛安：猛安，女真族的地方行政設置及長官名稱。猛安相當於州，猛安官亦稱千户。受封人有領地和封户，官職世襲。海谷，亦作“海姑”，河名，即今黑龍江省阿城市海溝河。本書卷一《世紀》，“獻祖乃徙居海古水”；卷九〇《完顏兀不喝傳》，“完顏兀不喝，會寧府海古寨人”；卷二四《地理志上》，“上京路，即海古之地，金之舊土也”。忽申，女真語爲“村”，海谷忽申即海古村，海谷忽申猛安應是從上京海古水遷來（參見三上次男《金代女真研究》，金啓孮譯，黑龍江人民出版社 1984 年版，第 514 頁；張博泉《金史論稿》第一卷，吉林文史出版社 1986 年版，第 329 頁）。

[4]完顏仲元：金中都漢人。本姓郭，賜姓完顏。本書卷一〇三有傳。　光禄大夫：文官散階，從二品上。

[5]河北東路：治所在今河北省河間縣。　洮委必剌猛安：必剌，女真語爲“河”。洮委必剌，即本書卷一《世紀》及卷二《太祖紀》所記的陶温水，今黑龍江省湯旺河。此猛安應是從陶温水遷來（參見張博泉《金史論稿》第一卷，第 322 頁）。

[6]金鞶帶：一種有金飾的束衣大帶。

三月甲辰朔，宋人襲汝陽。[1]壬子，誡諭平章英王守純崇飲。[2]癸丑，以河中府推官籍阿外權元帥右都監，[3]代領侯小叔軍。甲寅，上謂宰臣："人有才堪任事，其心不正者，終不足貴。"丞相汝礪對曰："其心不正而濟之以才，所謂虎而翼者也，雖古聖人亦未易知。"上以爲然。丙辰，長春節，免朝。以户部尚書石盞畏忻爲參知政事，[4]兼修國史。辛酉，禁茶。壬戌，詔以鳳翔戰功及頒賞等級徧諭諸郡。[5]甲子，以完顔伯嘉權參知政事，行尚書省于河中府。辛未，詔職官犯罪非死罪除名，遇赦幸免，有才幹者中外並用。

[1]汝陽：縣名。蔡州倚郭縣，治所在今河南省汝南縣。

[2]崇飲：聚衆飲酒。

[3]河中府推官：河中府屬官。掌紀綱衆務，分判兵、刑、工案事。正七品。　籍阿外：人名。生平不詳。

[4]石盞畏忻：上京路女真人。亦作"石盞尉忻""赤盞尉忻"。章宗明昌五年（1194）進士，哀宗時官至尚書右丞，哀宗東狩，石盞畏忻留居汴京。崔立之變第二天，以弓弦自縊殉國。本書卷一一五有傳。

[5]徧："遍"的異體字。

夏四月癸酉朔，復霍州汾西縣，[1]詔給空名宣勅，遷賞將士之有功者。丙子，設京兆南山安撫司。丁丑，故鳳翔萬户完顔醜和以死節贈懷遠大將軍，[2]授刺史職。其父恕除以功例賞外，遷兩官，升職二等。己卯，遣官閱河南帥府見兵，[3]籍閑官豪右親丁及遼東、河北客户爲軍。[4]庚子，募西山獵户爲軍。

[1]汾西縣：治所在今山西省汾西縣。

[2]完顏醜和：女真人。生平不詳。　懷遠大將軍：階官名。武官散階。從四品下。

[3]閲：檢閲。　見：與“現”通。

[4]籍：登記。

五月癸卯朔，始造“元光重寶”。[1]丙午，復河中府及榮州，遣人持檄招前恒山公武仙。[2]乙卯，權平陽公史詠復霍州及洪洞縣。[3]丁巳，始造“元光珍貨”，[4]同銀行用。戊午，以檄招東平嚴實。己未，參知政事毅夫言：“脅從人號‘忠孝軍’，[5]而置沿淮者所爲多不法，請防閑之。”上曰：“人心無常，顧馭之何如耳。馭之有術，遠方猶且聽命，况此輩乎？不然，雖左右亦難防閑。正在廓開大度而已。若是而不能致太平者命也。”庚申，簽河南路寄居官民充軍。辛酉，徙晋陽公郭文振兵于孟州。甲子，徙權平陽公史詠兵于解州、河中府。

[1]元光重寶：貨幣名。金代的一種銅幣。

[2]檄：檄文。古代官府用以徵召、曉喻或聲討的文書。

[3]洪洞縣：治所在今山西省洪洞縣。

[4]元光珍貨：金代一種特殊的貨幣，是用絲織品印製而成。本書卷四八《食貨志三》記，宣宗元光二年（1223）五月，“又以綾印製‘元光珍貨’，同銀鈔及餘鈔行之”。

[5]忠孝軍：軍名。本書卷四四《兵志》：“又取河朔諸路歸正人，不問鞍馬有無、譯語能否，悉送密院，增月給三倍它軍，授以官馬，得千餘人，歲時犒燕，名曰忠孝軍。”至哀宗天興年間，忠孝軍增至七千人。元好問《遺山文集》卷二七《贈鎮南軍節度使

良佐碑》記："忠孝一軍，皆回紇、乃滿、羌、渾部落，及中原人被掠，避罪而來歸者，鷙狠陵突，號難制之甚。"這支軍隊待遇優厚，戰鬥力强，數量最多時增至一萬八千人。

六月乙亥，京東總帥報淮南之捷。[1]丁亥，罷行省所置監察御史兼彈壓之職。戊子，議遣人招李全、嚴實、張林。甲午，詔罷河中行省，置元帥府。辛丑，遥授静難軍節度使顏盞蝦蟆等以保鳳翔功進官。[2]

[1]京東總帥報淮南之捷：中華點校本據本書卷一一一《紇石烈牙吾塔傳》的相關記載，於"京東總帥"下補"牙吾塔"三字。

[2]静難軍：軍州名。治所在今陝西省彬縣。　顏盞蝦蟆：本會州人郭蝦蟆，賜姓顏盞，時爲同知臨洮府事。本書卷一二四有傳。

秋七月壬寅朔，夏人犯積石州，羌界寺族多陷没，[1]惟桑逋寺僧看逋、昭逋、厮没，及答那寺僧奔鞠等拒而不從。[3]詔賞諸僧鈐轄正將等官，[4]而給以廩禄。[5]乙巳，遣兵守衛解州鹽池。庚戌，以空名宣勅遷賞諸部降人。壬子，除市易用銀及銀與寶泉私相易之禁。癸丑，勅諸御史曰："瑣細事非人主所宜詰，然凡涉奸弊靡不有關國政者。比聞朝官及承應人月給俸粮，多雜糠土，有司所收曷嘗有是物哉。至于出納斗斛亦小大不一。[6]此皆理所不容者，而臺官初不問。[7]事事須朕言之，安用汝曹也。"乙卯，丹鳳門壞。[8]丁巳，陰坡族之骨鞠門等叛歸夏，[9]元帥夾谷瑞發兵討之，[10]以捷聞。

御史中丞師安石言制敵二事。[11]戊午，宰臣方對次，有司奏前奉御温敦太平卒。[12]上大駭曰："朕屢欲授太平一職，每以事阻，今僅授之未數日而亡，豈非天耶!"因謂宰臣曰："海陵時有護衛二人私語，[13]一曰富貴在天，一曰由君所賜。海陵竊聞之，詔授言由君所賜者以五品職，意謂誠由己也，而其人以疾竟不及授。章宗秋，[14]聞平章張萬公薨，[15]嘆曰：'朕迴將拜萬公丞相，[16]而遂不起，命也。'"乙丑，詔籍陝西路僑居官民爲軍。

[1]羌：古代族名。指居住在今青海地區的吐蕃族，即今藏族的祖先。　寺族：指吐蕃族當中的佛教僧侣。

[2]桑逋寺：佛寺名。　看逋、昭逋、斯没：僧侣人名。生平俱不詳。

[3]答那寺：佛寺名。　奔鞠：僧侣人名。

[4]鈐轄正將：皆爲官名。鈐轄爲正六品；正將掌提控邊堡、巡守邊境，正七品。

[5]廩禄：物質待遇和俸禄。

[6]斛：量器名。亦爲容量單位。古人以十斗爲一斛，宋朝則以五斗爲一斛。

[7]臺官：指御史臺的官員。

[8]丹鳳門：城門名。南京開封府外城十四門之一。

[9]陰坡族：族名。爲金朝邊境上的一個少數民族。　骨鞠門：人名。不詳。

[10]夾谷瑞：女真人。宣宗興定二年（1218）曾任龕谷提控官。

[11]師安石：清州人。章宗承安五年（1200）進士，宣宗時，

官至尚書右丞。本書卷一〇八有傳。

[12]温敦太平：女真人。生平不詳。

[13]海陵：封號。本名迪古迺，漢名亮。1149年至1162年在位。本書卷五有紀。

[14]章宗秋：中華點校本據本書卷一二《章宗紀四》的相關記載，於“章宗秋”下補“獮”字。秋獮，亦作“秋獮”，封建皇帝秋季舉行的狩獵活動。

[15]張萬公：東平府東阿縣人，海陵王正隆二年（1157）進士。章宗時官至平章政事，封壽國公。本書卷九五有傳。

[16]迴：“回”的異體字。

八月辛未朔，邳州從宜經略使納合六哥等率都統金山顔俊以沂州百餘人，[1]晨入省署，殺行尚書省蒙古綱，據州反。壬申，詔賞京兆路官軍保全南山諸谷之功，以所全人數多寡爲等第，千人以上官一階，三千人以上兩階，五千人以上三階，仍升職一等，能以力戰護之者又增一階，戰没者就以贈之。甲戌，遣官持空名宣敕，諭以重賞招納合六哥，拒命，即命牙吾塔合行院兵討滅之。乙亥，火星入鬼宿中，掩積尸氣。乙酉，詔能捕獲反賊六哥者，除見定官外，仍與世襲謀克。[2]丙戌，遣官分行蔡、息、陳、亳、唐、鄧、裕諸州，[3]洎司農司州縣吏同議，[4]凡民丁相聚立砦避兵，與各巡檢軍相依者，五十户以上置砦長一員，百户增副一員，仍先遷一官，能安民弭盗勸農者論功注授。

[1]納合六哥：女真人。後被紅襖軍將領高顯所殺。　金山顔俊：生平不詳。　沂州：治所在今山東省臨沂市。

[2]世襲謀克：謀克，女真語“氏族”“鄉里”之意，是金代女真人特有的社會組織形式。謀克相當於縣，受封人有領地、封户，官職世襲。

[3]裕：州名。治所在今河南省方城縣。

[4]洎（jì）：到，及。

九月庚子朔，日有食之。宋人入壽州，女奚烈蒲乃力戰卻之。[1]壬寅，樞密院奏提控术甲剉只罕破宋人之功。[2]甲辰，宋人攻南陽。丙午，牙吾塔報桃園、淮陽之捷，并以納合六哥結搆李全之狀來告。[3]戊申，降人孫邦佐自李全軍中歸，遥授知東平府兼山東西路兵馬都總管。[4]官軍與宋人力戰于胡陂而卻之，[5]提控术虎春兒爲所殺。[6]癸丑，納合六哥所署僞都統烏古論賽漢、夾谷留住等來歸。[7]己未，贈术虎春兒銀青榮禄大夫。[8]丙寅，扎也胡魯等拔邳州南城。[9]丁卯，權御史中丞師安石等劾英王守純不實，[10]付有司鞫治，尋詔免罪，而猶責諭之。

[1]女奚烈蒲乃：女真人。其他事迹不詳。

[2]术甲剉只罕：女真人。其他事迹不詳。

[3]結搆：勾結。

[4]山東西路兵馬都總管：掌統諸城隍兵馬甲仗，總判東平府事。正三品。治所在今山東省東平縣。

[5]胡陂（pí）：地名。所在地不詳。

[6]术虎春兒：女真人。生平不詳。

[7]烏古論賽漢、夾谷留住：女真人。生平俱不詳。

[8]銀青榮禄大夫：階官名。文官散階。正二品下。

[9]扎也胡魯：女真人。生平不詳。

[10]權御史中丞師安石：本書卷一〇八《師安石傳》記，“元光二年，累遷御史中丞”，無“權”字。

冬十月癸酉，徙晉陽公郭文振等兵于衛州。乙亥，制行樞密院及元帥府，農隙之月分番巡徼校獵，月不過三次。丁丑，上獵于近郊。己卯，祫于太廟。[1]壬午，火星犯靈臺。[2]乙酉，上獵于近郊。辛卯，詔石壕店、沔池、永寧縣各屯兵千人。[3]壬辰，滕州人時明謀反，[4]伏誅。戊戌，唐、鄧行元帥報淮南之捷。

[1]祫（xiá）：古時天子宗廟祭禮之一。集合遠近祖先的神主於太祖廟大合祭。《公羊傳·文公二年》記：“大事者何？大祫也。大祫者何？合祭也。”

[2]靈臺：星名。《晉書·天文志上》記：“明堂西三星曰靈臺，觀臺也，主觀雲物、察符瑞、候災變也。”

[3]石壕店：鎮名。亦稱石壕鎮，舊址在今河南省三門峽市東南。　沔池：中華點校本據本書卷二五《地理志中》的相關記載，改爲“澠池”。澠池，縣名，治所在今河南省澠池縣。　永寧縣：治所在今河南省洛寧縣。

[4]時明：生平不詳。

十一月己亥，紅襖賊僞監軍徐福等來降。[1]詔進牙吾塔官一階，賜金幣有差。辛丑，總帥牙吾塔報邳州之捷，函叛人六哥首以獻。開封縣境有虎咥人，[2]詔親軍百人射殺之，賞射獲者銀二十兩，而以内府藥賜傷者。丙午，邳州紅襖賊三千來降，初擬置諸陳、許之間，上以爲若輩雖降，家屬尚在河朔，餘黨必殺之，所得者寡而被害者衆，亦復安忍？不若命使撫諭，加以官賞而遣之還。果忠於我，雖處河朔豈負我耶？且餘衆感恩，將有効順者矣。戊午，以上黨公完顔開之請，諭開及郭文振、史詠、王遇、張道、盧芝等各與所鄰帥府相視可耕土田，[3]及瀕河北岸之地，分界而種之，以給軍餉。辛酉，鞏州行元帥府報會州破夏人之捷。

[1]徐福：生平不詳。

[2]開封縣：開封府依郭縣。治所在今河南省開封市。　咥(dié)：咬。

[3]王遇、張道、盧芝：生平俱不詳。

十二月己巳朔，徙沿淮巡檢邊軍于内地。癸酉，以空名宣命金銀符給完顔開賞功。[1]辛巳，詔延安土人充司縣官義軍使者選人代之，量免其民差税。邳州民丁死戰陣者各贈官一階。歸德、徐、邳、宿、泗、永、亳、潁、壽等州復業及新地民，免差税二年，見户一年，嘗供給邳州者復免一年之半，睢州、陳留、杞縣免三之一。[2]

[1]金銀符：金銀質的兵符。

[2]杞縣：治所在今河南省杞縣。

丁亥，上不豫，免朝。戊子，皇太子率百官及王妃、公主入問起居。己丑，復入問起居。庚寅，上崩于寧德殿，[1]壽六十有一。上疾大漸，[2]暮夜，近臣皆出，惟前朝資明夫人鄭氏年老侍側，[3]上知其可托，詔之曰："速召皇太子主後事。"言絶而崩。夫人秘之。是夜，皇后及貴妃龐氏問安寢閤。[4]龐氏陰狡機慧，常以其子守純年長不得立，心鞅鞅。夫人恐其爲變，即紿之曰：[5]"上方更衣，[6]后妃可少休他室。"伺其入，遽鑰之，[7]急召大臣，傳遺詔立皇太子，始啓户出后妃，發喪。皇太子方入宫，英王守純已先入，皇太子知之，分遣樞密院官及東宫親衛軍官移剌蒲阿集軍三萬餘于東華門街。[8]部署既定，命護衛四人監守純於近侍局，乃即皇帝位於柩前。壬辰，宣遺詔。是日，詔赦中外。明年正月戊戌朔，改元正大，謚大行曰繼天興統述道勤仁英武聖孝皇帝，廟號宣宗。三月庚申，葬德陵。[9]

[1]寧德殿：宫殿名。南京開封府皇城内的宫殿。

[2]大漸：帝王病危。

[3]資明夫人：嬪妃封號。正五品。

[4]貴妃龐氏：完顔守純的生母，被宣宗封爲貴妃。

[5]紿：欺騙、哄騙。

[6]更衣：排泄大小便。

[7]遽鑰之：突然鎖上門。

[8]移剌蒲阿：契丹人。時爲東宫親衛軍總領。本書卷一一二有傳。　東華門：城門名。南京開封府皇城城門之一。

[9]德陵：宣宗陵號。

贊曰：[1]宣宗當金源末運，雖乏撥亂反正之材，而有勵精圖治之志。迹其勤政憂民，中興之業蓋可期也，然而卒無成功者何哉？良由性本猜忌，崇信暬御，[2]獎用吏胥，[3]苛刻成風，舉措失當故也。執中元惡，[4]此豈可相者乎，顧乃懷其援立之私，自除廉陛之分，悖禮甚矣。高琪之誅執中，雖云除惡，律以《春秋》之法，豈逃趙鞅晋陽之責，[5]既不能罪而遂相之，失之又失者也。遷汴之後，北顧有道之朝日益隆盛，[6]智識之士孰不先知。方且狃於餘威，[7]牽制群議，南開宋釁，西啓夏侮，兵力既分，功不補患。曾未數年，昔也日辟國百里，今也日蹙國百里，其能濟乎。再遷遂至失國，豈不重可嘆哉。

[1]贊：封建史家的評論。

[2]暬（xiè）御：暬同“褻”，指左右近侍小臣。

[3]吏胥：亦作“胥吏”，指刀筆吏出身的人。

[4]執中：女真人。即紇石烈執中，本名胡沙虎。本書卷一三二有傳。

[5]趙鞅晋陽之責：趙鞅，又稱趙簡子，春秋時期晋國的大夫。晋定公十四年（前498），趙鞅擅殺邯鄲大夫趙午於趙氏的封邑晋陽（今山西省太原市），挑起了晋國的内亂。“孔子聞趙簡子不請晋君而執邯鄲午，保晋陽，故書《春秋》曰‘趙鞅以晋陽叛’”。所謂趙鞅晋陽之責，即指此。詳見《史記》卷四三《趙世家》。

[6]有道之朝：指元朝，是修《金史》者對元朝的溢美之詞。

[7]狃（niǔ）：習以爲常，習慣。

金史　卷一七

本紀第十七

哀宗上

哀宗諱守緒，初諱守禮，又諱寧甲速，宣宗第三子。[1]母曰明惠皇后王氏，[2]賜姓温敦氏，仁聖皇后之女兄也。[3]承安三年八月二十三日生於翼邸，[4]仁聖無子，養爲己子。泰和中，[5]授金紫光禄大夫。[6]宣宗登極，進封遂王，[7]授祕書監，[8]改樞密使。[9]貞祐初，[10]莊獻太子守忠薨，[11]立皇孫鏗爲皇太孫，[12]尋又薨。四年正月己卯，立守禮爲皇太子，仍控制樞密院事，[13]詔略曰："子以母貴，遂王守禮地鄰塚嫡，[14]慶集元妃，[15]立爲皇太子。其典禮，有司條具以聞。"四月甲午，用太子少保張行信言，[16]更賜名守緒。元光二年十二月庚寅，[17]宣宗崩。辛卯，奉遺詔即皇帝位于柩前。壬辰，詔大赦，略曰："朕述先帝之遺意，有便於時欲行而未及者，悉奉而行之。國家已有定制，有司往往以情破法，使人罔遭刑憲，[18]今後有本條而不遵者，以故入人罪罪之。草澤士庶，[19]許令直言軍國利害，雖涉譏諷無可采取者，並不坐罪。”

［1］寧甲速：哀宗女真本名。　宣宗：廟號。金朝第八代皇帝，即完顏吾睹補，漢名珣。1213 年至 1223 年在位。本書卷一四至一六有紀。

［2］明惠皇后：本中都漢人王氏，宣宗王皇后之姊，哀宗生母。宣宗即位，封淑妃。及妹立爲皇后，進封元妃。哀宗登極，尊爲皇太后，死後謚明惠皇后。本書卷六四有傳。

［3］仁聖皇后：即宣宗王皇后。貞祐元年（1213）封爲元妃，二年七月，賜姓温敦氏，立爲皇后。因無子，遂養哀宗爲子。哀宗即位，尊爲皇太后，號其所居宫爲仁聖，故稱仁聖皇后。本書卷六四有傳。

［4］承安：金章宗年號（1196—1200）。　翼邸：翼王官邸，即王府。時宣宗爵封翼王，故稱翼王府爲翼邸。

［5］泰和：金章宗年號（1201—1208）。

［6］金紫光禄大夫：金代文官散階，正二品上。

［7］遂王：封爵名。明昌格，爲小國封號（舊名濟王）第二。

［8］祕書監：秘書監長官。通掌經籍圖書。從三品。祕，“秘”的異體字。

［9］樞密使：樞密院長官。掌武備機密之事。從一品。

［10］貞祐：金宣宗年號（1213—1217）。

［11］莊獻太子守忠：莊獻，太子守忠謚號。守忠是宣宗長子。本書卷九三有傳。

［12］皇太孫：皇帝嫡長孫封號。在封建社會，如果皇太子先於皇帝而死，則封嫡長孫爲皇太孫，作爲皇帝的法定繼承人。

［13］樞密院：軍政官署名。掌國家軍務機密之事。

［14］地鄰冢嫡：冢嫡，指嫡長。哀宗生母是宣宗皇后的親姐

姐，又被封爲元妃。元妃地位僅次於皇后，所以説“地鄰塚嫡”。

[15]元妃：金代内官制度，皇后之下即諸妃，有元妃、姝妃、惠妃、貴妃、賢妃等封號。諸妃皆爲正一品，元妃位於皇后之下諸妃之上。

[16]太子少保：東宫宫師府屬官。掌保護東宫、輔導德義。與太子少師、太子少傅合稱“三少”，皆爲正三品，太子少保位居“三少”之末。 張行信：莒州日照（今山東省日照市）人，世宗大定二十八年（1188）進士，哀宗時官至尚書右丞。本書卷一〇七有傳。

[17]元光：金宣宗年號（1222—1223）。

[18]罔（wǎng）：與“枉”通，誣，無中生有。

[19]草澤士庶：指民間讀書人和百姓。

正大元年春正月戊戌朔，詔改元正大。庚子，上居廬，[1]百官始奏事。祕書監、權吏部侍郎蒲察合住改恒州刺史，[2]左司員外郎尼厖古華山同知楨州軍州事，[3]逐二奸臣，大夫士相賀。邠州節度使移剌术納阿卜貢白兔，[4]詔曰：“得賢臣輔佐，年穀豐登，此上瑞也，焉事此爲。令有司給道里費，[5]縱之本土。禮部其遍諭四方，[6]使知朕意。”丁巳，詔朝臣議修復河中府。[7]禮部尚書趙秉文、太常卿楊雲翼等言，[8]陝西民方疲敝，未堪力役。遂止。戊午，上始視朝。大司農、守汝州防禦使李蹊爲太常卿，[9]權參知政事。[10]平章政事荆王守純罷，[11]判睦親府。[12]參知政事僕散五斤罷，[13]充大行山陵使。[14]尊皇后温敦氏、元妃温敦氏皆爲皇太后，號其宫一曰仁聖，一曰慈聖。百官入賀于隆德殿。[15]是日，大風飄端門瓦。[16]赤盞合喜權樞密副使。[17]有男子服麻衣，望承天門且笑且哭。[18]詰之，則曰："吾笑，笑將相無人。吾哭，哭金國將亡。"群臣請置重典，[19]上持不可，曰："近詔草澤諸人直言，雖涉譏訕不坐。"[20]法司唯以君門非笑哭之所，重杖而遣之。南陽民布陳謀反，[21]伏誅。

[1]廬：原意指服喪期間在墓旁搭蓋的小屋。這裏指哀宗居喪時住的地方。

[2]權吏部侍郎：權，代理。吏部侍郎，吏部尚書副佐，正四品。　蒲察合住：女真人。爲金末酷吏。本書卷一二九有傳。　恒州刺史：恒州長官。正五品。恒州，原是鳳翔府盩厔縣，宣宗貞祐四年（1216）升爲恒州，治所在今陝西省周至縣。

[3]左司員外郎：尚書省左司屬官。掌本司奏事，總察吏、户、禮三部受事付事。正六品。　尼厖（máng）古華山：女真人。其他事迹不詳。　同知楨州軍州事：即楨州同知，爲楨州刺史副佐，掌通判州事。正七品。楨州，原是同州韓城縣，宣宗貞祐三年（1215）升爲楨州，治所在今陝西省韓城市。

[4]邠州節度使：掌鎮撫諸軍防刺，總判本鎮兵馬之事，兼邠州管内觀察使事。從三品。治所在今陝西省彬縣。　移剌术納阿卜：契丹人。生平不詳。

[5]道里費：路費。

[6]禮部：尚書省六部之一。掌禮樂、祭祀、燕享、學校、貢舉、儀式、制度、符印、表疏、圖書、册命、祥瑞、天文、漏刻、國忌、廟諱、醫卜、釋道、四方使客、諸國進貢、犒勞張設之事。

[7]河中府：治所在今山西省永濟市西南的黄河東岸。

[8]禮部尚書：禮部長官。正三品。　趙秉文：磁州滏陽縣人。世宗大定二十五年（1185）進士，官至禮部尚書，爲金代後期著名文學家。本書卷一一〇有傳。　太常卿：太常寺長官。掌禮樂、郊

廟、社稷、祠祀之事。從三品。　楊雲翼：平定州樂平縣人。章宗明昌五年（1194）經義進士第一名，詞賦也中二甲。宣宗時官至禮部尚書。本書卷一一〇有傳。

[9]大司農：大司農司長官。掌勸課天下力田之事，兼采訪公事。正二品。　守汝州防禦使：守，以高階出任低職。防禦使，掌防捍不虞、禦制盗賊。從四品。汝州治所在今河南省汝州市。　李蹊：金代大興府人。中進士，爲官有能聲，宣宗時官吏部侍郎，被蒲察合住誣陷，下獄當死，宣宗釋之，起用爲大司農。哀宗即位，李蹊官至尚書左丞，後在睢陽死於蒲察官奴之亂（参見劉祁《歸潛志》卷六）。

[10]参知政事：尚書省執政官。爲宰相之貳，佐治省事，即副宰相。正員二人，從二品。

[11]平章政事：與尚書令，左、右丞相並爲宰相，掌丞天子，平章萬機。正員二人，從一品。　荆王：封爵名。明昌格，爲次國封號第二十六。　守純：即完顔守純，本名盤都。宣宗第二子。本書卷九三有傳。

[12]判睦親府：判，以高階出任低職。睦親府，官署名，原名大宗正府，章宗泰和六年（1206）爲避世宗之父睿宗宗輔（又名宗堯）名諱，改稱大睦親府，掌敦睦糾率宗屬欽奉王命。

[13]僕散五斤：女真人。其他事迹不詳。

[14]大行山陵使：掌皇帝治喪之事，是臨時委任的官職。

[15]隆德殿：宮殿名。位於金朝南京開封府皇城内。

[16]端門：城門名。爲金朝南京皇城城門之一。

[17]赤盞合喜：女真人。哀宗時任参知政事、樞密使。天興元年（1232），合喜領兵守京師，因逗留不前被罷廢。哀宗東狩，合喜留居汴京，後被逆賊崔立所殺。本書卷一一三有傳。　樞密副使：樞密院屬官。爲樞密使副佐，掌國家軍事機密之事。從二品。

[18]承天門：城門名。爲金朝南京皇城北門。

[19]重典：重法。

［20］譏訕：諷刺訕笑。

［21］南陽：縣名。治所在今河南省南陽市。　布陳：人名。生平不詳。

三月，熒惑犯左執法。[1]戊申，奉安宣宗御容于孝嚴寺。[2]辛亥，丞相高汝礪薨。[3]癸丑，葬宣宗于德陵。[4]甲寅，起復邠州節度使致仕張行信爲尚書左丞。[5]以延安帥臣完顔合達戰禦有功，[6]授金虎符，[7]權參知政事，行尚書省事于京兆，[8]兼統河東兩路。[9]

［1］熒惑犯左執法：天文現象。熒惑，星名，即火星。左執法，星名，屬太微垣。熒惑犯左執法，就是火星侵入了太微垣左執法的區域。

［2］宣宗御容：指宣宗遺像。　孝嚴寺：佛寺名。

［3］高汝礪：時爲尚書右丞相，封壽國公。本書卷一〇七有傳。　薨：古以諸侯死稱作“薨”，高汝礪爵封國公，例比古之諸侯，所以謂其死爲薨。

［4］德陵：宣宗陵號。

［5］起復：重新起用。張行信於宣宗元光元年（1222）致仕，至此又被哀宗重新起用。　致仕：亦稱致政，還政於君、交出官職之意。即離職退休。　尚書左丞：尚書省執政官之一。與右丞皆爲正二品，位於右丞之上。

［6］延安：府名。治所在今陝西省延安市。延安府時爲鄜延路治所。　完顔合達：女真人。爲金末名將。哀宗時以參知政事、元帥左監軍行省於陝西。正大九年（1232），兩行省軍慘敗於鈞州三峰山，合達率殘部退守鈞州，城破被殺。本書卷一一二有傳。

［7］金虎符：金質虎形兵符。本書卷五八《百官志四》：“虎符之制，承安元年製，以禮官言，漢與郡國守相爲銅虎符，唐以銅魚

符，起軍旅、易守長等用之。至是，斟酌漢、唐典故，其符用虎。”

[8]行尚書省：官署名。即在地方設立代行尚書省職權的機構，簡稱行省。　京兆：府名。治所在今陝西省西安市。京兆府時爲京兆路治所。

[9]河東兩路：指河東北路和河東南路，其治所分别在今山西省太原市和臨汾市。

夏四月癸酉，宣宗祔廟，[1]大赦中外。熒惑犯右執法。

[1]祔（fù）廟：附祭於先祖之廟。

五月戊戌，平章政事把胡魯薨。[1]癸卯，樞密副使完顔賽不爲平章政事，[2]權參知政事石盞尉忻爲尚書右丞，[3]太常卿李蹊爲翰林承旨，[4]仍權參政。甲辰，賜策論進士孛术論長河以下十餘人及第，[5]經義進士張介以下五人及第。[6]戊申，賜詞賦進士王鶚以下五十人及第。[7]詔刑部，[8]登聞檢、鼓院，[9]毋鎖閉防護，聽有冤者陳訴。

[1]把胡魯：女真人。哀宗時官至尚書省平章政事，死後贈右丞相、東平郡王。本書卷一〇八有傳。

[2]完顔賽不：女真人。金始祖弟保活里之裔，金末著名的軍事將領。哀宗天興二年（1233），完顔賽不以尚書省右丞相、樞密使身份行尚書省事於徐州，兵敗，自縊殉國。本書卷一一三有傳。

[3]石盞尉忻：金上京路女真人。亦作“赤盞畏忻”“赤盞尉忻”。章宗明昌五年（1194）策論進士，官至尚書右丞。哀宗正大

五年（1228），致仕居汴京，崔立之變翌日，以弓弦自縊殉國。本書卷一一五有傳。　尚書右丞：尚書省執政官之一。與左丞皆爲正二品，位於左丞之下。

[4]翰林承旨：翰林院長官。亦稱翰林學士承旨，掌制撰詞命。原爲正三品，宣宗貞祐三年（1215）升爲從二品。

[5]策論進士：科舉科目名。始設於世宗大定十三年（1173），亦稱女真進士科，是金朝專門爲女真文士設置的進士科，考試時衹試時務策一道，應試者用女真文字答卷，與漢進士分榜録取。　孛术論長河：女真人。本書卷一八《哀宗紀下》作"孛术魯長哥"，劉祁《歸潛志》卷一一作"孛术魯濟之"。按，孛术論，誤，應爲孛术魯。長哥應爲"長河"，"濟之"是其表字，開封宴臺女真進士碑亦記作"孛术魯長河"。孛术魯長河是本科女真狀元，後依附逆臣崔立爲其黨羽。崔立在汴京發動政變，授長河爲御史中丞。

[6]經義進士：科舉科目名。爲金代漢進士科之一，殿試録取時與詞賦進士合爲一榜。　張介：爲是科經義進士第一名。

[7]詞賦進士：科舉科目名。爲金代漢進士科之一，殿試録取時與經義進士合爲一榜，以詞賦進士第一名爲狀元，以經義進士第一名爲一甲第二名，其餘按詞賦在前依次排名。　王鶚：字百一，曹州東明縣人，是科詞賦狀元，官至左右司郎中。後入元朝，官翰林學士承旨。《元史》卷一六〇有傳。

[8]刑部：行政官署名。尚書省六部之一，掌刑法訴訟等事。

[9]登聞檢、鼓院：即登聞檢院和登聞鼓院，登聞檢院掌奏御進告尚書省、御史臺理斷不當之事；登聞鼓院掌奏進告御史臺、登聞檢院理斷不當之事。20世紀80年代，曾在黑龍江五常市八家子鄉出土一方海陵王正隆元年（1156）所鑄的"登聞檢院之印"銅官印（參見伊葆力《金代官印考證》，《哈爾濱學院學報》2003年第1期）。

六月甲戌，宰執請擊鞠，[1]上以心喪不許。[2]辛卯，立妃徒單氏爲皇后。[3]遣樞密判官移剌蒲阿率兵至光州，[4]榜諭宋界軍民更不南伐。

[1]宰執：指宰相等執掌國家政事的重臣。　擊鞠：當時的一種體育運動，即打馬毬。

[2]心喪：釋服後的深切悼念，有如守喪。

[3]立妃徒單氏爲皇后：哀宗皇后徒單氏，鎮南軍節度使徒單頑僧之女。本書卷六四有傳。

[4]樞密判官：樞密院屬官。本書《百官志》失載，待考。本書卷一一二《移剌蒲阿傳》記，哀宗即位，蒲阿爲“權樞密院判官”，與此所記稍異。　移剌蒲阿：契丹人。哀宗時以權參知政事與完顏合達同行省於陝西。正大九年（1232），三峰山戰敗被執，不屈被殺。本書卷一一二有傳。　光州：治所在今河南省潢川縣，時爲南宋轄境。

秋七月己亥，詔諭百官各勤乃職。癸卯，補修大樂。[1]

[1]大樂：用於帝王祭祀、朝賀、燕享等典禮的典雅莊重的音樂。

九月，樞密判官移剌蒲阿復澤、潞，[1]獲馬千匹。

[1]澤、潞：州名。澤州，治所在今山西省晋城市；潞州，治所在今山西省長治市。

冬十月戊午，夏國遣使來修好。

十二月乙巳，桓州刺史蒲察合住有罪，[1]伏誅。甲寅，宣宗小祥，[2]燒飯于德陵。[3]改定辟舉縣令法，[4]以六事課縣令。[5]京東、西、南，陝西設大司農司，[6]兼采訪公事，京師大司農總之。左丞張行信言："先帝詔國内，刑不上大夫，[7]治以廉耻。丞相高琪所定職官犯罪的決百餘條，[8]乞改依舊制。"上欲彰先帝之過，[9]略施行之。

[1]桓州：中華點校本據本書卷一二九《蒲察合住傳》的相關記載，改爲"恒州"。

[2]小祥：祭名。古代父母喪後周年舉行的祭祀活動。按《儀禮·士虞禮》："朞而小祥。"疏云："自祔以後十三月小祥"。

[3]燒飯：古代北方少數民族特有的一種葬俗。《大金國志》卷三九記："死者埋之而無棺槨，貴者生焚所寵奴婢、所乘鞍馬以殉之，其祭祀，飲食之物盡焚之，謂之燒飯。"《三國志·東夷傳》引王沈《魏書》記，漢代烏桓人死後，"並取亡者所乘馬、衣物、生時服飾皆燒以送之"。《元史》卷七七《祭祀志六》記："每歲，九月内及十二月十六日以後，於燒飯院中，用馬一，羊三，馬湩，酒醴，紅織金幣及裹絹各三匹，命蒙古達官一員，偕蒙古巫覡，掘地爲坎以燎肉，仍以酒醴、馬湩雜燒之。巫覡以國語呼累朝御名而祭焉。"是東胡語系少數民族亦有燒飯之俗。

[4]辟舉：選拔舉薦。

[5]課：考課、考核。

[6]大司農司：官署名。原名勸農使司，宣宗興定六年（1222）罷，改置大司農司，掌勸課天下力田之事，兼采訪公事。

[7]刑不上大夫：語出《禮記·曲禮上》。刑不上大夫，有兩

種解釋：一曰刑罰不施行於大夫；一曰刑罰不以大夫而予以寬恕。在這裏是第一種解釋。

[8]高琪：西北路猛安女真人。即术虎高琪。領兵守中都，屢戰屢敗。擅殺紇石烈胡沙虎，宣宗不治其罪，官至尚書右丞相。黨高汝礪，鼓動宣宗南伐。興定三年（1219）十二月，宣宗察其奸，借他故殺之。本書卷一〇六有傳。

[9]上欲彰先帝之過：中華點校本據文義改爲“上不欲彰先帝之過”。

二年春正月甲申，有黄黑之祲。[1]

[1]黑黄之祲（jìn）：祲，陰陽相侵之氣。《左傳·昭公十五年》：“吾見赤黑之祲。”孔穎達疏：“祲，陰陽氣相侵而成。”黑黄之祲，即黑黄兩氣相侵，實爲一種自然天象。

夏四月辛卯朔，恒山公武仙自真定府來奔。[1]起復平章政事致仕莘國公胥鼎爲平章政事，[2]行省事于衛州，[3]進封英國公。[4]甲午，以京畿旱，[5]遣使慮囚。[6]鈞、許州大雨雹。[7]丁酉，宿、鄭州雨傷麥。[8]

[1]恒山公：封爵名。郡公封號，正從二品。宣宗封河北地方武裝首領九人爲郡公，恒山公是九郡公之一。　武仙：威州人。受封後，曾一度投降蒙古，後又反正，領兵救蔡州。蔡州城破，逃往澤州，被守兵所殺。本書卷一一八有傳。　真定府：治所在今河北省正定縣，時爲河北西路治所。

[2]莘國公：封爵名。國公封號，從一品。　胥鼎：代州繁畤（今山西省繁峙縣）人，尚書右丞胥持國之子，世宗大定二十八年（1188）進士，官至平章政事，封英國公，爲一代名相。本書卷

一〇八有傳。

[3]衛州：治所在今河南省衛輝市。

[4]英國公：封爵名。明昌格，爲次國封號第二十七。

[5]京畿：京師附近地區。

[6]慮（lù）囚：又作“録囚”，訊察記録囚犯的罪狀。古人迷信，以爲久旱不雨是由於斷案不公、冤氣冲天所致，故於天旱之時派員到地方慮囚。

[7]均、許州：均州治所在今河南省禹州市；許州治所在今河南省許昌市。

[8]宿、鄭州：宿州治所在今安徽省宿州市；鄭州治所在今河南省鄭州市。

五月丁丑，以旱甚責己，避正殿，減常膳，赦罪。蘇椿自大名來奔，[1]詔置椿許州。

[1]蘇椿：大名府人。守大名，降於蒙古。正大二年（1225）九月，從大名逃奔汴京。八年，許州城破，不屈，被蒙古殺害。本書卷一一一有傳。　大名：府名。治所在今河北省大名縣，時爲大名府路治所。

秋七月，都水蒲察毛花輦殺人，[1]免死除名。

[1]都水：即都水監，爲都水監長官，掌川澤、津梁、舟楫、河渠之事，宣宗興定五年（1221）兼管沿河漕運事。正四品。　蒲察毛花輦：女真人。生平不詳。

八月，鞏州元帥田瑞反，[1]行省軍圍之，其母弟十哥殺瑞出降，赦其罪，以爲涇州節度使，[2]世襲猛安。[3]

[1]鞏州：治所在今甘肅省隴西縣。　田瑞：生平不詳。

[2]涇州節度使：又名彰化軍節度使，掌鎮撫諸軍防刺、總判本鎮兵馬之事，兼涇州管内觀察使事。從三品。其治所原在今甘肅省涇川縣，宣宗元光二年（1223）徙治長武縣，在今甘肅省涇川縣東。

[3]世襲猛安：猛安，女真語意爲“千”，故又稱千夫長。金初以三百户爲一謀克，十謀克爲一猛安，其長官亦稱猛安，掌修理軍務、訓練武藝、勸課農桑。從四品。猛安受封人有領地和封户，官職世襲，故稱世襲猛安。金末，金蒙戰争期間，也授予有卓越戰功的其他民族官員。

九月，夏國和議定，以兄事金，各用本國年號，遣使來聘，奉國書稱弟。

冬十月，以夏國修好，詔中外。新軍政改總領爲都尉。[1]己酉，以誅田瑞詔中外。癸亥，遣禮部尚書奥敦良弼、大理卿裴滿欽甫、侍御史烏古孫弘毅爲夏國報成使，[2]國書稱兄。乙亥，面諭臺諫完顔素蘭、陳規曰：[3]“宋人輕犯邊界，我以輕騎襲之，冀其懲創通好，以息吾民耳。夏人從來臣屬我朝，今稱帝以和，[4]我尚不以爲辱。果得和好，以安吾民，尚欲用兵乎。卿等宜悉朕意。”移剌蒲阿及宋人戰于光州，獲馬數千，殺人千餘而還。内族王家奴故殺鮮于主簿，[5]權貴多救之者，上曰：“英王朕兄，[6]敢妄撻一人乎？朕爲人主，敢以無罪害一人乎？國家衰弱之際，生靈有幾何，而族子恃勢殺一主簿，吾民無主矣。”特命斬之。詔有司爲死節士十有三人立褒忠廟。禁宿、泗、青口巡邊官兵，[7]毋復擅殺過淮紅衲軍。[8]詔趙秉文、楊雲翼作《龜鏡萬年録》。[9]

[1]改總領爲都尉：總領、都尉皆爲官名。金末招募義軍，以三百人爲一謀克，五謀克爲一千户，四千户爲一萬户，四萬户爲一副統，兩副統爲一都統，設一都統官。都統之外，又置一總領官提控，故總領官又稱提控。總領亦稱總領使，原爲從五品。至此，又改總領爲都尉，升爲正四品。正大四年（1227）又升爲從三品。天興初有建威、虎威、振威、振武、虎賁、折冲、果毅、殄寇、蕩寇、鷹揚、破虜、安平等十三都尉之名（參見都興智《遼金史研究》，人民出版社2004年版，第143頁）。

[2]奧敦良弼：女真人。本書卷一八《哀宗紀下》天興二年（1233）作“奥屯舜卿”（參見陳述《金史拾補五種》，第135頁）。　大理卿：大理寺長官。掌審斷天下奏案、詳讞疑獄。正四品。　裴滿欽甫：女真人。生平不詳。　侍御史：御史臺屬官。掌奏事、判臺事。正員二人，從五品。　烏古孫弘毅：女真人。生平不詳。

[3]臺諫：指御史臺和諫院的官員。　完顔素蘭：女真人。宣宗至寧元年（1213）女真進士科一甲第一名進士，時爲御史中丞，後官至參知政事。本書卷一〇九有傳。　陳規：絳州稷山縣（今山西省稷山縣）人，章宗明昌五年（1194）進士，時爲諫院補闕官。宣宗南渡，陳規爲監察御史，後任吏部郎中。博學能文，有剛正之名。本書卷一〇九有傳。

[4]今稱帝以和：此處中華點校本據殿本改“帝”爲“弟”字。

[5]内族王家奴：内族，指宗室成員。金初稱皇室宗族成員爲宗室，章宗明昌年間以後，爲避世宗父宗輔（一名宗堯）名諱，改稱“内族”。王家奴，即完顔王家奴。　鮮于主簿：本卷下文有“族子殺一主簿”，知鮮于是被殺者的姓氏。主簿是官名，縣級屬

官。正九品。

[6]英王：此英王指哀宗庶兄完顏守純，英王是守純舊封王號，哀宗即位後進封守純爲荆王，故此處應稱荆王。

[7]泗、青口：泗，州名，治所在今江蘇省盱眙縣對面的淮河北岸，現已沉入洪澤湖中；青口，地名，舊址在今安徽省明光市東北。

[8]紅衲軍：亦稱紅襖軍。金衛紹王、宣宗時期，在山東、河北一帶爆發了大規模的農民起義，因起義軍將士皆衣紅襖，故稱紅襖軍。

[9]《龜鏡萬年録》：書名。内容不詳。

三年春正月丁巳朔，夏國遣使來賀。

三月，陜西旱。平章政事胥鼎復請致仕，不許。詔尚書省議省減用度。[1]

[1]尚書省：行政官署名。金熙宗時，中央確立三省制。海陵王即位，罷中書、門下兩省，中央祇置尚書省。尚書省是金朝最高政務機關。

夏四月辛卯，親享于太廟。[1]郕國夫人車經御路，[2]過廟前，馭者乘馬，二婢坐車中，俱不下，詔繫獄杖之。辛丑，以旱，遣官禱于濟瀆。[3]癸卯，祈于太廟。禁傘扇。河南大雨雹。己酉，遣使慮囚，遣使捕蝗。

[1]太廟：天子宗廟。

[2]郕國夫人：哀宗的姨母，不時出入宫庭，并干預政事。哀宗天興二年（1233），崔立在汴京發動政變，幫助蒙古人向貴族搜

刮金銀，郕國夫人被杖死（參見本書卷一二四《商衡傳》，卷一一五《崔立傳》）。　御路：皇帝進出專用的道路。

[3]濟瀆：地名。今地不詳。

五月己未，大雨。宋兵掠壽州境。[1]癸亥，永州桃園軍失利，[2]死者四百人。乙丑，大雨。壬申，詔諭隩州趙甫等，[3]能以土地來歸，當任使之。

[1]壽州：治所在今安徽省鳳臺縣。

[2]永州：原爲亳州永城縣，宣宗興定五年（1221）十二月升爲永州。治所在今河南省永城縣。　桃園軍：軍名。即桃園守軍。桃園本爲鎮名，宣宗興定二年（1218）升爲淮濱縣，元光二年（1223）四月廢。治所在今江蘇省泗陽縣的黄河古道南岸。

[3]隩（yù，亦讀ào）州：治所在今山西省河曲縣南的黄河東岸。　趙甫：生平不詳。

六月辛卯，京東大雨雹，蝗盡死。壬子，詔諭高麗及遼東行省葛不靄，[1]討反賊萬家奴，[2]赦脅從者。

[1]遼東行省：官署名。遼東行尚書省的簡稱。　葛不靄：人名。其他不詳。

[2]萬家奴：中華點校本據本書卷一四《宣宗紀上》和卷一五《宣宗紀中》的相關記載，改爲“萬奴”。萬奴，女真人，即蒲鮮萬奴。《續資治通鑑》卷一五九作“完顔萬奴”；《建炎以來朝野雜記》卷一九作“蕭萬奴”。金章宗泰和年間，萬奴曾任尚厩局使，後參加對宋戰争，任副統軍。衛紹王至寧元年（1213），萬奴出任遼東宣撫使，鎮壓契丹耶律留哥叛亂，軍事失利後叛金自立，建國號“大真”，自稱“天王”，年號“天泰”。後由遼東遷曷懶路，改

國號爲“東夏”。1233 年，萬奴被蒙古兵活捉，其國亦滅。

秋七月庚午，平章政事英國公胥鼎薨。

八月，移剌蒲阿復曲沃及晋安。[1]辛卯，詔設益政院于内廷，[2]以禮部尚書楊雲翼等爲益政院説書官，[3]日二人直，[4]備顧問。

[1]曲沃：縣名。治所在今山西省曲沃縣東北。　晋安：府名。原爲絳州絳陽軍節度，宣宗興定二年（1218）十二月升爲晋安府。治所在今山西省新絳縣。

[2]益政院：官署名。是爲皇帝講解經史、提供施政經驗的諮詢機構。其官員多由熟通經史、學問深博的文官兼任。

[3]益政院説書官：益政院屬官。專門負責給皇帝講授經史，提供統治經驗。本書卷五六《百官志二》：“以學問該博、議論宏遠者數人兼之。日以二人上直，備顧問，講《尚書》《通鑑》《貞觀政要》。名則經筵，實内相也。末帝出，遂罷。”

[4]直：與“值”通。意爲值班。

冬十月丁酉，夏使來報哀。

十一月庚申，議與宋修好。戊辰，又議之。己巳，宋忠義軍夏全自楚州來歸，[1]楚州王義深、張惠、范成進以城降，[2]封四人爲郡王。[3]辛未，改楚州爲平淮府，以夏全等來降，赦諸路從宋及淮、楚官吏軍民，并其家屬。甲戌，遣使夏國賀正旦。[4]丙子，夏以兵事方殷來報，[5]各停使聘。[6]大元兵征西夏，平中興府。[7]召陝西行省及陝州總帥完顔訛可、靈寶總帥紇石烈牙吾塔赴汴議兵事。[8]詔諭陝西兩省，[9]凡戎事三品以下官聽以功過賞罰之，[10]銀二十五萬兩從其給賞。遣中大夫完顏履信爲吊祭夏國使。[11]

[1]宋忠義軍夏全：夏全，原爲山東紅襖軍首領劉二祖的部將。劉二祖死，夏全附於霍義，後隨李全降宋，南宋稱夏全所部爲“忠義軍”，此時又從宋楚州投奔金朝，被哀宗封爲金源郡王。　楚州：治所在今江蘇省淮安市，時爲南宋轄境。

[2]王義深：原爲紅襖軍首領彭義斌的部將，隨彭義斌降宋，義斌死，又歸李全，此時再由宋歸附金朝，被哀宗封爲東平郡王。　張惠：金中都人。驍勇善戰，綽號“賽張飛”。宣宗時，張惠隨完顏霆到山東鎮壓紅襖軍。元光元年（1222），張惠隨紇石烈牙吾塔守泗州，戰李全，被牙吾塔所逼，降李全歸宋，此時又由宋歸金，被哀宗封爲臨淄郡王。　范成進：原是紅襖軍將領，附李全降宋，此時同王義深、張惠由宋歸金，被哀宗封爲膠西郡王。

[3]封四人爲郡王：夏全、王義深、張惠、范成進等四人封王非一時，此牽連書之，不確。

[4]正旦：節名。即農曆正月初一日。

[5]兵事方殷：戰事正酣。指當時蒙古和西夏之間的戰爭打得正激烈。

[6]各停使聘：雙方停止使者往來。

[7]中興府：指當時的西夏國都。治所在今寧夏回族自治區銀川市。

[8]陝州：治所在今河南省三門峽市西北。　完顏訛可：女真人。本書卷一一一記，金末有兩完顏訛可，皆護衛出身，一個綽號叫“草火訛可”，一個叫“板子訛可”。後者曾任元帥右監軍、邠涇總帥、權參知政事。此處所記的完顏訛可官陝州總帥，似應爲“草火訛可”。　靈寶：縣名。治所在今河南省靈寶市北的黄河南岸。　紇石烈牙吾塔：女真人。漢名志。金末曾任權簽樞密院事、

左副元帥。爲人跋扈，不聽朝廷節制。正大八年（1231），棄京兆府東奔，途中得傷寒病死。本書卷一一一有傳。

[9]陝西兩省：指當時的陝西行省和平凉行省。治所分别在今陝西省西安市和甘肅省平凉市。時金朝爲了對付蒙古，精鋭部隊多置於陝西和平凉兩行省統轄之下。

[10]戎事：軍事，戰事。

[11]遣中大夫完顔履信爲吊祭夏國使：中華點校本據本書卷六二《交聘表》的相關記載，改"中大夫"爲"中奉大夫"；於"完顔履信"下補"等"字。中奉大夫，金代文官散階，從三品下。完顔履信，女真人，其他事迹不詳。吊祭夏國使，即吊喪使者，當年五月和七月，西夏的神宗、獻宗先後去世，遣使報喪，所以金朝特派使者前往吊祭。

四年春正月辛亥朔。壬戌，增築中京城，[1]浚汴城外濠。

[1]中京：陪都名。宣宗興定元年（1217）八月，升河南府爲中京，府名金昌。治所在今河南省洛陽市。

二月，蒲阿、牙吾塔復平陽，[1]執知府李七斤，[2]獲馬八千。[3]

[1]平陽：府名。治所在今山西省臨汾市。平陽府時爲河東南路治所。

[2]知府：此指知平陽府事，爲平陽府長官，兼河東南路兵馬都總管。正三品。　李七斤：生平不詳。

[3]獲馬八千：本書卷一一一《紇石烈牙吾塔傳》作"獲馬三千"，與此處所記不同。

三月，簽勞效官充軍，[1]有怨言，不果用。[2]以銀贖平陽虜獲男女，分賜官軍者聽自便。大元兵平德順府，[3]節度使愛申、攝府判馬肩龍死之。[4]大元兵復平陽。己巳，徵夏稅二倍。

[1]勞効官：指年老的下級軍官。本書卷五二《選舉志二》："勞効，謂年老千户、謀克也。"

[2]不果用：最終没有用。

[3]德順府：原爲德順州，宣宗貞祐四年（1216）十月升爲節鎮，軍名隴安。治所在今甘肅省静寧縣。

[4]節度使：德順州軍政長官。從三品。　愛申：人名。失其族與名，或曰一名忙哥。本書卷一二三有傳。　府判：本書《愛申傳》記，"愛申假舜卿（馬肩龍表字）鳳翔總管府判官"。與此處所記"府判"稍異。總管府判官爲鳳翔總管府屬官，掌紀綱總府衆務，分判兵案之事，從六品。　馬肩龍：字舜卿，宛平人，先人爲遼朝大族，有知興中府者，故稱興中馬氏。肩龍曾就讀太學，正大三年（1226）至鳳翔府，頗受元帥愛申器重。至此，死國難。本書卷一二三有傳。

夏五月丁丑，議乞和于大元。大元兵平臨洮府，[1]總管陁滿胡土門死之。[2]陝西行省進三策：上策自將出戰，[3]中策幸陝州，下策棄秦保潼關。[4]不從。

[1]臨洮府：治所在今甘肅省臨洮縣，時爲臨洮府路治所。

[2]總管：即臨洮府兵馬都總管，兼知臨洮府事。掌統諸城隍兵馬甲仗，總判府事。正三品。治所在今甘肅省臨洮縣。　陁滿胡

土門：女真人。策論進士，正大三年（1226）七月，任臨洮府路總管。四年五月，城破被執，不屈而死。本書卷一二三有傳。

[3]自將出戰：皇帝御駕親征。

[4]秦：這裏指古秦地，即關中地區。　潼關：關名。地在今陝西省潼關縣北。

六月戊申朔，遣前御史大夫完顔合周爲議和使。[1]丙辰，地震。太白入井。[2]賜詞賦經義盧亞以下進士第。[3]

[1]御史大夫：御史臺長官。掌糾察朝儀、彈劾官邪、勘鞫官府公事，審斷内外重大疑獄。金初爲正三品，世宗大定十二年（1172）升爲從二品。　完顔合周：女真人。一名永賜，出身宗室，官至參知政事。本書卷一一四有傳。按《元史·太祖紀》二十二年六月，"金遣完顔合周、奥屯阿虎來請和"。此缺載奥屯阿虎。

[2]太白入井：一種天文現象。太白，星名，即金星，亦稱啓明星、長庚星。井，星宿名，二十八宿之一，所以又稱井宿。太白入井，即金星侵入了井宿的天區内。

[3]盧亞：人名。爲是科詞賦進士一甲第一名（狀元）。

秋七月，大元兵自鳳翔徇京兆。[1]關中大震。工部尚書師安石爲尚書右丞。[2]壬辰，以中丞烏古孫卜吉、祭酒裴滿阿虎帶兼司農卿，[3]簽民軍，勸率富民入保城聚，兼督秋税，[4]令百姓知避遷之計。丁酉，赦陝西東、西兩路，[5]賜民今年租。

[1]鳳翔：府名。治所在今陝西省鳳翔縣，鳳翔府時爲鳳翔府

路治所。

［2］工部尚書：工部長官。掌修造營建法式、諸作工匠、屯田、山林川澤之禁、江河堤岸、道路橋樑之事。正三品。　師安石：清州人。承安五年（1200）進士。本姓尹氏，避國諱（完顔希尹名諱）改姓師氏，官至尚書右丞。本書卷一〇八有傳。

［3］中丞：即御史中丞，御史臺屬官。爲御史大夫副佐。從三品。　烏古孫卜吉：女真人。即烏古孫仲端，本名卜吉，本書卷一二四有傳。　祭酒：國子監長官。掌學校。正四品。　裴滿阿虎帶：女真人。本書卷一一五《崔立傳》作"裴滿阿忽帶"。劉祁《歸潛志》卷五記："裴滿御史大夫阿虎帶，字仲寧，女直進士也。仕歷清要，名亞完顔速蘭。嘗爲陳州防禦使，累遷御史大夫，使北朝。崔立之變，自縊死。"

［4］秋税：賦税名。時金朝仍實行唐以來的兩税法，國家正税一年分夏秋二次交納，秋季交納的稱"秋税"。

［5］陝西東、西兩路：指京兆府路和鳳翔府路。

八月庚戌，詔有司罷遣防備丁壯、修城民夫，軍須差發應不急者權停。己巳，萬年節，[1]同知集賢院史公奕進《之定遺訓》，[2]待制吕造進《尚書要略》。[3]是日，大風落左掖門鴟尾，[4]壞丹鳳門扉。[5]隕霜，禾盡損。李全自益都復入楚州據之，[6]遣總帥完顔訛可、元帥慶山奴守盱眙，與全戰于龜山，[7]敗績。

［1］萬年節：又稱萬壽節，即哀宗皇帝的生日。

［2］同知集賢院：集賢院屬官。爲知集賢院事副佐。從五品。史公奕：字季宏（《歸潛志》卷四作"季父"），大名府人，世宗大定二十八年（1188）中進士，又中博學宏詞科。工書法，爲官有能名，自號歲寒堂主人。哀宗正大初，爲翰林修撰，又官益政院，後

致仕，卒於亳州，年七十三（參見《歸潛志》卷四、《中州集·史公奕小傳》、《滏水文集·史少中碑》）。　《之定遺訓》：中華點校本據殿本改《大定遺訓》。《大定遺訓》，書名。記世宗言行的史書。

［3］待制：即翰林待制，翰林院屬官。掌詞命文字，分判院事。不限員，正五品。　吕造：中都大興府人。吕造先祖德懋、父宗翰在遼、金兩代先後中狀元。章宗承安二年（1197），吕造會試經義科奪得第一名，殿試又中詞賦科狀元，所以其謝恩詩有“狀頭家世傳三葉，天下科名占兩魁”之句（見元好問《續夷堅志》卷三）。《歸潛志》卷七：“吕狀元造，父子魁多士，及在翰林上索重陽詩，造素不學詩，惶遽獻詩云：‘佳節近重陽，微臣喜欲狂。’上大笑，旋令外補。”

［4］左掖門：城門名。爲金朝南京皇城城門之一。　鴟尾：又名鴟吻。屋脊兩頭的裝飾物，用以辟除火災。

［5］丹鳳門：城門名。爲金朝南京皇城城門之一。

［6］李全：金濰州北海縣（今山東省濰坊市）人。紅襖軍首領。先降宋，後附蒙古，兵敗而死。《宋史》卷四七六至卷四七七有傳。

［7］龜山：鎮名。舊址在今江蘇省盱眙縣東北。

冬十月辛酉，右拾遺李大節、右司諫陳規劾同判睦親府事撒合輦奸贓，[1]不報。壬戌，外臺監察御史諫獵，[2]上怒，以邀名賣直責之。[3]詔贈德順府死事愛申、馬肩龍等官。以淮南王爵招李全。[4]

［1］右拾遺：諫院屬官。與左拾遺皆爲正七品，位在左拾遺之下。　李大節：曾任近侍局副使。　右司諫：諫院屬官。與左司諫皆爲從五品，位在左司諫之下。　同判睦親府事：原名同判大宗正

事，章宗泰和六年（1206）改爲同判睦親府事，爲判大睦親事副佐。從二品。　撒合輦：女真人。即完顏撒合輦，出身宗室，金末爲中京留守，中京城破，投城濠自殺。本書卷一一一有傳。

[2]外臺監察御史：指外出巡按的監察御史。

[3]邀名賣直：邀取忠直之名，沽名釣譽之意。

[4]淮南王：封爵名。郡王封號。正一品。

十一月乙未，未時，日上有二白虹貫之。[1]丁酉，獵于近郊。

[1]日上有二白虹貫之：一種天文現象。即太陽上有兩道白色的天體。

十二月，真授李蹊參知政事。[1]大元兵下商州。[2]壬子，遣使安撫陝西，以牛千頭賜貧民。

[1]真授：正式任命。

[2]商州：治所在今陝西省商洛市。

五年春正月丁丑，親祭三廟。[1]庚辰，遣知開封府事完顏麻斤出如大元吊慰。[2]丙戌，議擊盱眙。辛卯，以龜山之敗，降元帥慶山奴爲定國軍節度使。[3]

[1]三廟：皇帝的三座家廟。即始祖廟、太祖廟和皇父之廟。

[2]知開封府事：開封府長官，兼南京路兵馬都總管。正三品。治所在今河南省開封市。　完顏麻斤出：女真人。金末酷吏。《歸潛志》卷七："完顏麻斤出、蒲察咬住，皆以酷聞。"

［3］定國軍節度使：本書卷二六《地理志下》："同州，中。宋馮翊郡定國軍節度，治馮翊。後改安國軍節度使。"卷二五《地理志中》："邢州，上，安國軍節度使。"此兩安國軍節度使必有一誤。檢本書卷五八《百官志四》："泰和元年八月，安國軍節度使高有鄰言：'本州所掌印三，曰安國軍節度使之印；曰邢州觀察使印，吏、户、禮案用之；曰邢州之印，兵、刑、工案用之。"知邢州確爲安國軍節度使，所以定國軍節度使應設在同州，所謂"後改安國軍節度使"乃是誤記。治所在今陝西省大荔縣。

二月乙巳朔，大寒，雷，雨雪，木之華者盡死。癸丑，詔有司以臨洮總管陁滿胡土門塑像入褒忠廟。書死節子孫于御屏，[1]量材官使之。

［1］御屏：皇帝所居宫殿的屏風。

三月甲戌朔，群臣請依祖宗故事，樞密院聽尚書省節制，不從。乙酉，監察御史烏古論不魯剌劾近侍張文壽、張仁壽、李麟之受饋遺，[1]曲赦其罪而出之。

［1］監察御史：御史臺屬官。掌糾察内外百官，檢查官署賬目案卷，并監祭禮及出使之事。正七品。世宗大定二年（1162）定員八人，章宗承安四年（1199）增至十人，承安五年增至十二人，遂爲定制。　烏古論不魯剌：女真人。本書卷一一五《完顔奴申傳》作"烏古論石魯剌"。　張文壽、張仁壽、李麟之：張文壽後官睢州刺史，哀宗出奔歸德，文壽携家屬棄睢州逃至行在，被完顔承立任命爲刑部郎中，死於楊驛。張仁壽、李麟之不詳。　受饋遺（wèi）：收受賄賂。

夏四月甲辰朔，以御史言三奸不已，凡四日不視朝。八日，議放還西夏人口。丙寅，右丞師安石薨。親衛軍王咬兒酗酒殺其孫，[1]大理寺當以徒刑，[2]特命斬之。

[1]王咬兒：人名。生平不詳。

[2]大理寺：官署名。掌審斷天下奏案、詳讞疑獄。

五月癸巳，定國軍節度使慶山奴以受賂，奪一官。[1]

[1]奪一官：奪，削減之意。奪一官，即降官一級。

六月壬戌，以旱，赦雜犯死罪已下。

秋七月戊子，同判睦親府事撒合輦出爲中京留守，[1]行樞密院事。

[1]中京留守：中京留守司長官，兼知金昌府事及本路兵馬都總管。正三品。

八月乙卯，以旱，遣使禱于上清宫。[1]甲子，參知政事白撒爲尚書右丞，[2]太常卿顔盞世魯權參知政事。[3]增築歸德行樞密院，擬工役數百萬，詔遣權樞密院判官白華喻以農夫勞苦，[4]減其工三之二。[5]以節制不一，並衛州帥府於恒山公府，命白華往經畫之。

[1]上清宫：金朝南京皇城内宫殿名。

[2]白撒：女真人。即完顔承裔，本名白撒。本書卷一一三有傳。

[3]太常卿：太常寺長官。掌禮樂、郊廟、社稷、祠祀之事。從三品。 顔盞世魯：女真人。其他事迹不詳。

[4]樞密院判官：樞密院屬官，本書《百官志》未載。本書卷一一四《白華傳》記，白華原爲樞密院經歷官，哀宗正大六年(1229)任樞密院判官，對照本書《百官志》，判官似爲同簽樞密院事的别稱，存疑待考。 白華：隩州（今山西省河曲縣）人。宣宗貞祐三年（1215）進士。隨哀宗出奔歸德。至鄧州，與鄧州守將移剌瑗一起降宋，宋署爲均州提督。後降蒙古。本書卷一一四有傳。

[5]減其工三之二：本書卷一一四《白華傳》作“減工三之一”，與此所記稍異。

九月庚寅，雨足，始種麥。

冬十一月辛巳，進《宣宗實録》。[1]

[1]《宣宗實録》：書名。爲記載宣宗一朝史事的官修史書。今已佚。

十二月庚子朔，日有食之。完顔麻斤出以奉使不職，[1]免死除名。壬子，完顔訥申改侍講學士，[2]充國信使。[3]以陝西大寒，賜軍士柴炭銀有差。京兆、鳳翔府司竹監退竹，[4]令分給之。

[1]以奉使不職：没能圓滿完成出使的使命。

[2]完顔訥申：中華點校本據本書卷一一五《完顔奴申傳》，

改“訥”爲“奴”。女真人。中策論進士。天興元年（1217），哀宗東狩，以奴申爲參知政事，兼樞密副使，留守京師。“崔立之變”，在汴京被害。　侍講學士：翰林院屬官，全稱爲翰林侍講學士。從三品。

［3］國信使：正式代表國家政府的全權使者，是臨時委任的官職。

［4］司竹監：官署名。掌種植砍采竹園之事。本書卷五七《百官志三》有京兆府司竹監，由此知鳳翔府亦設有司竹監。

六年春二月丙辰，樞密院判官移剌蒲阿權樞密副使。耀州刺史李興有戰功，[1]詔賜玉兔鶻帶、金器。[2]以丞相完顏賽不行尚書省事于關中，召平章政事完顏合達還朝。移剌蒲阿率忠孝軍總領完顏陳和尚忠孝軍一千騎駐邠州。[3]遣白華馳喻蒲阿以用兵之意。[4]詔樞密更給忠孝軍馬匹，以漸調發都尉司步卒及忠孝馬軍屯京西。[5]以白華專備軍須。

［1］耀州刺史：耀州長官，正五品。治所在今陝西省銅川市耀州區。

［2］玉兔鶻帶：一種名貴的腰帶。亦作“玉吐鶻”。本書卷四三《輿服志下》記：“吐鶻，玉爲上，金次之，犀象骨角又次之。”

［3］忠孝軍總領：統率忠孝軍的總領使。忠孝軍是金末義軍的一支，本書卷四四《兵志》，“復取河朔諸路歸正人，不問鞍馬有無、譯語能否，悉送密院，增月給三倍它軍，授以官馬，得千餘人，歲時犒燕，名曰忠孝軍”。元好問《遺山文集》卷二七《贈鎮南軍節度使良佐碑》記，“忠孝一軍，皆回紇、乃滿（乃蠻）、羌渾、部落，及中原人被掠、避罪而來歸者，驁狠陵突，號難制之甚”。因其待遇優厚，忠孝軍後來發展到一萬八千餘人。　完顏陳

和尚：女真人。漢名彝，豐州人。哀宗正大五年（1228），陳和尚率忠孝軍四百騎破蒙古八千之衆於大昌原，取得了輝煌勝利。九年，三峰山戰敗，被蒙古人殺害。本書卷一二三有傳。

[4]遣白華馳喻蒲阿以用兵之意：中華點校本據本書卷一一四《白華傳》的相關記載，改“喻”爲“諭”。

[5]都尉司：官署名。即各都尉官的軍署。

三月乙亥，忠孝軍總領陳和尚有戰功，授定遠大將軍、平凉府判官，[1]世襲謀克。[2]

[1]定遠大將軍：武官散階，從四品中。　平凉府判官：平凉府屬官。掌紀綱衆務，分判吏、户、禮案事，專掌通檢推排簿籍。從六品。平凉府治所在今甘肅省平凉市。

[2]世襲謀克：女真地方行政設置和長官名稱，亦稱百户、百夫長。金朝統治者把謀克官授給貴族和勳臣，受封人有領地和封户，准其世襲。金末，金蒙戰争期間，也授予有卓越戰功的其他民族官員。

夏五月，隴州防禦使石抹冬兒進黄鸚鵡，[1]詔曰：“外方獻珍禽異獸，違物性，損人力，令勿復進。”

[1]隴州：治所在今陝西省千陽縣西北。　石抹冬兒：契丹人。生平不詳。

秋七月，罷陝西行省軍中浮費。

八月，移剌蒲阿再復澤、潞。

九月，洮、河、蘭、會元帥顏盞蝦蟆進西馬二匹，[1]詔曰："卿武藝超絶，此馬可充戰用，朕乘此豈能盡其力。既入進，即尚厩物也，[2]今以賜卿，其悉朕意。"

[1]洮、河、蘭、會：州名。洮州，治所在今甘肅省臨潭縣。河州，治所在今甘肅省臨夏市。蘭州，治所在今甘肅省蘭州市。會州，治所在今甘肅省靖遠縣南。　顔盞蝦蟆：即郭蝦蟆，賜姓顔盞。蝦蟆，會州人，金末領兵守會州。天興二年（1233），蔡州城破，金國已亡，郭蝦蟆仍爲金守，誓死不降。後城破自焚而死。本書卷一二四有傳。

[2]尚厩：官署名。即尚厩局，掌御馬調習牧養之事。

冬十月，移剌蒲阿東還，令陳和尚率陝西歸順馬軍屯鈞、許。大元兵駐慶陽界。[1]詔陝西行省遣使奉羊酒幣帛乞緩師請和。

[1]慶陽：府名。治所在今甘肅省慶城縣。時亦爲慶原府路治所。

十一月，遣使鈞、許選試陝西歸順人，[1]得軍二千，以藝優者充忠孝軍，次充合里合軍。[2]

[1]歸順人：指從宋朝統治區域主動逃出歸附金朝廷者。

[2]合里合軍：軍名。金末義軍的一支，是忠孝軍的預備部隊。本書卷四四《兵志》："又以歸正人過多，乃係於忠孝籍中别爲一軍，減忠孝所給之半，不能射者令閲習一再月，然後試補忠孝軍，是所謂合里合軍也。"

十二月，詔副樞蒲阿、總帥紇石烈牙吾塔、權簽樞密院事完顔訛可救慶陽。罷附京獵地百里，聽民耕稼。

七年春正月，副樞蒲阿、總帥牙吾塔、權簽院事訛可解慶陽之圍。[1]以訛可屯邠州，蒲阿、牙吾塔還京兆。

[1]權簽院事：官名。即暫且代理簽書樞密院事。

夏五月，詔釋清口宋敗軍三千人，願留者五百人，以屯許州，餘悉縱遣之。賜經義詞賦李瑭以下進士第。[1]

[1]李瑭：是科詞賦進士一甲第一名，參見《金文最》卷四四孔叔利《改建題名碑》。

秋七月，以平章政事合達權樞密副使。

八月，賜陝西死事之孤鹽引及絹，[1]仍量材任使。大元兵圍武仙于舊衛州。[2]

[1]死事之孤：指爲國家而死者遺留的孤兒。　鹽引：一種買賣食鹽的票證。金代食鹽買賣由國家嚴格控制，實行專賣制度。本書卷四九《食貨志四》：“貞元初，蔡松年爲户部尚書，始復鈔引法，設官置庫以造鈔、引。鈔，合鹽司簿之符。引，會司縣批繳之數。七年一鳌革之。”

[2]舊衛州：即衛州舊治。衛州原治汲縣，世宗大定二十六年（1186）爲避河患徙治共城縣（今河南省輝縣市），二十八年又遷回汲縣舊治所。宣宗貞祐三年（1215）五月又遷到宜村新城。所謂

舊衛州，即指汲縣，治所在今河南省衛輝市。

冬十月，平章合達、副樞蒲阿引兵救衛州。衛州圍解，上登承天門犒軍，[1]合達、蒲阿並世襲謀克。移剌蒲阿權參知政事，同合達行省事于閿鄉，[2]以備潼關。

[1]承天門：城門名。南京皇城城門之一。

[2]閿（wén）鄉：縣名。亦作"閺鄉"。治所在今陝西省潼關市東北的黄河南岸。

八年春正月，大元兵圍鳳翔府。遣樞密院判官白華、右司郎中夾谷八里門諭閿鄉行省進兵，[1]合達、蒲阿以未見機會不行。復遣白華諭合達、蒲阿將兵出關以解鳳翔之圍，又不行。

[1]右司郎中：尚書省右司長官。掌本司奏事，總察兵、刑、工三部受事付事，兼修起居注。正五品。　夾谷八里門：女真人。生平不詳。

夏四月丁巳朔，赦。全免京西路軍需錢一年。[1]旱灾州縣，差税從實減貸。[2]大元兵平鳳翔府。兩行省棄京兆，遷居民于河南，留慶山奴守之。

[1]軍需錢：賦税名。是以軍費名義攤派給百姓的一種雜税。

[2]減貸：減免。

五月，李全妻楊妙真以全陷没于宋，[1]構浮梁楚州北，[2]欲復宋艬。遣合達、蒲阿屯桃源界漵河口，[3]以備侵軼。[4]宋八里莊人拒其主將，[5]納合達、蒲阿。詔改八里莊爲鎮淮府。

[1]楊妙真：山東益都府（今山東省青州市）人，紅襖軍首領楊安兒之妹，人稱“四娘子”，驍勇善戰，自稱“一枝梨花槍，天下無敵手”。楊安兒死後，楊妙真代領其衆，並與李全結爲夫婦。李全死，楊妙真潛回山東，病逝故里（參見《宋史》卷四七六至卷四七七《叛臣傳·李全傳》）。

[2]浮梁：當時在淮河上架設的浮橋。

[3]桃源界漵河口：地名。度其地應在今江蘇省泗陽縣境内。

[4]侵軼：侵犯襲擊。

[5]八里莊：地名。本書卷一一四《白華傳》記，白華乘船順黄河而下，“及淮與河合流處，才及八里莊城門相直”。據此，八里莊舊址應在今江蘇省淮安市境内黄河與淮河合流處附近。

秋七月，宋將焚浮梁。

九月丙申，慈聖宫皇太后温敦氏崩，遺誥園陵制度務從儉約。大元兵駐河中府。慶山奴棄京兆東還。召合達、蒲阿赴汴，議引兵趨河中府，懼不敢行，還陝州，出師至冷水谷而歸。[1]大元兵攻河中府，合達、蒲阿遣元帥王敢率兵萬人救之。[2]

[1]冷水谷：地名。在今陝西省臨潼市東。

[2]王敢：生平不詳。

冬十月，右丞相賽不致仕。

十一月丁未，大元進兵嶢峰關，[1]由金州而東。[2]省院議以逸待勞，未可與戰。上諭之曰："南渡二十年，所在之民，破田宅，鬻妻子，竭肝腦以養軍。今兵至不能逆戰，止以自護，京城縱存，何以爲國，天下其謂我何。朕思之熟矣，存與亡有天命，惟不負吾民可也。"乃詔諸將屯軍襄、鄧。[3]

[1]嶢峰關：關隘名。本書卷一八《哀宗紀下》作"饒豐關"；卷一二四《郭蝦蟆傳》作"饒峰關"，又作"饒風嶺"，地在今陝西省石泉縣西，時爲南宋轄境。

[2]金州：治所在今陝西省安康市。時爲南宋轄境。

[3]襄、鄧：襄，指襄城縣，治所在今河南省襄城縣。鄧，州名，治所在今河南省鄧州市。

十二月己未，葬明惠皇后。河中府破，權簽樞密院事草火訛可死之，[1]元帥板子訛可提敗卒三千走闅鄉。[2]詔赦將佐以下，杖訛可二百以死。合達、蒲阿率諸軍入鄧州，楊沃衍、陳和尚、武仙皆引兵來會，[3]出屯順陽。[4]戊辰，大元兵渡漢江而北，丙子，畢渡。合達、蒲阿將兵禦于禹山之前。[5]大元兵分道趨汴京，京師戒嚴。是夜二鼓，合達、蒲阿引軍還鄧州。大元兵躡其後，盡獲其輜重。

[1]草火訛可：女真人。即完顔訛可。本書卷一一一《完顔訛可傳》記，金末有兩訛可，一個綽號叫草火訛可，一個叫板子訛可。草火訛可是因爲"每得賊好以草火燎之"。劉祁《歸潛志》卷六："又有以忮忍號火燎元帥者。"《元史》卷一一九《塔思傳》

記，庚寅年冬十一月，元太宗破河中府，“金元帥完顔火燎遁，塔思追斬之”。火燎元帥、完顔火燎，即草火訛可。應説明的是，《元史》記載塔思斬訛可的時間有誤，“庚寅年”應作“辛卯年”，即金哀宗正大八年（1231）。

［2］板子訛可：女真人。本書《完顔訛可傳》記，板子訛可的得名是因爲“嘗誤以宫中牙牌報班齊者爲板子，故時人各以是目之”。《歸潛志》卷六記：“完顔訛可，亦以能打毬，號板子元帥。”與本書所記稍異。

［3］楊沃衍：朔州唐括迪剌部人，賜女真姓烏林答氏。時爲元帥左監軍、遥領中京留守。本書卷一二三有傳。

［4］順陽：鎮名。舊址在今河南省淅川縣南。

［5］禹山：在今河南省鄧州市西。

天興元年是年本正大九年，正月改元開興，四月又改元天興。春正月壬午朔，日有兩珥。[1]大元兵道唐州，[2]元帥完顔兩婁室與戰襄城之汝墳，[3]敗績。兩婁室走汴京。遣完顔麻斤出等部民丁萬人，決河水衛京城。癸未，置尚書省、樞密院于宫中，以便召問。起前元帥古里甲石倫權昌武軍節度使，[4]行元帥府事。合達、蒲阿引軍自鄧州赴汴京。乙酉，以點檢夾谷撒合爲總帥，[5]將步騎三萬巡河渡，權近侍局使徒單長樂監其軍。[6]起近京諸色軍家屬五十萬口入京。[7]丙戌，大元兵既定河中，由河清縣白坡渡河。[8]丁亥，長樂、撒合引兵至封丘而還。[9]戊子，左司郎中斜卯愛實上書請斬長樂、撒合以肅軍政，[10]不從。都尉烏林答胡土一軍自潼關入援，[11]至偃師聞大元兵渡河，[12]遂走登封少室山。[13]壬辰，衛州節度使完顔斜捻阿不棄城走汴。[14]甲午，修京城樓櫓及守禦備。[15]大元兵薄鄭州，[16]與白坡兵合，屯軍元帥馬伯堅以城降，[17]防禦使烏林答咬住死之。[18]乙未，大元游騎至汴城。[19]丁酉，大雪。大元兵及兩省軍戰鈞州之三峰山，[20]兩省軍大潰，合達、陳和尚、楊沃衍走鈞州，城破皆死之。樞密副使蒲阿就執，尋亦死。武仙走密縣。[21]自是，兵不復振。己亥，徐州行省完顔慶山奴引兵入援，[22]義勝軍校侯進、杜正、張興率所部北降，[23]慶山奴入睢州。庚子，御端門肆赦，改元開興。辛丑，潼關守將李平以關降大元。[24]壬寅，扶溝民錢大亨、李鈞叛，[25]殺縣令王浩及其簿尉。[26]庚戌，許州軍變，殺元帥古里甲石倫、粘合仝周、蘇椿等，[27]以城降大元。

[1]珥（ěr）：日、月兩旁的光暈。

[2]唐州：治所在今河南省唐河縣。

[3]完顔兩婁室：即同名的兩個完顔婁室。本書卷一一九《完顔婁室傳》記，金末有三個完顔婁室，大婁室於哀宗正大八年（1231）戰死白鹿原，此處所記的是元帥中婁室和小婁室。　汝墳：地名。舊址在今河南省襄城縣境内。

[4]古里甲石倫：隆安府女真人。中武進士，哀宗正大八年（1231），石倫出任昌武軍節度使。九年，三峰山戰役後，蒙古軍破許州，石倫投井自殺殉國。本書卷一一一有傳。　昌武軍：軍州名。治所在今河南省許昌市。

[5]點檢：即殿前都點檢，殿前都點檢司長官，兼侍衛親軍都指揮使。掌行從宿衛，關防門禁，督攝隊仗，總判司事。正三品。　夾谷撒合：女真人。其他事迹不詳。

[6]近侍局使：近侍局屬官。爲近侍局提點副佐。從五品。

徒單長樂：女真人。其他事迹不詳。

[7]諸色軍：指由不同民族出身者組成的各種軍隊。

[8]河清縣：原爲河清鎮，此處稱河清縣，可能是金末已升爲縣，但本書《地理志》未載。其治所在今河南省孟津縣北的黄河北岸。　白坡：地名。舊址在今河南省孟津縣東北的黄河北岸。

[9]封丘：縣名。治所在今河南省封丘縣。

[10]左司郎中：尚書省左司長官。掌本司奏事，總察吏、户、禮三部受事付事，兼修起居注。正五品。　斜卯愛實：女真人。斜卯，女真姓氏。《老學庵筆記》卷一記："謝子肅使金回，曰：'金姓多兩三字，又甚怪，至有姓斜卯者，並作斜卵。'"《潞州五龍祠碑》即作"斜卵"。按女真語音翻譯，亦應作"斜卵"，因嫌其不雅，故譯成斜卯。陳述據本書卷八一《鶻謀琶傳》稱术吉水斜卯部人，推定斜卯部原在术吉水，以部名得姓（參見陳述《金史拾補五種》，第135頁）。

[11]烏林答胡土：女真人。哀宗正大九年（1232），胡土爲都尉，守少室山太平頂御寨。後領兵到蔡州，哀宗任命他爲權參知政事、殿前都點檢。蔡州城破，投汝水殉國。本書卷一一一有傳。

[12]偃師：縣名。治所在今河南省偃師市。

[13]登封：縣名。治所在今河南省登封市。　少室山：山名。在今登封市西，上有佛教名刹少林寺。

[14]完顔斜捻阿不：女真人。亦作"完顔習涅阿不""完顔習捏阿補""完顔習泥阿不""完顔習你阿不"，《歸潛志》卷一一作"完顔習你阿勃"。哀宗出奔歸德，斜捻阿不守汴京，後被逆臣崔立所殺。

[15]樓櫓：軍中用的望敵高臺。

[16]薄：逼近。

[17]馬伯堅：《元史》卷二記，馬伯堅時爲金朝鄭州防城提控，降蒙古後，蒙古授其金符，仍命率部守鄭州。

[18]防禦使：即鄭州防禦使。鄭州防禦司長官。從四品。　烏

林答咬住：女真人。

[19]汴城：指金朝當時的首都開封城，今河南省開封市。

[20]三峰山：本書卷二五《地理志中》作“三封山”，在今河南省禹州市西南。

[21]密縣：治所在今河南省新密市。

[22]徐州：治所在今江蘇省徐州市。

[23]義勝軍校侯進、杜正、張興：義勝軍，是當時駐紮在徐州和邳州一帶的一支金兵。據本書卷一一七《徒單益都傳》記，侯進、杜正（該傳作“杜政”）、張興三人皆爲義勝軍總領，而不是軍校。侯進等三人降蒙古後，又叛蒙歸金，侯進駐靈璧，杜正駐邳州，張興駐徐州。張興後被國用安所殺，杜正也降於國用安。

[24]李平：生平不詳。

[25]扶溝：縣名。治所在今河南省扶溝縣。　錢大亨、李鈞：生平俱不詳。

[26]王浩：生平不詳。　簿尉：指縣主簿和縣尉，皆爲縣屬官。主簿與縣丞共佐縣令治本縣事，正九品；縣尉專掌巡捕盜賊，正九品。

[27]粘合仝周：女真人。本書卷一一一《古里甲石倫傳》作“粘葛仝周”，時爲權昌武軍節度使。詳見《古里甲石倫傳》附傳。

二月壬子朔，慶山奴謀走歸德，至陽驛店遇大元兵，[1]徐帥完顔兀里力戰而死，[2]慶山奴被擒，使招京城，不從。睢州刺史張文壽棄城從慶山奴，皆死之。甲寅，大元兵徇臨涣，[3]攝縣令張若愚死之。[4]戊午，次盧氏。[5]關、陝行省總帥兩軍及秦、藍帥府軍棄潼關而東，[6]與之遇，天又大雪，未戰而潰。行省徒單兀典，[7]總帥納合合閏敗死，[8]完顔重喜降，[9]斬于馬前。都尉鄭倜殺都尉苗英亦降。[10]秦、藍總帥府經歷商衡死之。[11]

大元兵下睢州。庚申，翰林待制馮延登使北來歸。[12]乙丑，大元兵攻歸德。庚午，起復右丞相致仕賽不爲左丞相。[13]括京師民軍二十萬分隸諸帥，人月給粟一石有五斗。

[1]陽驛店：地名。舊址在今河南省寧陵縣西。　大元兵：指蒙古軍隊。

[2]完顏兀里：女真人。本書卷一一六《完顏承立傳》作“完顏兀論”，爲丞相完顏賽不之侄。

[3]臨涣：縣名。治所在今安徽省濉溪縣西南。

[4]張若愚：生平不詳。

[5]盧氏：縣名。治所在今河南省盧氏縣。

[6]關、陝行省：官署名。是當時設在閿鄉縣的一個行尚書省。秦、藍帥府：軍政官署名。是當時設在今陝西省西安市和藍田縣一帶的行府，總帥是徒單百家。

[7]徒單兀典：女真人。哀宗正大年間，兀典以兵部尚書參知政事行省於徐州，又移行省於閿鄉，守潼關。蒙古軍來攻，兀典棄閿鄉奔鄧州，兵敗鐵嶺，被殺。本書卷一一六有傳。

[8]納合合閏：女真人。時爲潼關總帥。

[9]完顏重喜：女真人。時爲秦、藍總帥都點檢。

[10]鄭倜（tì）：生平不詳。　苗英：本書卷一一六《徒單兀典傳》作“苗秀”。劉祁《歸潛志》卷一一亦作“苗英”，應以苗英爲是，時爲安平都尉。

[11]秦、藍總帥府經歷：秦、藍行府屬官。本書卷五五《百官志一》記，“行臺官品皆下中臺一等”。都元帥府經歷官爲正七品，所以行府經歷官應爲從七品。　商衡：曹州人。衛紹王至寧元年（1213）進士。哀宗正大八年（1231），行省徒單兀典兵敗鐵嶺，商衡被俘，不肯降敵，自殺殉國。本書卷一二四有傳。

[12]翰林待制馮延登：馮延登，吉州吉鄉縣（今山西吉縣）人，承安二年（1197）進士。正大七年（1230），出使蒙古，成吉思汗令其説降鳳翔軍帥，不從。二年後放回。汴京城破，延登被俘，義不受辱，投井自殺。本書卷一二四有傳。按，該傳記載，延登於哀宗正大七年十二月遷國子祭酒，八年春假翰林學士承旨出使蒙古。被蒙古扣留二年，回國後哀宗復以爲祭酒。《遺山文集》卷一九《内翰馮君神道碑銘》所記相同，所以此處"翰林待制"應作"國子祭酒"。

[13]賽不：女真人。即完顔賽不，始祖弟保活里之裔，金末官至尚書左丞相，行省於徐州。哀宗天興二年（1133），徐州發生兵變，賽不先投河，不得死，後自縊殉國。本書卷一一三有傳。　左丞相：尚書省宰相。與右丞相皆爲從一品，位在右丞相之上。

三月丁亥，大元軍平中京，留守撒合輦投水死。甲午，命平章政事白撒宿上清宫，樞密副使合喜宿大佛寺，[1]以備緩急。大元遣使自鄭州來諭降，使者立出國書以授譯史，[2]譯史以授宰相，宰相跪進，上起立受之，以付有司。書索翰林學士趙秉文、衍聖公孔元措等二十七家，[3]及歸順人家屬，蒲阿妻子，繡女、弓匠、鷹人又數十人。庚子，封荆王子訛可爲曹王，[4]議以爲質。[5]密國公璹以曹王幼，[6]請代行，上慰遣之，不聽其代。壬寅，尚書左丞李蹊送曹王出質，諫議大夫裴滿阿虎帶、太府監國世榮爲講和使。[7]户部侍郎楊慥權參知政事。[8]分軍防守四城。大元兵攻汴城，上出承天門撫西面將士。千户劉壽語不遜，[9]詔釋勿問。癸卯，上復出撫東面將士，親傅戰傷者藥于南薰門下，[10]仍賜卮酒。[11]出内府金帛器皿以賞戰士。乙巳，鳳翔府炮軍萬户王阿驢、樊喬來歸。[12]己酉，造革車三千兩，[13]已而不用。置局養無家俘民。

[1]大佛寺：佛寺名。在當時的南京城内。

[2]譯史：尚書省和都元帥府皆有譯史，是專門負責翻譯工作的低級官吏。

[3]翰林學士：翰林院屬官。爲翰林學士承旨副佐。正三品。衍聖公：封爵名。是統治者專門封賜孔子後裔的封號。視四品。孔元措：孔子五十一代孫。本書卷一〇五《孔璠傳》後有附傳。

[4]訛可：女真人。即完顔訛可，宣宗孫、完顔守純之子，後被蒙古人殺害。　曹王：封爵名。明昌格，爲大國封號第二十。

[5]質：人質。

[6]密國公：封爵名。明昌格，爲小國封號第二十二。　璹(shú)：女真人。即完顔璹，金世宗孫、完顔永功之子。本書卷八五《完顔永功傳》後有附傳。

[7]諫議大夫：有左諫議大夫和右諫議大夫，皆爲諫院長官，並爲正四品。　太府監：太府監長官，掌出納邦國財用錢穀之事。正四品。　國世榮：生平不詳。

[8]户部侍郎：户部屬官。户部尚書副佐。正員二人，正四品。楊慥（zào）：山西五台縣人，章宗承安五年（1200）中進士，金朝南遷後，曾任監察御史、户部郎中、司農卿、户部侍郎，官至參知政事。爲官有能名，金朝滅亡後病逝（見《歸潛志》卷五；又見《中州壬集・楊户部慥》,《中州集》)。

[9]劉壽：生平不詳。

[10]傅：與“敷”通。　南薰門：城門名。時南京皇城城門之一。

[11]卮（zhī)：古代一種盛酒器。

[12]萬户：軍官名。金初兵制，猛安之上置軍帥，軍帥之上置

萬户，萬户爲高級領兵官。金末招募義軍，以五謀克爲一千户，四千户爲一萬户，萬户官僅爲正九品。　王阿驢、樊喬：生平俱不詳。

［13］革車三千兩：革車，一種兵車。兩，與“輛”通。

夏四月癸丑，兵士李新有功，[1]擢四方館使。[2]元帥劉益叱其子戰死。[3]丁巳，遣户部侍郎楊仁奉金帛詣大元兵乞和。[4]戊午，又以珍異往謝許和。癸亥，明惠皇后陵被發，失柩所在，遣中官往視之，[5]至是始得。以兵護宫女十人出迎朔門奉柩至城下，[6]設御幄安置，是夜復葬之。戮鄭倜妻子。甲子，御端門肆赦，改元天興。詔内外，官民能完復州郡者功賞有差。出金帛酒炙犒飫軍士。[7]減御膳，[8]罷冗員，放宫女。上書不得稱聖，改聖旨爲制旨。釋鎬厲王、衛紹王二族禁錮，[9]聽自便。乙丑，百官初起居于隆德殿前。[10]丙寅，以尚書省兼樞密院事。丁卯，放宫女，聽以衣裝自隨，金珠留犒士卒。汴京解嚴，步軍始出封丘門采薪蔬。[11]己巳，建威都尉完顔兀論同大元使没忒入城。[12]庚午，見使臣於隆德殿。放宫女如前。辛未，開鄭門聽百姓男子出入。[13]甲戌，御承天門大饗將士，聞有聲屈者乃還宫。乙亥，有詔止奏事。許州進櫻桃。

［1］李新：生平不詳。

［2］四方館使：四方館長官。掌提控諸路驛舍驛馬並陳設器皿等事。正五品。

［3］劉益：《歸潛志》益字作“奕”。劉益後隨哀宗離汴京出奔

歸德，爲西面元帥。白公廟之敗，與上黨公張開同被亂民所殺。

［4］楊仁：中華點校本據本書卷一一三《赤盞合喜傳》和卷一二四《烏古孫仲端傳》的相關記載，改爲“楊居仁”。楊居仁，祖籍大興府，後遷居南京。年十八中進士，爲官以能稱，曾以太常少卿身份出使蒙古。哀宗離汴京出奔歸德，楊居仁留守京師。崔立之變，居仁負傷，被迫出任僞職。不久托病辭官，北行至黄河，全家投水自殺，年未至五十。（參見劉祁《歸潛志》卷五）

［5］中官：指内宫官員，即宫中太監。

［6］迎朔門：城門名。汴京外城北門。

［7］酒炙（zhì）：酒肉。　犒飫（yù）：犒賞宴會。

［8］御膳：皇帝的專用飲食。

［9］釋鎬厲王、衛紹王二族禁錮：鎬厲王，原爲鎬王，封爵名，明昌格，爲大國封號第四。鎬厲王指世宗庶長子完顔永中，章宗時封鎬王，被章宗以謀反罪冤殺，後復其王爵，謚號“厲”，故史稱鎬厲王。本書卷八五有傳。金朝統治者對永中子孫和衛紹王子孫進行嚴密監視和控制，分别設官監督，並禁其男女婚嫁，永中子孫被監控四十年，衛紹王子孫被禁錮二十年，至此始得解禁。

［10］隆德殿：宫殿名。時在汴京皇城内。

［11］封丘門：城門名。時爲汴京外城城門之一。

［12］建威都尉：哀宗時所封十三都尉之一。　完顔兀論：女真人。本書卷一八《哀宗紀下》作“完顔兀論出”。哀宗天興二年（1233）正月，完顔兀論隨哀宗離京出奔歸德，途中戰敗而降于蒙古。　没忒：人名。生平不詳。

［13］鄭門：城門名。時爲汴京外城城門之一。

五月辛巳，遷民告出城者以萬數，賽不、白撒不聽。乙酉，以南陽郡王子思烈行尚書省于鄧州，[1]召援兵。丙戌，拜天於大慶殿。[2]詔白撒致仕。放京城四面軍，李辛不奉詔。[3]丁亥，鑿洧川漕渠，[4]尋罷之。馮延登以奉使有勞，授禮部侍郎。[5]戊子，裕州鎮防軍將領賀都喜率西軍二千人入援。[6]放還民出京。辛卯，大寒如冬。密國公璹薨。汴京大疫，凡五十日，諸門出死者九十餘萬人，貧不能葬者不在是數。癸巳，楊春入據亳州，[7]觀察判官劉均死之。[8]辛丑，上御香閣，面責宰相。乙巳，將相受保城爵賞。

[1]南陽郡王：封爵名。郡王封號，正從二品。此南陽郡王指完顏襄，女真人，本書卷九四有傳。　思烈：女真人。即完顏思烈，完顏襄之子，時爲權參知政事。本書卷一一一有傳。

[2]大慶殿：宫殿名。在當時汴京皇城内。

[3]李辛：此李辛與本卷前文所記擢升四方館使的李辛是兩個人。此李辛《歸潛志》卷一一作“李新”，山西人，賜姓温撒，所以又作“温撒辛”，曾任陳州振武都尉。哀宗出奔歸德，李辛留守京師，爲汴京東面元帥。李辛跋扈，不服完顏奴申等人節制，崔立之變發生前，從汴京出逃，被完顏奴申派人追斬於汴京城濠中。

[4]洧（wěi）川：河名。亦稱洧水，爲汝水的一條支流，流經今河南省新密市、新鄭市、扶溝縣，流入當時的蔡河。

[5]禮部侍郎：禮部尚書副佐。正四品。

[6]裕州：治所在今河南省方城縣。　賀都喜：後爲都尉，隨哀宗出奔歸德，力戰而死。

[7]楊春：生平不詳。　亳州：治所在今安徽省亳州市。

[8]觀察判官：掌紀綱觀察衆務，分判吏、户、禮案事，通檢推排簿籍。正七品。　劉均：生平不詳。

六月庚戌朔，詔百官舉大將，衆舉劉益，不能用。

癸丑，飛虎軍二百人奪封丘門出奔。[1]甲寅，以出師錮門禁。乙卯，白撒開渠於私第東。丙辰，閱官馬，擇瘠者殺以食。丁巳，封仙據徐州，[2]徒單益都走宿州，[3]推張興行省事。庚申，塞京城四門，以便守禦。壬戌，國用安入徐州，[4]殺張興，推封仙爲元帥，以主州事。己巳，詔贈禦侮中郎將完顏陳和尚鎮南軍節度使。[5]立褒忠廟碑。權參知政事楊慥罷。辛未，復修汴城。以疫後，園户、僧道、醫師、鬻棺者擅厚利，命有司倍征之，以助其用。甲戌，宿州鎮防千户高臘哥、李宣殺節度使紇石烈阿虎父子，[6]請行省徒單益都主帥事，益都不從，率其將吏西走，至穀熟遇大元軍，[7]死之。乙亥，左丞李蹊送曹王與其子全俱還。[8]丁丑，恒山公武仙殺士人李汾。[9]

[1]飛虎軍：軍名。本卷下文有“飛虎軍士申福、蔡元擅殺北使唐慶等三十餘人於館”。本書卷四四《兵志》：“此外，招募義軍曰忠義，要皆燕、趙亡命，雖獲近用，終不可制，異時擅殺北使唐慶以速金亡者即此曹也。”由此知飛虎軍即所謂忠義軍，是金末義軍的一支。

[2]封仙：時爲義勝軍都統，後被國用安以便宜封爲郡王，被郡王王德全殺死。

[3]徒單益都：女真人。曾任延安總管，正大九年（1232）行中書省於徐州。徐州發生兵變，益都奔宿州，宿州守將紇石烈阿虎不納。益都率殘部在穀熟縣東被蒙古軍俘虜，不屈而死。本書卷一一七有傳。　宿州：治所在今安徽省宿州市。

[4]國用安：中華點校本據本書下文的相關記載，改爲“國安用”。國安用，淄州人，後賜名國用安。係紅襖軍楊安兒、李全舊

部。先降蒙，後歸金，反復無常。本書卷一一七有傳。

[5]禦侮中郎將：中郎將，秦代始有中郎將之名，漢代有五官中郎將、虎賁中郎將等名號，宋時已廢，金代也衹見此一例。禦侮，官名前所加的稱號。　鎮南軍：軍州名。治所在今河南省汝南縣。

[6]高臘哥、李宣：生平俱不詳。　紇石烈阿虎：女真人。其他事迹不詳。

[7]穀熟：縣名。治所在今河南省虞城縣西南。

[8]仝：女真人。即完顏仝，荆王完顏守純之孫、曹王訛可之子。

[9]李汾：太原府平晋縣（今山西省太原市晋源區）人，喜讀史書，工詩。元興年間游京師，舉進士不中，經推薦進史館任書寫。後出任恒山公武仙行省講議官，因事遭拘，絶食而死。本書卷一二六有傳。

七月庚辰朔，兵刃有火。辛巳，軍士撾登聞鼓乞將劉益。[1]癸未，尚書右丞顏盞世魯罷。吏部尚書完顏奴申爲參知政事。甲申，飛虎軍士申福、蔡元擅殺北使唐慶等三十餘人于館，[2]詔貰其罪，[3]和議遂絶。乙酉，都人揚言欲殺白撒，密詔遣衛士護其家。丙戌，軍士毁白撒别墅。斜捻阿不妄殺市人之過其門者，以靖亂。丁亥，拜天于承天門下，[4]出内府及兩宫物賜軍士。戊子，下令招軍。辛卯，簽民爲兵。鞏昌民百二十人赴援。[5]乙未，宿州帥衆僧奴稱國安用降，[6]遣近侍直長因世英等持詔封安用爲兖王，[7]行京東等路尚書省事，賜姓完顏，改名用安。新軍有撾登聞鼓者，杖殺之。乙巳，金、木、火、太陰會于軫、翼。[8]丙午，參知政事完顏思烈、恒山公武仙、鞏昌總帥完顏忽斜虎率諸將兵自汝州入援，[9]以合喜爲樞密使，[10]將兵一萬應之，命左丞李蹊勸諭出師，乃行。

[1]登聞鼓：封建王朝在登聞鼓院前所設的鳴冤鼓。百官、軍民有重大冤情者可擊鼓申訴。

[2]申福、蔡元：生平俱不詳。　唐慶：時爲蒙古國使者，到汴京威逼金哀宗投降，態度十分傲慢，激起汴京軍民的極大憤慨，所以被飛虎軍將士殺死在館驛中。《元史》卷一五二有傳。

[3]貰（shì）：與“赦”通。

[4]拜天：一種祭天的儀式。　承天門：城門名。南京外城東門。

[5]鞏昌：府名。治所在今甘肅省隴西縣。

[6]衆僧奴：女真人。其他事迹不詳。

[7]近侍直長：即近侍局直長，近侍局屬官。正八品。　因世英：後被蒙古軍隊殺害於宿州之西。　兖王：封爵名。大國封號，明昌格第十六位。

[8]金、木、火、太陰會于軫、翼：金、木、火，太陽系三大行星。太陰，即月亮。軫、翼，兩星宿名，皆爲二十八宿之一。此句的意思是，太陽系金、木、火和月亮四星同時出現在軫宿和翼宿的天區内。

[9]完顏忽斜虎：曷懶路女真人。即完顏仲德，本名忽斜虎。章宗泰和三年（1205）進士，金末以參知政事先後行尚書省於陜州和徐州，領兵勤王，至蔡州，後死於蔡州之難。本書卷一一九有傳。　汝州：治所在今河南省臨汝縣。

[10]合喜：女真人。即赤盞合喜。本書卷一一三有傳。

八月己酉朔，合喜屯杏花營，[1]又益兵五千人，始進屯中牟故城。[2]庚戌，發丁壯五千人運粮，餉合喜軍。辛亥，完顏思烈遇大元兵于京水，[3]遂潰，武仙退保留山，[4]思烈走御寨，[5]中京元帥左監軍任守貞死之。[6]合喜棄輜重奔至鄭門，聚兵乃入。甲寅，免合喜爲庶人，籍其家以賜軍士。降監軍長樂爲符寶郎。[7]丁巳，釋奠孔子。戊午，括民間粟。己未，籍徒單兀典、完顏重喜、納合合閏家貲。[8]前儀封令魏璠上言，[9]鞏昌帥完顏仲德沉毅有遠謀，臣請奉命往召。不報。戊辰，免府試。[10]起復前大司農侯摯爲平章政事，[11]進封蕭國公，[12]行京東路尚書省事。己巳，摯帥兵行至封丘，將士將潰，摯止之，乃與衆還汴。壬申，聽無軍家口戍京。甲戌，金木星交。乙亥，賣官，及許買進士第。丙子，詔罷括粟，[13]復以進獻取之。丁丑，京城民楊興入貲，[14]授延州刺史。[15]戊寅，劉仲温入貲，授許州刺史。[16]

[1]杏花營：軍營名。本書卷一一三《赤盞合喜傳》記，“八月己酉朔，駐於近郊，候益兵乃進屯中牟古城。”由此知杏花營在當時的京師郊區。

[2]中牟：縣名。治所在今河南省中牟縣。

[3]京水：河名。發源於今河南省新密市東北，流經鄭州市西、北，入蔡河。

[4]留山：山名。本書卷一一八《武仙傳》作“南陽留山”，地在今河南省南召縣東北。

[5]御寨：寨堡名。本書卷一一一《完顏思烈傳》作“太平頂御寨”，卷二五《地理志中》記，“少室山，宣宗置御寨其上”，知御寨舊址在今河南省登封市少室山上。

［6］任守貞：生平不詳。

［7］監軍長樂：即本卷前文的權近侍局使徒單長樂。　符寶郎：殿前都點檢司屬官，原名牌印侯，世宗大定二年（1162）改爲符寶侯，所以又稱符寶郎。掌御寶及金銀等牌，正員四人，本書卷五三《選舉志三》作十二人。

［8］家貲：家産。

［9］儀封令魏璠：儀封令，即儀封縣令，儀封縣本書《地理志》不載。魏璠，本書卷一一八《武仙傳》記魏璠官名爲翰林修撰。魏璠是山西渾源縣人，宣宗貞祐三年（1215）進士，金亡後入元，被元世祖征至和林，訪以當世之務。魏璠條陳三十餘事，舉名士六十餘人，多被采納，後卒於和林，謚號“靖肅”（詳見《元史》卷一六四《魏初傳》）。

［10］府試：科舉考試名。金代科舉考試共分四級，即縣試、府試、會試和殿試。府試在指定的幾個總管府舉行，録取合格者再赴京參加會試和殿試。

［11］大司農：大司農司長官。掌勸課天下力田之事，兼采訪公事。正二品。　侯摯：東阿人。明昌二年（1191）進士。金末官至尚書右丞。本書卷一〇八有傳。

［12］蕭國公：封爵名。國公封號，從一品。

［13］括粟：搜求糧食。

［14］楊興：生平不詳。　入貲：向國家貢獻財産，以買取官爵。

［15］延州：原爲南京開封府延津縣，宣宗貞祐三年（1215）七月升爲延州。治所在今河南省延津縣西。

［16］戊寅劉仲温入貲，授許州刺史：戊寅爲九月朔（九月初一日），因上文記“丁丑，京城民楊興入貲，授延州刺史”所以誤將次日事順記於此。劉仲温，其他事迹不詳。許州，治所在今河南省許昌市。

金史　卷一八

本紀第十八

哀宗下

九月戊寅朔，詔減親衛軍。[1]己丑，軍士殺鄭門守者出奔。[2]壬辰，起上黨公張開及臨淄郡王王義深、廣平郡王范成進爲元帥。[3]以前御史大夫完顏合周權參知政事。[4]乙未，以牓召民賣放下年軍需錢，[5]上户田租如之。[6]辛丑，夜大雷，工部尚書蒲乃速震死。[7]

[1]親衛軍：軍名。即皇帝的侍衛親軍。

[2]鄭門：城門名。時爲汴京外城城門之一。

[3]上黨公：封爵名。郡公封號，正從二品。金宣宗貞祐四年(1216)，爲抗擊蒙古，分封河北地區九個地方武裝首領爲郡公，時稱“九公封建”，上黨公是其中之一。　張開：賜姓完顏，故也作完顏開。本書卷一一八有傳。　臨淄郡王王義深、廣平郡王范成進：關於王義深、范成進二人封王事，本書卷一一四《白華傳》記作“張惠臨淄郡王，義深東平郡王，成進膠西郡王”。又卷一一二《移剌蒲阿傳》亦記封臨淄郡王者爲張惠。《山左金石志》有《金

膠西郡王范成進碑》，證明《白華傳》的記載可信，所以此處應以東平郡王王義深、膠西郡王范成進爲是。臨淄郡王、廣平郡王，皆爲金代郡王封號，正從二品。王義深原爲紅襖軍彭義斌的部將，隨義斌降宋，義斌死，又歸李全。至哀宗正大三年（1226），王義深又由宋歸金，被封爲郡王。范成進原來也是紅襖軍首領，附李全降宋，哀宗時與王義深等由宋歸金，被封爲郡王。

[4]御史大夫：御史臺長官。掌糾察朝儀、彈劾官邪、勘鞫官府公事，審理内外重大獄案。原爲正三品，世宗大定十二年（1172）升爲從二品。　完顔合周：女真人。一名永錫。本書卷一一四有傳。　權參知政事：權，代理。參知政事，與尚書省左、右丞並爲執政官，“爲宰相之貳，佐治省事”，即副宰相。正員二人，從二品。

[5]牓：告示。“牓”與“榜”通。　軍需錢：賦税名。是金朝末年以籌集軍餉爲名向老百姓徵收的一種雜税。

[6]上户：指占有土地、財力較强的富户。本書卷四六《食貨志一》記，世宗在實行通檢推排户籍時，“始詔令集耆老，推貧富，驗土地牛具奴婢之數，分爲上中下三等”。

[7]工部尚書：工部長官。掌修造營建法式、諸作工匠、屯田、山林川澤、江河堤岸、道路橋樑之事。正三品。　蒲乃速：女真人。生平不詳。

閏月戊申朔，遣使以鐵券一、虎符六、大信牌十、織金龍文御衣一、越王玉魚帶一、弓矢二，[1]賜兗王用安，[2]其父母妻皆贈封之。又以世襲宣命十、郡王宣命十、玉兔鶻帶十，[3]付用安，其同盟可賜者即賜之。辛亥，遣張開、温撒辛、劉益、高顯率步軍護陳留、通許粮道。[4]罷貧民進獻粮。戊午，招鄉導。[5]己未，有箭射入宫中，書奸臣姓名，兩日而再得之。辛酉，再括京城粟,[6]以御史大夫合周、點檢徒單百家等主之。[7]丙寅,括粟使者兵馬都總領完顔九住以粟有蓬稗,[8]杖殺孝婦于省門。

[1]鐵券:是封建王朝賜予有特殊功勳臣子的一種信物。得鐵券者及其後代除犯謀反罪外,可予以赦免。本書卷五八《百官志四》記:"鐵券,以鐵爲之,狀如卷瓦。刻字畫,以金填之。外以御寶爲合,半留内府,以賞殊功也。" 虎符:虎形兵符。本書卷五八《百官志四》:"虎符之制,承安元年制,以禮官言,漢與郡國守相爲銅虎符,唐以銅魚符起軍旅、易守長等用之。至是,斟酌漢唐典故,其符用虎。" 大信牌:金朝的一種兵符,亦稱遞牌。金初之制,信牌有木牌、銀牌和金牌之分,金牌授萬户,銀牌授猛安,木牌授謀克和蒲輦。金末亦實行信牌制,詳見本書卷五八《百官志四》。 織金龍文御衣:一種用金綫繡成龍紋的衣服。龍紋衣一般衹限帝王服用,以龍紋衣賜國用安是一種特例。 越王玉魚帶:越王,封爵名,明昌格,爲大國封號第九。玉魚帶,玉帶名。本書卷四三《輿服志中》:"親王玉帶,佩玉魚。一品玉帶,佩金魚。"

[2]兗王:封爵名。明昌格,爲大國封號第十六。 用安:人名。即國用安,原名國安用,哀宗賜名國用安。本書卷一一七有傳。

[3]世襲宣命:宣命,是朝廷委任官職的勑命。世襲宣命,是委任世襲官職的勑命。當時哀宗把這種任官的勑命交給國用安,讓他直接任命世襲官,是對其實施的一種拉攏手段。 玉兔鶻:亦作"玉吐鶻",是一種有鷹鶻浮雕的珍貴玉帶。本書卷四三《服輿志下》:"吐鶻,玉爲上,金次之,犀象骨角又次之。"

[4]温撒辛:即漢人李辛,《歸潛志》卷一一作"李新",賜姓温撒。李辛是山西人,曾任陳州振武都尉。哀宗出奔歸德,李辛留

守京師，爲汴京東面元帥。李辛跋扈，不服守將完顏奴申等節制，崔立之變發生前，李辛從汴京逃跑，被完顏奴申派人追斬於城壕中。　劉益：本書卷一七《哀宗紀上》稱元帥劉益。《歸潛志》卷一一作"劉奕"。哀宗出奔歸德，劉益扈從，白公廟戰敗，與上黨公張開一起被亂民所殺。　高顯：時爲都尉，後隨哀宗出奔歸德，爲東面元帥。　陳留、通許：縣名。陳留，治所在今河南省開封市東南古陳留城；通許，治所在今河南省通許縣。

[5]鄉導：嚮導。鄉與"嚮"通。

[6]括京城粟：强行徵集京師官民糧食。

[7]點檢徒單百家：點檢，即殿前都點檢，殿前都點檢司長官，兼侍衛親軍都指揮使。掌行從宿衛，關防門禁，督攝隊仗，總判司事。正三品。徒單百家，女真人，曾任元帥左監軍。

[8]兵馬都總領：金末招募義軍，以四千户爲一萬户，四萬户爲一副統，兩副統爲一都統，設一都統官。都統之外，又設一總領官提控兵馬，總領官原爲從五品，哀宗正大二年（1225）升爲正四品。都總領，應是負全權的總領官。出土的金代官印中有"總領都提控印"，即應爲都總領之印（參見景愛《金代官印集》，文物出版社 1991 年版，第 192 頁）。　完顏九住：女真人。亦作"完顏久住"。

十月，以前司農卿李涣飛語，[1]詔左丞李蹊、户部侍郎楊慥繫獄，[2]將以軍儲失計坐罪。[3]俄蹊、慥並除名，而止籍慥家貲。[4]涣遂權户部尚書。[5]尋赦殘欠粮，其應以粮事繫者皆釋之。詔徵諸道軍，期以十二月一日入援。[6]

[1]司農卿李涣：司農卿，司農司屬官，爲大司農副佐，正員三人，正四品。李涣，金末酷吏，《歸潛志》卷七記："蒲察合住、

王阿里、李渙之徒，胥吏中尤狡刻者也。”　飛語：散布流言，惡意中傷。

[2]左丞李蹊：左丞，即尚書左丞，與尚書右丞、参知政事並爲執政官，“爲宰相之貳，佐治省事”，即副宰相，左丞位於右丞之上。正二品。李蹊，大興府（今北京市）人，年少中進士，爲官有能聲，曾受奸臣蒲察合住、李渙等陷害而丢官入獄，獲釋後任大司農，官至尚書左丞，天興元年（1232）十二月隨哀宗出奔歸德，死於蒲察官奴之亂（參見本書卷一一六《蒲察官奴傳》、《歸潛志》卷六）。　户部侍郎楊慥：户部侍郎，户部屬官，户部尚書副佐，正員二人，正四品。楊慥，山西五台縣人，章宗承安五年（1200）中進士，宣宗南遷後，曾任監察御史、户部郎中、司農卿、户部侍郎等職，哀宗正大末年官至權參知政事。汴京淪陷後，病死。（參見《歸潛志》卷五、《中州集》楊慥小傳）。

[3]軍儲：軍用戰備物資。

[4]家貲：即家資，家庭財産。

[5]户部尚書：户部長官。掌全國的户籍、物力、婚姻、田宅、財業、鹽鐵、租税等事。正三品。

[6]期：預定日期。

十一月丁未朔，賜貧民粥。平章政事侯摯致仕。[1]左司郎中斜卯愛實以言事忤近侍，[2]送有司，尋釋之。己酉，衛州軍校白晝取豐備倉米。[3]壬子，京城人相食。癸丑，詔曹門、宋門放士民出就食。[4]壬戌，召諸將相入議事。兗王用安率兵至徐州，[5]元帥王德全閉城不納。[6]會劉安國與宿帥衆僧奴引兵入援，[7]至臨渙，[8]用安使人劫殺之，攻徐州久不能下，退保漣水。[9]制使因世英以用安不赴援，[10]還至宿州西，遇大元兵，[11]死之。

丙寅，河、解元帥權興寶軍節度使趙偉襲據陝州以叛，[12]殺行省阿不罕奴十剌以下凡二十一人，[13]誣阿不罕奴十剌等反狀以聞。上知其冤，不能直其事，[14]就授偉元帥左監軍，[15]兼西安軍節度使，[16]行總帥府事。偉尋亦歸北。[17]

[1]平章政事侯摯：平章政事，與尚書令，左、右丞相並爲宰相，掌丞天子，平章萬機。正員二人，從一品。侯摯，本書卷一〇八有傳。　致仕：亦作“致政”，辭去官職、還政於君之意，即離職退休。

[2]左司郎中：尚書省左司長官。掌本司奏事，總察吏、户、禮三部受事付事，兼修《起居注》。正五品。　斜卯愛實：女真人。本書卷一一四有傳。斜卯是女真姓氏，《老學庵筆記》卷一記：“謝子肅使金回曰：‘金姓多兩三字，又甚怪，至有姓斜卯者，亦作斜卵。’”《潞州五龍寺碑》即作“斜卵”。按女真語音翻譯，亦應作“斜卵”，因嫌其不雅，所以譯成斜卯。陳述據本書卷八一《鶻謀琶傳》稱术吉水斜卯部人，推定斜卯部原在术吉水，以部得姓（參見陳述《金史拾補五種》，科學出版社 1960 年版，第 135 頁）。

[3]衛州：治所在今河南省衛輝市。　豐備倉：糧倉名。是當時儲備官糧的一座糧倉。

[4]曹門、宋門：城門名。是當時汴京外城的兩座城門。

[5]徐州：治所在今江蘇省徐州市。

[6]王德全：後被兖王用安封爲郡王，生性反復無常，哀宗天興二年（1233）三月，被完顔仲德執殺。

[7]劉安國：後被國用安所殺。　宿：州名。治所在今安徽省宿州市。　衆僧奴：女真人。即完顔衆僧奴。

[8]臨涣：縣名。治所在今安徽省宿州市西北。

[9]漣水：縣名。治所在今江蘇省漣水縣。

［10］制使因世英：制使，皇帝特派的使者。因世英，時爲近侍局直長。

［11］大元：當時的蒙古國尚未改國號爲“元”，因《金史》是元朝人所修，所以稱蒙古國爲“大元”。

［12］河、解：河，指河中府，治所在今山西省永濟市西南的黄河東岸。解，州名，治所在今山西省運城市西南。　興寶軍節度使：節度州軍政長官。掌鎮撫諸軍防刺，總判本鎮兵馬之事，兼本州管内觀察使事。從三品。按，金無興寶軍節度使之名。本書卷二六《地理志下》解州條：“貞祐三年復升爲節鎮，軍曰寶昌。”疑“興寶”是“寶昌”之誤。　趙偉：又名趙三三。天興元年(1232)，趙偉以宣差身份在陝州募兵八百餘人，號“破敵軍”。同華安撫使完顔素蘭任命趙偉爲興寶軍節度使，兼行元帥府事，領兵屯金鷄堡。　陝州：治所在今河南省三門峽市西北的黄河南岸。

［13］行省：官署名。全稱行尚書省，是尚書省在地方上所設的代行職權的機構，簡稱行省。　阿不罕奴十剌：女真人。本書卷一七《哀宗紀上》作“阿不罕奴失剌”。

［14］直：糾正。

［15］元帥左監軍：都元帥府屬官。掌征討之事。正三品。1954年，在河北省保定市征集到一方金代“元帥左監軍”銅印（參見鄭紹宗《河北古代官印集釋》,《文物》1984年第9期）。

［16］西安軍節度使：檢本書《地理志》，金無“西安軍”之名。本書卷二五《地理志中》：“陝州，下，防禦。宋陝郡保平軍節度，金熙宗皇統二年降爲防禦，宣宗貞祐二年七月升爲節鎮”。本文記趙偉據陝州叛，所以西安軍節度使當設在陝州。

［17］歸北：指投降蒙古國。

十二月丙子朔，以事勢危急，遣近侍即白華問計，[1]華對以紀季以酅入齊之義，[2]遂以爲右司郎中。[3]

甲申，詔議親出。乙酉，再議於大慶殿，[4]上欲以官奴、高顯、劉益爲元帥，[5]不果。是日，除拜扈從及留守京城官。以右丞相、樞密使兼左副元帥賽不，[6]平章政事、權樞密使兼右副元帥白撒，[7]右副元帥兼樞密副使權參知政事訛出，[8]兵部尚書權尚書左丞李蹊，[9]元帥左監軍行總帥府事徒單百家等率諸軍扈從。參知政事兼樞密院副使完顔奴申，[10]樞密副使兼知開封府權參知政事習捏阿不，[11]裏城四面都總領、户部尚書完顔珠顆，[12]外城東面元帥把撒合，[13]南面元帥术甲咬住，[14]西面元帥崔立，[15]北面元帥孛术魯買奴等留守。[16]除拜既定，以京城付之。擢魏璠爲翰林修撰，[17]如鄧州招武仙入援。[18]丁亥，上御端門，發府庫及兩府器皿宮人衣物賜將士。戊戌，官奴、阿里合謀立荊王不果，[19]朝廷知其謀，置不問。庚子，上發南京，[20]與太后、皇后、諸妃别，大慟。行次公主苑，[21]太后遣中官持米肉徧犒軍士。[22]辛丑，至開陽門外，[23]麾百官退。詔諭戍兵曰："社稷宗廟在此，汝等壯士也，毋以不預進發之數，便謂無功，若保守無虞，將來功賞顧豈在戰士下？"聞者皆灑泣。是日，鞏昌元帥完顔忽斜虎至自金昌，[24]爲上言京西三百里之間無井灶，不可往。東行之議遂决，以爲尚書右丞從行，遂次陳留。壬寅，次杞縣。[25]癸卯，次黄城。[26]丞相完顔賽不之子按春有罪，伏誅。甲辰，次黄陵岡。[27]乙巳，諸將請幸河朔，[28]從之。

[1]白華：隩州（今山西省河曲縣）人。宣宗貞祐三年（1215）進士，時爲樞密院判官。本書卷一一四有傳。

[2]紀季以酅（xī）入齊之義：酅，古邑名，春秋時紀國地，舊址在今山東省青州市西北。齊襄公八年（前690），齊國伐紀，紀國國君出降，去其國號，成爲齊國的屬邑。其事詳見《史記》卷三二《齊太公世家》以及《春秋·莊公三年》。白華引用這一典故，就是勸金哀宗投降。

[3]右司郎中：尚書省右司長官。掌本司奏事，總察兵、刑、工三部受事付事，兼修起居注。正五品。

[4]大慶殿：宫殿名。南京開封府皇城内宫殿之一。

[5]官奴：即蒲察官奴。王鶚《汝南遺事》卷一記，官奴原是契丹人，賜姓蒲察氏。哀宗東狩，官奴於歸德發動政變，被哀宗殺死。本書卷一一八有傳。

[6]右丞相：爲尚書省宰相之一，位於左丞相之下、平章政事之上。從一品。　樞密使：樞密院長官。掌武備機密之事。從一品。　左副元帥：都元帥府屬官。與右副元帥並爲都元帥副佐，掌征討之事。皆正二品。

[7]平章政事、權樞密使兼右副元帥：右副元帥，都元帥府屬官，與左副元帥並爲都元帥副佐，正二品。此係於十二月乙酉，本書卷一一三《白撒傳》載，冬十一月復起白撒爲平章政事、權樞密副使兼右副元帥。當以本傳所記爲正。　白撒：女真人。即完顏承裔。

[8]樞密副使：樞密院屬官。爲樞密使副佐。從二品。　訛出：女真人。即完顏訛出。《歸潛志》卷一一作“完顏斡出”。

[9]兵部尚書：尚書省兵部長官。掌兵籍、軍器、城隍、鎮戍、厩牧、鋪驛、車輅、儀仗、郡邑圖志、險阻、障塞、遠方歸化之事。正三品。

[10]完顏奴申：女真人。完顏素蘭之弟，中策論進士。天興元年（1232），哀宗東狩，以奴申爲參知政事、樞密副使，與完顏習你阿不同守汴京。天興二年正月，崔立發動政變，奴申與習你阿不同時被害。本書卷一一五有傳。

[11]知開封府：開封府長官，兼南京路兵馬都總管。正三品。治所在今河南省開封市。　習捏阿不：女真人。本書卷一七《哀宗紀上》作“完顔習撚阿不”，亦作“完顔習泥阿不”，《歸潛志》卷一一作“完顔習你阿不”。哀宗出奔歸德，習捏阿不與完顔奴申留守汴京，後被逆臣崔立所害。

[12]裏城：宣宗時，在术虎高琪主持下，又修了汴京的内城，所以汴京城有裏城、外城之分。　完顔珠顆：女真人。策論進士出身，崔立在汴京發動政變，珠顆自殺殉國。

[13]把撒合：女真人。崔立之變後，把撒合從汴京逃往蔡州，爲蔡州北門都尉。

[14]术甲咬住：女真人。崔立之變後，术甲咬住隨其子塔不失等逃往歸德，被哀宗處死。

[15]崔立：將陵（今山東省德州市）人。少貧無行，金末從上黨公張開爲都統、提控。哀宗出奔歸德，崔立在汴京發動政變，投降蒙古。後被都尉李琦、李伯淵等所殺。本書卷一一五有傳。

[16]孛术魯買奴：女真人。生平不詳。

[17]魏璠：《歸潛志》卷三作“魏蟠”。山西渾源縣人。宣宗貞祐三年（1215）進士，曾任儀封縣令。金亡後，魏璠返回故鄉，元世祖聞其名，征至和林，訪以當世之務，魏璠條陳三十餘事，舉名士六十餘人，多被采納。後卒於和林，元朝謚號“靖肅”。詳見《元史》卷一六四《魏初傳》。　翰林修撰：翰林院屬官。分掌詞命文字，分判院事。無定員，從六品。

[18]鄧州：治所在今河南省鄧州市。　武仙：威州人。宣宗“九公封建”，武仙被封爲恒山公。曾一度降蒙，後又反正。天興二年（1233），領兵救蔡州。兵敗，逃往澤州，被亂兵所殺。本書卷一一八有傳。

[19]阿里合：女真人。即本書卷一一六《蒲察官奴傳》所記的馬軍總領紇石烈阿里合。　荆王：封爵名。明昌格，爲次國封號第二十六。此荆王指哀宗庶兄、宣宗第二子完顔守純，本書卷九三

有傳。

[20]南京：金末都城名。又名汴京，金末宣宗遷都於此。

[21]公主苑：地名。舊址在今開封市南。

[22]徧：與“遍”通。

[23]開陽門：城門名。汴京外城門之一。

[24]鞏昌：府名。即鞏州，治所在今甘肅省隴西縣。　完顏忽斜虎：女真人。即完顏仲德。本書卷一一九有傳。　金昌：府名。原名河南府，宣宗興定元年（1217）八月升爲中京，府名金昌。治所在今河南省洛陽市。

[25]杞縣：治所在今河南省杞縣。

[26]黄城：按，從哀宗當時所行路綫考察，杞縣附近並無黄城地名。哀宗次黄城第二天，到黄陵岡，從杞縣到黄陵岡，途中應經過考城縣，疑這裏所記的“黄城”是考城之誤。考城縣治所在今河南省民權縣西。

[27]黄陵岡：地名。舊址在今山東省曹縣西南的黄河故道上。

[28]河朔：地區名。泛指河東、河北之地。

二年正月丙午朔，濟河，北風大作，後軍不克濟。丁未，大元兵追擊于南岸，元帥完顏猪兒、賀都喜死之，[1]建威都尉完顏兀論出降。[2]己酉，上哭祭戰死士于河北岸，皆贈官，斬兀論出二弟以殉。赦河朔，招集兵粮議取衛州。元帥蒲察官奴將忠孝軍千人，[3]東面元帥高顯、果毅都尉粘哥咬住領軍萬人爲前鋒，[4]至蒲城。[5]庚戌，上次漚麻岡，[6]平章政事白撒，元帥和速嘉兀底不繼至。[7]辛亥，白撒引兵攻衛州，不克。乙卯，聞大元兵自河南渡河，至衛之西南，遂退師。丁巳，戰于白公廟，[8]白撒敗績，棄軍東遁。元帥劉益、上黨公張開亦遁，[9]並爲民家所殺。益部曲王全降。戊午，上進次蒲城，復還魏樓村。[10]李辛自汴京出奔，伏誅。己未，上以白撒謀，夜棄六軍渡河，[11]與副元帥、合里合六七人走歸德。[12]庚申，諸軍始知上已往，遂潰。辛酉，司農大卿蒲察世達、元帥完顏忽土出歸德西門，[13]奉迎上入歸德。赦在府囚。軍民普覃一官。[14]賜進士終場王輔以下十六人出身。[15]遣奉御朮甲塔失不、后弟徒單四喜往汴京奉迎兩宫。[16]白撒還自蒲城，聚兵于大橋不敢入。壬戌，遣使召白撒至，數其罪，下之獄，仍籍其家財以賜將士，曰："汝輩宜竭忠力，毋如斯人誤國。"人予金一兩。七日，白撒及其子忽土鄰皆死獄中。[17]右丞相賽不致仕。右丞完顏忽斜虎行省事于徐州。官奴再請率兵北渡，女魯懽不可。[18]遣歸德知府行户部尚書蒲察世達、都轉運使張俊民如陳、蔡取粮，[19]以元帥李琦、王璧護之。[20]戊辰，安平都尉、京城西面元帥崔立，[21]與其黨韓鐸、藥安國等舉兵爲亂，[22]殺參知政事完顏奴申、樞密副使完顏斜捻阿不，勒兵入見太后，傳令召衛王子從恪爲梁王，[23]監國。[24]即自爲太師、軍馬都元帥、尚書令，[25]尋自稱左丞相、都元帥、尚書令、鄭王。[26]弟倚平章政事，侃殿前都點檢，其黨孛朮魯長河御史中丞，[27]韓鐸副元帥兼知開封府，[28]折希顏、藥安國、張軍奴、完顏合荅並元帥，[29]師肅左右司郎中，[30]賈良兵部郎中兼右司都事，[31]又署工部尚書温迪罕二十、吏部侍郎劉仲周並爲參知政事，[32]宣徽使奥屯舜卿爲尚書左丞，[33]户部侍郎張正倫爲尚書右丞，[34]左右司都事張節爲左右司郎中，[35]尚書省掾元好問爲左右司員外郎，[36]都轉運知事王天祺、懷州同知康瑭並爲左右司都事。[37]開封判官李禹翼棄官去。[38]户部主事鄭著召不起。[39]是日，右副點檢温敦阿里，[40]左右司員外郎聶天驥，[41]御史大夫裴滿阿虎帶，[42]諫議大夫、左右司郎中烏古孫奴申，[43]左副點檢完顔阿散，[44]奉御忙哥，[45]講議蒲察琦並死之。[46]遂送款大元軍前。癸酉，大元將碎不觧進兵汴京。[47]甲戌，立閱隨駕官屬軍民子女於省署，及禁民間嫁娶，括京城財。兩宫值變不果行，荅失不以其父咬住、四喜以其妻奪門而出，庚午至歸德。上怒二人，皆斬於市。[48]乙亥，遣右宣徽提點近侍局事移剌粘古如徐州，[49]相地形，察倉庫虚實。白華如鄧州召兵。

[1]完顔豬兒：女真人。時爲果毅都尉。　賀都喜：曾任裕州鎮防軍將領，時爲中翼都尉。

[2]建威都尉：都尉，原名總領，從五品，哀宗正大二年(1225)改爲都尉，升爲正四品，四年，又升爲從三品。建威，都尉名號，哀宗時有振威、虎威、虎賁等十三都尉名號，建威是其中之一。　完顔兀論出：女真人。本書卷一七《哀宗紀上》作“完顔兀論”。

[3]忠孝軍：軍名。本書卷四四《兵志》記：“復取河朔歸正人，不問鞍馬有無、譯語能否，悉送密院，增月給三倍它軍，授以官馬，得千餘人，歲時犒燕，名曰忠孝軍。”《遺山文集》卷二七《贈鎮南軍節度使良佐碑》記：“忠孝一軍，皆回紇、乃滿羌渾部落，及中原人被掠，避罪來歸者，鷙狠陵突，號難制之甚。”由於待遇優厚，到哀宗天興年間，忠孝軍發展到一萬八千餘人。

[4]果毅都尉：哀宗時所封十三都尉名號之一。　粘哥咬住：

女真人。粘哥，亦作“粘割”“粘葛”。

［5］蒲城：鎮名。舊址在今河南省長垣縣。

［6］漚麻岡：地名。所在地不詳。

［7］和速嘉兀底不：女真人。本書卷一一三《白撒傳》作“和速嘉兀地不”；卷一一六《石盞女魯懽傳》作“和速嘉兀底”；卷一二三《楊沃衍傳》作“和速嘉兀迪”。

［8］白公廟：地名。在今河南省汲縣東。

［9］上黨公張開亦遁：天興元年（1232），隨哀宗東狩，兵敗於白公廟。哀宗走歸德，張開與承裔西走，被民家所殺。本書卷一一八有傳。

［10］魏樓村：舊址在今河南省長垣縣境内。

［11］六軍：皇帝親自統率的軍隊。古代軍制，以一萬兩千五百人爲一軍，規定諸侯國養兵的數量是：大國三軍；中國二軍；小國一軍。天子以六軍臨之，所以後來就把皇帝所統領的軍隊稱爲“六軍”。

［12］合里合：軍名。忠孝軍的預備隊。本書卷四四《兵志》記：“又以歸正人過多，乃係於忠孝籍中别爲一軍，減忠孝所給之半，不能射者令閲習一再月，然後試補忠孝軍，是所謂合里合軍也。”

［13］司農大卿：即司農卿，司農司屬官。爲大司農副佐。正員三人。正四品。　蒲察世達：女真人。章宗泰和三年（1203）中進士，曾任左司郎中、同簽樞密院事、益政院説書官、御史中丞、吏部侍郎等職。　完顔忽土：女真人。生平不詳。

［14］普覃：普遍賜恩。

［15］王輔：生平不詳。

［16］奉御：官名。近侍局統屬的低級官員，但身份很特殊。本書卷五六《百官志二》近侍局條下記：“奉御十六人，舊名入寢殿小底。”卷五三《選舉志三》記：“奉御，十六人，以内駙馬充，舊名入寢殿小底。大定十二年，更今名。”在黑龍江省阿城市金上

京城故址中曾出土過金代“奉御從人牌子”銅牌，正面有“奉御”二字，左刻“得入第壹重門”，右刻“日字第三十二號”，下爲“從人牌子”四字。背面有“左右宿直將軍司”七字（劉寧《對幾面金代牌子的認識》，《遼海文物學刊》1995年第1期）。　术甲塔失不：女真人。即术甲咬住之子，後被哀宗處死。　徒單四喜：女真人。哀宗皇后之弟，天興二年（1233）正月，四喜奉命從歸德回汴京迎二宮太后。崔立之變，四喜携妻從汴京逃出，被哀宗處斬。本書卷一二〇有傳。　兩宫：指兩宫太后，即哀宗生母慈聖太后和哀宗嫡母仁聖太后。兩太后本書皆有傳，并見卷六四。

［17］忽土鄰：女真人。即完顔忽土鄰。

［18］女魯懽：女真人。即石盞女魯懽。女魯懽，金末以行樞密院守歸德。蒲察官奴在歸德發動政變，殺女魯懽。本書卷一一六有傳。

［19］歸德知府：即知歸德府事，歸德府行政長官。正三品。治所在今河南省商丘市。　都轉運使：都轉運司長官。掌税賦錢穀、倉庫出納、權衡度量之制。正三品。　張俊民：《歸潛志》卷五記：“張户部俊民，字用章，延安人。擢第，以才幹稱。嘗爲户部郎中，進侍郎。遭亂北遷，病卒。爲人慷慨尚義氣，喜學《易》。”　陳、蔡：州名。陳州，治所在今河南省淮陽縣；蔡州，治所在今河南省汝南縣。

［20］李琦：山西人。時爲都尉，去陳州後，發生兵變，又由陳州入京，依附崔立妹夫折希顔。因崔立欲奪李琦之妻，所以李琦與安平都尉司千户李伯淵、留守汴京東面元帥李賤奴、元帥黄摑三合等合謀，在汴京發動兵變，誅殺崔立（詳見本書卷一一五《崔立傳》）。　王璧：生平不詳。

［21］安平都尉：金末哀宗所封十三都尉之一。1984年5月，在河北省任城縣出土一方金代“安平都尉之印”（參見景愛《金代官印集》，第179頁）。

［22］韓鐸、藥安國：皆爲崔立黨羽。兵變之後，崔立派韓鐸率

兵前往鈞州、汝州西山征討不附己者，韓鐸中箭身死；藥安國是管州人，曾任嵐州招撫使，兵變時首先持刀殺害完顏奴申和完顏斜撚阿不，被崔立封爲副元帥，後因與崔立不和，又擅娶監軍王守玉之妻，被崔立殺死。

［23］衛王：封爵名。明昌格，爲次國封號第三。此衛王指衛紹王完顏允濟。　從恪：女真人。即完顏從恪。本書卷九三有傳。　梁王：封爵名。明昌格，爲大國封號第三。本書卷五五《百官志一》記："明昌二年，以漢、遼、唐、宋、梁、秦、殷、楚之類，皆昔有天下者之號，不宜封臣，遂皆改之。"並記"梁"已改爲"邵"。此時崔立封從恪爲梁王，是已不遵金朝之制。

［24］監國：代理皇帝。

［25］太師：金制，以太師、太傅、太保爲三師，皆正一品，"師範一人，儀刑四海"。太師位居三師之首，實爲一種專門封賜世戚勛臣的榮譽官銜。　軍馬都元帥：都元帥府長官。掌兵馬征討之事。從一品。　尚書令：金尚書省置尚書令一員，"總領紀綱，儀刑端揆"。正一品。多由元老勛臣擔任。

［26］鄭王：封爵名。明昌格，爲次國封號第二。

［27］孛术魯長河：女真人。中華點校本校勘者據本書卷一一五《崔立傳》記事改"河"爲"哥"，實爲誤改。本書卷一七《哀宗紀》作"孛术魯長河"。《歸潛志》卷一一作"孛术魯濟之"。"濟之"是其表字，應爲"長河"是。開封宴臺女真進士碑亦記作"孛术魯長河"。孛术魯長河是哀宗正大元年（1224）女真進士科狀元，崔立之變前，官至左司都事。　御史中丞：御史臺屬官。爲御史大夫副佐。從三品。

［28］副元帥：金都元帥府置左副元帥、右副元帥各一員，並爲都元帥副佐。皆正二品。

［29］折希顏：崔立妹夫，《歸潛志》卷一一作"折彥顏"，哀宗天興三年（1234）在汴京與崔立一同被李琦等殺死。　張軍奴、完顏合荅：生平不詳。

[30]師肅：人名。崔立黨羽。

[31]賈良：人名。生平不詳。　兵部郎中：兵部屬官。從五品。　右司都事：尚書省右司屬官。正員二人，正七品。

[32]工部尚書温迪罕二十：《歸潛志》卷一一記作“前殿前都點檢温迪罕二十”，與此處記温迪罕二十所任官職不同。温迪罕二十，女真人，其他不詳。　吏部侍郎：吏部屬官。爲吏部尚書副佐。正四品。　劉仲周：《歸潛志》卷一一記，崔立娶劉仲周女爲妻。

[33]宣徽使：宣徽院長官。有左宣徽使、右宣徽使各一員，皆爲正三品，左宣徽使在右宣徽使之上。掌朝會、宴享、御膳及殿庭儀禮等事。　奥屯舜卿：女真人。即本書卷一七《哀宗紀上》所記正大二年（1225）禮部尚書奥屯良弼，字舜卿（參見陳述《金史拾補五種》，第135頁）。

[34]户部侍郎：户部屬官。爲户部尚書副佐。正四品。　張正倫：《歸潛志》卷一一記，張正倫很有人望，崔立爲了收籠人心，所以提升張正倫爲尚書右丞。

[35]左右司都事：金尚書省左司和右司各置都事二員，掌本司受事付事，檢勾稽失、省置文牘，兼知省内宿直，檢校架閣等事。正七品。　張節：生平不詳。

[36]尚書省掾（yuán）：即尚書省令史，是尚書省所屬的低級官吏，正員七十人，女真、漢人各三十五。　元好問：金元之際的大文學家和史學家，文壇領袖。時提升爲左司員外郎。本書卷一二六有傳。　左右司員外郎：金尚書省左司和右司各置員外郎一員。正六品。

[37]都轉運知事：都轉運司屬官，即都轉運司知法。正員二人，從八品。　王天祺：生平不詳。　懷州同知：懷州屬官，即懷州同知節度使。爲懷州節度使副佐。正五品。懷州，治所在今河南省沁陽市。　康瑭：生平不詳。

[38]開封判官：開封府屬官。掌紀綱總府衆務，分判兵案之

事。從六品。　李禹翼：生平不詳。

［39］户部主事：户部屬官。正員五人，其中女真司二員，通掌户度金倉等事，漢人司三員，同員外郎分掌曹事。主事官還兼提控編附條格、管勾架閣等事。從七品。　鄭著：生平不詳。

［40］右副點檢：殿前都點檢司屬官。與左副點檢並爲殿前都點副佐，皆兼侍衛親軍副都指揮使，均爲從三品，位於左副點檢之下。　温敦阿里：女真人。本書卷一一五《崔立傳》作“温屯阿里”。

［41］聶天驥：時爲尚書省右司員外郎。本書卷一一五有傳。

［42］裴滿阿虎帶：女真人。本書卷一一五《崔立傳》作“裴滿阿忽帶”。《歸潛志》卷五記：“裴滿御史大夫阿虎帶，字仲寧，女真進士也。仕歷清要，名亞完顔速蘭。嘗爲陳州防禦使，累遷御史大夫，使北朝。崔立之變，自縊死。”

［43］諫議大夫：諫院長官。有左諫議大夫和右諫議大夫之分，皆正四品。　烏古孫奴申：女真人。金末爲諫議大夫、近侍局使，崔立之變，在汴京自縊殉國。本書卷一二四有傳。

［44］左副點檢完顔阿散：完顔阿散，女真人，本書卷一一五《完顔奴申傳》和卷一二四《烏古孫奴申傳》皆作“完顔阿撒”，《烏古孫奴申傳》記其官名爲右副點檢。

［45］忙哥：女真人。即本書卷一二四《烏古孫奴申傳》所記的完顔忙哥。

［46］講議：即講議所官員。哀宗出奔歸德，在汴京設講議所，掌受陳文字，以御史大夫納合德輝等十七人爲講議官。　蒲察琦：棣州陽信縣女真人。世襲謀克。哀宗東狩，蒲察琦入講議所，留居汴京。崔立之變發生後，自縊而死。本書卷一二四有傳。

［47］碎不觧：人名。本書卷一一五《完顔奴申傳》作“速不觧”，亦作“速不歹”，《元史》作“速不台”。蒙古兀良哈部人，時隨元太宗攻金，爲軍帥。《元史》卷一二一有傳。

［48］庚午至歸德。上怒二人，皆斬於市：按中華點校本認爲庚

午日在上文癸酉、甲戌之前，此爲追叙其事，而斬於甲戌，故次於此。

［49］提點近侍局事：近侍局長官。亦稱近侍局提點。掌侍從，承勅令，轉進奏帖。正五品。　移剌粘古：契丹人。本書卷一一四《白華傳》作“曳剌粘古”。

二月丙子朔。魚山張瓛殺元帥完顔忽土，[1]行省忽斜虎自率兵討之，會從宜嚴禄誅瓛，[2]乃還。括城中粮。知歸德府事石盞女魯懽爲樞密副使、權參知政事。[3]留元帥官奴忠孝軍四百五十人，都尉馬用軍二百八十餘人，[4]發餘軍赴宿、徐、陳三州就粮。

［1］“二月丙子朔”至“殺元帥完顔忽土”：中華點校本據本書卷一一九《完顔仲德傳》：“忽土到，軍士不悦，二月辛卯夜，遂爲總領張瓛、崔振所害。”認爲所記日期與此處有異。魚山，地名。即魚條山，古亦稱吾山。在今山東省東阿縣西八里。張瓛（huán），時爲總領官。完顔忽土，女真人。亦作“完顔胡土”，時爲遥授徐州節度使。

［2］從宜：官名前所加的名號。即從宜總帥，本書卷四四《兵志》記：“及南遷，河北封九公，因其兵假以便宜從事，沿河諸城置行樞密院元帥府，大者有‘便宜’之號，小者有‘從宜’之名。”官名前加“便宜”之號，是表明該官有的事情不必申奏朝廷，可自行處理，有相對的自决權。　嚴禄：人名。時爲元帥左都監，遥領歸德知府，行元帥府事。

［3］知歸德府事：歸德府長官。正三品。

［4］都尉馬用軍二百八十餘人：中華點校本據本書卷一一六《石盞女魯懽傳》記：“時城中只有馬用一軍，近七百人”。同卷《蒲察官奴傳》亦記“馬用軍七百人”。疑此處“二百”當是“六

百”之誤。馬用，原爲果毅都尉，至歸德升爲元帥，後被蒲察官奴所殺。

三月乙丑，石盞女魯懽乞盡散衛兵出城就食。官奴私與國用安謀，邀上幸海州，[1]不從。蔡帥烏古論鎬以粮四百餘斛至歸德，[2]表請臨幸，上遣學士烏古論蒲鮮以幸蔡之意諭其州人。[3]戊辰，官奴以忠孝軍爲亂，攻殺馬用，遂殺尚書左丞李蹊、參知政事石盞女魯懽、點檢徒單長樂，[4]從官右丞已下三百餘人。上赦官奴，暴女魯懽罪狀，[5]以官奴爲樞密副使、權參知政事，左右司郎中張天綱爲户部侍郎、權參知政事。[6]辛卯，官奴真授參知政事，[7]兼左副元帥。官奴以上居照碧堂，[8]禁近諸臣無一人敢奏對者。上日悲泣言曰：“自古無不亡之國、不死之主，但恨朕不知用人，致爲此奴所囚耳。”遂與内局令宋珪等謀誅官奴。[9]

[1]海州：治所在今江蘇省連雲港市西南。

[2]烏古論鎬：東北路招討司女真人。時爲蔡、息、陳、潁等州便宜總帥，後爲御史大夫、權參知政事。領兵守蔡州，城破被執而遭殺。本書卷一一九有傳。　斛（hú）：古代量器和容量單位名。古人以十斗爲一斛，宋時改爲五斗。

[3]學士：有翰林學士和翰林直學士，均爲翰林院屬官。據本書卷一一九《烏古論鎬傳》，此處所記學士應是翰林院直學士，不限員。從四品。　烏古論蒲鮮：女真人。本卷下文有“左右司郎中烏古論蒲鮮兼息州刺史”。本書卷一一九《完顏婁室三人傳》，“以烏古論忽魯爲息州刺史”。疑烏古論忽魯是烏古論蒲鮮的别名，二者是一個人。

[4]徒單長樂：女真人。哀宗天興元年（1232）曾任權近侍局使。

[5]暴：披露，公布。

[6]張天綱：霸州益津縣（今河北省霸州市）人，宣宗至寧元年（1213）詞賦進士。隨哀宗東狩，後遷蔡州，任參知政事。蔡州破，被宋將孟珙所俘，誓不降，後不知所終。本書卷一一九有傳。

[7]辛卯官奴真授參知政事：是年三月乙巳朔，無辛卯。中華點校本另據本書卷一一六《蒲察官奴傳》記官奴真授參知政事在五月，此處記載有誤。

[8]照碧堂：殿堂名。地點在歸德府。

[9]内局令：檢本書《百官志》，無内局令之名。本書卷一二四《完顔絳山傳》記爲"内侍局殿頭宋珪"，知此内局令應是内侍局令，爲内侍局長官，掌正位閤門之禁，率殿位都監、同監及御直各給其事。從八品。　宋珪：本書卷一一六《蒲察官奴傳》作"宋乞奴"。金天興三年（1234），蔡州城破，哀宗自縊殉國，宋珪亦自殺。

夏四月壬午，徐州行省完顔忽斜虎執王德全並其子誅之，[1]及其黨王琳、楊璝、斜卯延壽。[2]召經歷商瑀用之。[3]魚山從宜嚴禄叛歸漣水。庚寅，陳州都尉李順兒殺行省粘葛奴申及招撫使劉天起，[4]送款于崔立。張俊民、李琦奔汴京。王璧還歸德。癸巳，崔立以梁王從恪、荆王守純及諸宗室男女五百餘人至青城，[5]皆及於難。甲午，兩宫北遷。[6]甲辰，鄧州節度使移剌瑗以其城叛，[7]與白華俱亡入宋。

[1]王德全：原爲徐州總領，後逃到宿州，與劉安國等爲亂，

至此被誅。

[2]王琳、楊璝、斜卯延壽：皆王德全叛黨。其中，斜卯延壽是女真人。

[3]經歷商瑀：本書卷一一三《完顏賽不傳》記作“元帥商瑀”。與此處所記稍異。

[4]陳州都尉李順兒：時粘葛奴申以參知政事身份行省於陳州，下置五都尉，李順兒爲振武都尉，此時叛殺奴申，歸附崔立。後被虎威都尉蒲察合達誅殺。

[5]青城：地名。在金汴京城南五里，今河南省開封市境内。

[6]兩宮北遷：兩宮指皇太后和皇后。北遷，被蒙古强行掠往北方。

[7]移剌瑗：契丹人。又名移剌粘何，後降宋，宋朝賜姓劉，客死於宋地。

六月己卯，官奴及其黨阿里合、白進皆伏誅。[1]上御雙門，[2]赦忠孝軍，以安反側。遂决策遷蔡，詔蔡、息、陳、潁各以兵來迓。[3]中京留守、權參政烏林答胡土棄城奔蔡。[4]壬午，中京破，留守兼便宜總帥强伸死之。[5]戊子，召徐州行省完顔忽斜虎赴行在所，以抹撚兀典代行省事，[6]郭恩爲總帥兼節度使。[7]辛卯，上發歸德，留元帥王璧守之。壬辰，次亳州。[8]癸巳，以亳州節度使王進、同知節度使王賓徵民丁連鐵甲糗粮，[9]留權參政張天綱董之，[10]就遷有功將士。臨淄郡王王義深據靈璧望口寨以叛，[11]遣近侍直長女奚烈完出將徐、宿兵討之，[12]義深敗走漣水，入宋。丙申，亳州鎮防軍崔復哥殺守臣王賓等，[13]張天綱以便宜授復哥節度使，罷運鐵甲糗粮，州人乃安。己亥，上入蔡州。詔尚書省爲書召武仙會兵入援。徐州行省抹撚兀典赴蔡州。起復右丞相致仕賽不代行省事。

［1］白進：蒲察官奴叛黨。

［2］雙門：歸德城内殿門名。

［3］息：州名。治所在今河南省息縣。　潁：州名。治所在今安徽省阜陽市。

［4］中京留守：中京留守司長官，兼知金昌府事及本路兵馬都總管。正三品。宣宗興定元年（1217）八月，升河南府爲中京，府名金昌，治所在今河南省洛陽市。

［5］强伸：出身河中府射糧軍子弟。後被提拔爲軍官，以軍功升任中京留守。兵敗被殺。本書卷一一一有傳。

［6］抹撚兀典：女真人。本書卷一一九《完顏仲德傳》作“抹撚阿典”。

［7］郭恩：後叛金降宋，係反復無常之人。

［8］亳州：治所在今安徽省亳州市。

［9］王進：本書卷一一七有傳。　同知節度使：即亳州同知節度使，爲節度使副佐。正五品。　王賓：亳州人，宣宗貞祐三年（1215）進士。天興元年（1232）六月，王賓迎哀宗於蔡州城北之高安縣。被擢爲行部尚書。後死於兵變之難。本書卷一一七有傳。糗（qiǔ）粮：糗，炒熟的米、麥等物。糗粮，泛指糧食及其他食用之物。

［10］董：監督、主持。

［11］臨淄郡王王義深：據本書卷一一四《白華傳》記，王義深時封東平郡王，此處記臨淄郡王，實誤。　靈璧望口寨：靈璧，縣名，治所在今安徽省靈璧縣。望口寨，地點不詳。

［12］近侍直長：近侍局屬官。正八品。　女奚烈完出：女真人。生平不詳。

［13］崔復哥：生平不詳。

七月癸卯朔，曲赦蔡州管内雜犯死罪以下。官吏軍民普覃兩官，經應辦者更遷一官。[1]弛門禁，通衆貨，蔡人便之。乙巳，以烏古論鎬爲御史大夫，總帥如故，張天綱爲御史中丞，仍權參政，完顏藥師爲鎮南軍節度使，[2]兼蔡州管内觀察使。戊申，左右司郎中烏古論蒲鮮兼息州刺史，權元帥右都監，[3]行帥府事。征行元帥權總帥婁室簽樞密院事。[4]己酉，選室女備宫中使令，[5]已得數人，以右丞忽斜虎諫，留識文義者一人，餘聽自便。乙卯，遣魏璠徵武仙兵。丁巳，護衛蒲鮮石魯負祖宗御容至自汴，[6]勅有司奉安於乾元寺。[7]前御史大夫蒲察世達、西面元帥把撒合自汴來歸。[8]辛酉，武仙劫將士，謀取宋金州，[9]至淅水衆潰。[10]行六部尚書盧芝、侍郎石玠謀歸蔡州，[11]仙追芝不及，遂殺玠。丁卯，定進馬遷賞格，[12]又定括馬罪格，以簽樞密院事權參政抹撚兀典領其事。遣使分詣諸道，選兵會于蔡。己巳，以蒲察世達爲吏部侍郎，權行六部尚書。

［1］經應辦者：指按常調應遷官職的人。

［2］完顏藥師：女真人。生平不詳。

［3］權元帥右都監：王鶚《汝南遺事》卷一記作“權元帥左監軍”。出土的金代官印中有“元帥府監軍印”和“元帥左監軍印”。

［4］征行元帥：應爲出征作戰時委任的領兵元帥。　婁室：女真人。即完顏婁室。本書卷一一九《完顏三婁室傳》記，金末有大、中、小三個完顏婁室。經核對史實，知此簽樞密院事者爲中

婁室。

［5］室女：處女。

［6］蒲鮮石魯：女真人。其他不詳。　祖宗御容：完顔氏皇室先祖的畫像。

［7］乾元寺：佛寺名。在蔡州城内。

［8］前御史大夫蒲察世達：中華點校本據本書卷一一五《崔立傳》和《汝南遺事》卷二的相關記載，改“前御史大夫”爲“前御史中丞”。

［9］金州：治所在今陝西省安康市，時爲南宋轄境。

［10］淅水：河名。漢江的一條支流，發源於今河南省盧氏縣南，經西峽縣、淅川縣，至湖北省丹江口市入漢江。

［11］行六部尚書：即行部尚書，本書卷五五《百官志一》記，“行臺官品皆下中臺一等”。尚書省六部尚書爲正三品，所以行部尚書應爲從三品。　盧芝：河東人。以任子補官，時爲西安軍節度使行六部尚書，後在南陽被土賊所殺。　侍郎石玠（jiè）：侍郎，指行部侍郎。從四品。石玠，河中府人。衛紹王崇慶二年（1213）中進士，時爲汝州防禦使行部侍郎。

［12］進馬遷賞格：向國家進貢馬匹、升遷官爵和賞賜的具體條文規定。

八月癸酉朔，以秦州元帥粘哥完展權參知政事，[1]行省事於陝西。諭以蠟書，[2]期九月中徵兵與上會于饒豐關，[3]欲出宋不意，以取興元。[4]甲戌，大元使王檝諭宋還，[5]宋以軍護其行，青山招撫盧進得邏吏言以聞，[6]上爲之懼。丁丑，上閱兵于見山亭。[7]癸未，元帥楚玠復立壽州於蒙城，[8]詔遷賞有差，州縣官皆令真授。乙酉，大元召宋兵攻唐州，[9]元帥右監軍烏古論黑漢死于戰，[10]主帥蒲察某爲部曲兵所食。[11]城破，宋人求食人者盡戮之，餘無所犯。宋人駐兵息州南。[12]丙戌，詔權參政抹撚兀典、簽樞密院事婁室行省、院于息州。丁亥，烏古論鎬權參知政事，兀林答胡土爲殿前都點檢。庚寅，初設四隅機察官。[13]壬辰，息州行省抹撚兀典以兵襲宋人于中渡店，[14]斬獲甚衆。乙未，萬年節，[15]州郡以表來賀二十餘所。辛丑，設四隅和糴官及惠民司，[16]以太醫數人更直，[17]病人官給以藥，仍擇年老進士二人爲醫藥官。九月癸卯朔，假蔡州都軍致仕内族阿虎帶同僉大睦親府事，[18]使宋借粮，入辭，上諭之曰："宋人負朕深矣。朕自即位以來，戒飭邊將無犯南界。邊臣有自請征討者，未嘗不切責之。向得宋一州，隨即付與。近淮陰來歸，[19]彼多以金幣爲贖，朕若受財，是貨之也，付之全城，秋毫無犯。清口臨陣生獲數千人，[20]悉以資粮遣之。今乘我疲敝，據我壽州，誘我鄧州，又攻我唐州，彼爲謀亦淺矣。大元滅國四十，以及西夏，夏亡及於我，我亡必及於宋。唇亡齒寒，自然之理。若與我連和，所以爲我者亦爲彼也。卿其以此曉之。"至宋，宋不許。

[1]秦州：治所在今甘肅省天水市。　粘哥完展：女真人。章宗泰和三年（1203）中策論進士。末帝天興二年（1233），哀宗遷蔡州，以完展爲鞏昌行省。三年春，蔡州城陷，金亡，完展仍爲金守，後被綏德州叛將汪世顯殺害。

[2]蠟書：亦稱蠟丸書，是把機密書信藏在蠟丸裏傳送，防止被敵人發現。

[3]饒豐關：關隘名。本書卷一二四《郭蝦蟆傳》作"饒峰

關”；卷一七《哀宗紀上》作“嶢峰關”，又作“饒風嶺”。地在今陝西省石泉縣西，時爲南宋轄境。

[4]興元：府名。治所在今陝西省漢中市，時爲南宋轄境。

[5]王檝：鳳翔府虢縣人，以元帥术虎高琪薦，特賜進士出身，金末以副統軍守涿鹿。元太祖攻金，王檝戰敗被俘，降於蒙古，授都統之職，後升爲宣撫使，助蒙古攻金。《元史》卷一五三有傳。

[6]青山招撫：青山，地名。招撫，官名，即招撫使。　盧進：生平不詳。

[7]見山亭：地名。舊址在今河南省汝南縣境内。

[8]楚玠（biàn）：生平不詳。　蒙城：縣名。治所在今安徽省蒙城縣。

[9]唐州：治所在今河南省唐河縣。

[10]烏古論黑漢：女真人。出身侍衛親軍。金末權唐州刺史，行帥府事於唐州。唐州城破，黑漢被宋軍所俘，不屈而死。本書卷一二三有傳。

[11]蒲察某：女真人。姓蒲察氏，失其名。本書卷一二三《烏古論黑漢傳》作“蒲察都尉”。

[12]息州：治所在今河南省息縣。

[13]機察官：亦作“譏察官”，類似今之糾察。

[14]中渡店：地名。在今河南省光山縣北，淮水之側。

[15]萬年節：亦稱萬壽節，即哀宗皇帝的生日。

[16]和糴（dí）官：負責以市價購買糧食的官員，是臨時委任的官職。　惠民司：官署名。掌修合發賣湯藥，救濟百姓。

[17]太醫：太醫院屬官。有正奉上太醫、副奉上太醫、長行太醫等名，實際就是專門爲皇帝和宫廷服務的御醫。　直：與“值”字通。

[18]九月癸卯朔，假蔡州都軍致仕内族阿虎帶同僉大睦親府事：中華點校本據本書卷六二《交聘表》和《汝南遺事》卷二、卷三的相關記載，改“九月癸卯朔”爲“是月”。都軍，即都統。

内族，完顔宗室成員。金初稱宗室，章宗時爲避世宗父宗輔（一名宗堯）名諱，改稱内族。阿虎帶，女真人。即完顔阿虎帶。同簽大睦親府事，大睦親府屬官，正三品，以宗室成員充任。大睦親府原名大宗正府，章宗時避世宗父宗輔名諱，改稱大睦親府。

[19]淮陰：縣名。治所在今江蘇省淮陰市。

[20]清口：地名。本書卷一七《哀宗紀上》作“青口”，在今安徽省明光市東北。

戊申，魯山元帥元志率兵入援，[1]賜以大信牌，[2]升爲總帥。庚戌，以重九拜天于節度使廳，[3]群臣陪從成禮，上面諭之曰：“國家自開創涵養汝等百有餘年。汝等或以先世立功，或以勞効起身，被堅執鋭，積有年矣。今當厄運，與朕同患，可謂忠矣。比聞北兵將至，正汝等立功報國之秋，縱死王事，不失爲忠孝之鬼。往者汝等立功，常慮不爲朝廷所知，今日臨敵，朕親見之矣，汝等勉之。”因賜卮酒。[4]酒未竟，邏騎馳奏，敵兵數百突至城下。將士踴躍咸請一戰，上許之。是日，分軍防守四面及子城，[5]以總帥孛术魯婁室守東面，[6]内族承麟副之；[7]參知政事烏古論鎬守南面，總帥元志副之；殿前都點檢兀林答胡土守西面，忠孝軍元帥蔡八兒副之；[8]忠孝軍元帥、權殿前右副點檢王山兒守北面，[9]元帥紇石烈柏壽副之；[10]遥授西安軍節度使兼殿前右衛將軍、行元帥府事女奚烈完出守東南，[11]元帥左都監夾谷當哥副之；[12]殿前右衛將軍、權左副都點檢内族斜烈守子城，[13]都尉王愛實副之。[14]辛亥，大元兵築長壘圍蔡城。己未，括蔡城粟。辛酉，禁公私釀酒。

[1]戊申魯山元帥元志率兵入援：中華點校本據本書卷六二《交聘表》和《汝南遺事》的相關記載，將前文的“九月”二字移至“戊申”之前。魯山，縣名。治所在今河南省魯山縣。元志，生平不詳。

[2]大信牌：信牌，亦稱遞牌。本卷五八《百官志四》記：“遞牌，即國初之信牌也，熙宗至皇統五年三月，復更造金銀牌，其制皆不傳。世宗大定二十九年，製綠油紅字者，尚書省文字省遞用之。朱漆金字者，敕遞用之。並左右司掌之，有合遞文字，則牌送各部，付馬鋪轉遞，日行二百五十里。如臺部別奉聖旨文字，亦給如上制。”

[3]重九：節日名。即重陽節，農曆九月初九日。

[4]巵（zhī）：古代的一種盛酒器。

[5]子城：内城。

[6]孛术魯婁室：女真人。其他事迹不詳。

[7]承麟：女真人。即完顏承麟，蔡州城破前，哀宗傳帝位於承麟，哀宗自縊殉國，承麟被亂兵所殺。

[8]蔡八兒：金末爲忠孝軍元帥，哀宗天興二年（1233），從息州入援蔡州，城破戰死。本書卷一二四有傳。

[9]王山兒：生平不詳。

[10]紇石烈柏壽：女真人。亦作“紇石烈栢壽”。

[11]殿前右衛將軍：殿前都點檢司屬官。掌宮禁及行從宿衛警戒，總領護衛。

[12]夾谷當哥：女真人。生平不詳。

[13]斜烈：女真人。即完顏斜烈。

[14]王愛實：生平不詳。

十月戊辰，[1]更造“天興寶會”。[2]辛巳，縱飢民老稚羸疾者出城。[3]癸未，徐州守臣郭恩殺逐官吏以叛，行省賽不死之。甲申，給飢民船，聽采城壕菱芡水草以食。[4]戊子，徵諸道兵。辛卯，上閲射于子城，[5]中者賞麥有差。丙申，殿前左副都點檢温敦昌孫戰殁。[6]戊戌，賜義軍戰殁被創者麥。[7]

[1]十月戊辰：中華點校本據本書卷一一九《完顏仲德傳》和《汝南遺事》的相關記載，改"戊辰"爲"戊寅"。

[2]天興寶會：貨幣名。是金代的一種紙幣。本書卷四八《食貨志三》："天興二年十月印'天興寶會'于蔡州，自一錢至四錢四等，同見銀流轉，不數月國亡。"

[3]老稚羸（léi）疾：指老幼弱病者。

[4]菱芡（qiàn）：兩種水生植物名。菱，即菱角。芡，亦稱"鷄頭"，其果實叫"芡實"，俗稱"鷄頭米"，可食用，亦可入藥。

[5]閲射：射箭比賽。檢閲將士的射箭技能和武藝。

[6]温敦昌孫：皇太后之侄，本姓王氏，賜姓温敦。本書卷一二四有傳。

[7]義軍：軍名。是金末以河朔逃亡者爲主體所組成的軍隊。金廷南渡以後，金蒙戰爭規模日益擴大，正規軍已無力全面承擔起抗蒙重任，於是開始實行募軍，稱爲"義軍"。義軍的編制與正規軍有所不同：以三十人爲一謀克，五謀克爲一千户，四千户爲一萬户，四萬中爲一副統，兩副統爲一都統，設一總領提控（見本書卷一百二《蒙古綱傳》）。

十一月辛丑朔，以右副都點檢阿勒根移失剌爲宣差鎮撫都彈壓，[1]别設彈壓四員副之，[2]四隅機察亦隸焉。宋遣其將江海、孟珙帥兵萬人，[3]獻糧三十萬石助大元兵攻蔡。

[1]阿勒根移失剌：女真人。　宣差鎮撫都彈壓：都彈壓，本書《百官志》不載。1975 年，在遼寧省的喀左縣出土一方金末“都彈壓所之印”（參見景愛《金代官印集》）。宣差鎮撫，是加在官職前的名號。宣差意爲受皇帝直接委派，與“欽差”之意相似。

[2]彈壓：官名。本書《百官志》不載，本書《世宗紀》記有“彈壓謀克”，景愛《金代官印集》載，出土的金末官印中有“忠孝軍彈壓印”。彈壓官應是都彈壓的副職。

[3]孟珙：南宋隨州棗陽縣（今湖北省棗陽市）人，南宋紹定年間，任京西兵馬鈐轄，率兵駐棗陽。南宋端平元年（1234，金哀宗天興三年）正月，孟珙率宋軍與蒙古聯合破蔡滅金。《宋史》卷四一二有傳。

十二月甲戌，盡籍民丁防守，括婦人壯捷者假男子衣冠，運大石。上親出撫軍。丁丑，大元兵決練江，[1]宋兵決柴潭入汝水。[2]己卯，大元兵破外城，宿州副總帥高刺哥戰歿。[3]辛巳，以總帥孛术魯婁室、殿前都點檢兀林答胡土皆權參政，都尉完顏承麟爲東面元帥，權總帥。己丑，大元兵隳西城，上謂侍臣曰：“我爲金紫十年，[4]太子十年，人主十年，自知無大過惡，死無恨矣。所恨者祖宗傳祚百年，至我而絶，與自古荒淫暴亂之君等爲亡國，獨此爲介介耳。”[5]又曰：“古無不亡之國，亡國之君往往爲人囚縶，或爲俘獻，或辱於階庭，閉之空谷。朕必不至於此。卿等觀之，朕志決矣。”都尉王愛實戰歿。砲軍總帥王鋭殺元帥夾谷當哥，[6]率三十人降大元。庚寅，以御用器皿賞戰士。甲午，上微服率兵夜出東城謀遁，[7]及柵不果，戰而還。乙未，殺尚廐馬五十匹，[8]官馬一百五十匹犒將士。

［1］練江：河名。汝水的一條支流，發源於今河南省確山縣北，在蔡州之西入汝水。本書卷一二四《温敦昌孫傳》："（蔡州）城西有積水曰練江，魚大且多，往捕必軍衛乃可。"

［2］柴潭：水潭名。在蔡州城之西。

［3］高刺哥：亦作"高臘哥"。生平不詳。

［4］金紫：即金紫光禄大夫，文官散階。正二品上。

［5］介介：耿耿於心，遺恨終身之意。

［6］王鋭：生平不詳。

［7］微服：換上便裝，穿上平常人的衣服。

［8］尚厩：官署名。即尚厩局，掌御馬調習牧養之事。

三年正月壬寅，册柴潭神爲護國靈應王。[1]甲辰，以近侍分守四城。戊申，夜，上集百官，傳位于東面元帥承麟，承麟固讓。詔曰："朕所以付卿者豈得已哉。以肌體肥重，不便鞍馬馳突。卿平日趫捷有將略，萬一得免，祚胤不絶，[2]此朕志也。"己酉，承麟即皇帝位。百官稱賀，禮畢亟出捍敵，而南面已立宋幟。俄頃，四面呼聲震天地。南面守者棄門，大軍入，與城中軍巷戰，城中軍不能禦。帝自縊于幽蘭軒。[3]末帝退保子城，[4]聞帝崩，率群臣入哭，謚曰哀宗。[5]哭奠未畢，城潰，諸禁近舉火焚之，奉御絳山收哀宗骨瘞之汝水上。[6]末帝爲亂兵所害，金亡。

［1］護國靈應王：封爵名。

［2］祚胤：指國統。

［3］幽蘭軒：軒閣名。在蔡州城内。

［4］末帝：這裏指完顔承麟。在有的史料當中也把哀宗稱作末帝。

［5］謚：古代帝王、貴族死後追尊帶有褒貶意義的名號。

［6］絳山：女真人。即完顔絳山，始祖之裔，爲哀宗奉御。天興二年，蔡州城破，哀宗自殺，内侍焚其屍，絳山收哀宗遺骨埋於汝水之側，然後投河自殺，獲救，後不知所終。本書卷一二四有傳。　瘞（yì）：埋葬。

贊曰：金之初興，天下莫强焉。太祖、太宗威制中國，[1]大概欲効遼初故事，立楚、立齊，[2]委而去之，宋人不競，遂失故物。[3]熙宗、海陵濟以虐政，[4]中原觖望，[5]金事幾去。天厭南北之兵，挺生世宗，[6]以仁易暴，休息斯民。是故金祚百有餘年，由大定之政有以固結人心，[7]乃克爾也。章宗志存潤色，[8]而秕政日多，[9]誅求無藝，[10]民力浸竭，明昌、承安盛極衰始。[11]至於衛紹，紀綱大壞，亡徵已見。[12]宣宗南度，[13]棄厥本根，外狃餘威，[14]連兵宋、夏，内致困憊，自速土崩。哀宗之世無足爲者。皇元功德日盛，[15]天人屬心，日出爝息，[16]理勢必然。區區生聚，圖存於亡，力盡乃斃，可哀也矣。雖然，在《禮》"國君死社稷"，[17]哀宗無愧焉。

［1］太祖、太宗：廟號。太祖，金朝開國皇帝，即完顔阿骨打，漢名旻，1115 年至 1123 年在位。本書卷二有紀。太宗，金朝第二任皇帝，即完顔吴乞買，漢名晟，1123 年至 1135 年在位。本書卷三有紀。

［2］立楚、立齊：楚、齊，春秋戰國時期的兩諸侯國名，在這

裏指金初所立的兩傀儡政權，即張邦昌的僞楚和劉豫的僞齊。

［3］故物：本指舊有的東西，這裏泛指中原的大片領土。

［4］熙宗：廟號。金朝第三任皇帝，即完顔合剌，漢名亶，1135 年至 1149 年在位。本書卷四有紀。　海陵：金朝第四任皇帝，即完顔迪古迺，漢名亮，1149 年至 1162 年在位。本書卷五有紀。

［5］觖（jué）望：不滿意，抱怨。

［6］世宗：廟號。金朝第五任皇帝，即完顔烏禄，漢名雍，1161 年至 1189 年在位。本書卷六至八有紀。

［7］大定：金世宗年號（1161—1189），章宗即位又延用一年。

［8］章宗：廟號。金朝第六任皇帝，即完顔麻達葛，漢名璟，1189 年至 1208 年在位。本書卷九至一二有紀。

［9］秕（bǐ）政：不良的政治措施。

［10］誅求無藝：誅殺和徵求没有良好的措施。

［11］明昌：金章宗年號（1190—1196）。　承安：金章宗年號（1196—1200）。

［12］衛紹：封爵名。指金朝第七任皇帝衛紹王，即完顔興勝，漢名永濟，1209 年至 1213 年在位。本書卷一三有紀。　亡徵：亡國的徵兆。

［13］宣宗：廟號。金朝第八任皇帝，即完顔吾睹補，漢名珣，1213 年至 1223 年在位。本書卷一四至卷一六有紀。

［14］狃（niǔ）：習以爲常，習慣。

［15］皇元：即大元。皇，即大之意。

［16］日出爝（jué）息：爝，小火把。日出爝息，意爲太陽出來時，小火把就應該息滅。比喻元朝强大，金朝就必然滅亡。

［17］在《禮》“國君死社稷”：《禮》，書名，即《禮記》。語出《禮記·曲禮下》，意思是説國亡時國君也應與國同亡，不得偷生。